广播影视类专业高等院校系列教材

电视节目编导

主编 孙蔚青

主审 王正友

参编 李灿 肖澎
吴鑫婧 张俊

中国轻工业出版社

图书在版编目（CIP）数据

电视节目编导 / 孙蔚青主编. —北京：中国轻工业出版社，2024.2

广播影视类专业高等院校“十三五”规划系列教材

ISBN 978-7-5184-2646-1

Ⅰ. ①电… Ⅱ. ①孙… Ⅲ. ①电视节目制作－高等学校－教材 Ⅳ. ①G222.3

中国版本图书馆CIP数据核字（2019）第193328号

责任编辑：李建华　杜宇芳　　责任终审：劳国强　　整体设计：锋尚设计
策划编辑：李建华　　　　　　责任校对：吴大朋　　责任监印：张　可

出版发行：中国轻工业出版社（北京鲁谷东街5号，邮编：100040）
印　　刷：三河市万龙印装有限公司
经　　销：各地新华书店
版　　次：2024年2月第1版第4次印刷
开　　本：787×1092　1/16　印张：12.25
字　　数：274千字
书　　号：ISBN 978-7-5184-2646-1　定价：48.00元
邮购电话：010-85119873
发行电话：010-85119832　010-85119912
网　　址：http://www.chlip.com.cn
Email：club@chlip.com.cn

240268J2C104ZBW

编委会
EDITORIAL BOARD

广播影视类专业高等院校“十三五”规划系列教材

前言
PREFACE

创作出有温度、有态度、有力度的电视节目是一代代电视人执着的追求。

众所周知，在网络与数字技术的推动下，媒体融合的时代已经来临。除了传统的电视媒体、广播媒体、平面媒体之外，新兴的网络媒体也应运而生。编导作为电视节目的核心参与者，在电视节目的制作过程中有着举足轻重的作用。在全媒体时代背景下，各类节目呈现出“百花齐放，百家争鸣”的局面，这也对电视节目编导的能力与素养提出了更高的要求。如何适应全媒体时代的发展规律，编创出更加具有吸引力的电视节目，正是如今的编导工作者需要思索和解决的课题。

我国文化产业的发展使影视专业教育呈现迅猛发展之势，全国开设影视专业的院校多达上百所，高职类院校在影视专业的教学中各有特色，但有一个共同的特性是普遍更加注重实践教学环节。本书是广播影视类专业高等院校“十三五”规划系列教材之一，编写本书的目的就是适应此类院校目前的教学和实践现状，让更多高职类院校的教师和学生有一本合适的技术型实用教材，了解电视节目形态的基本特征和创作规律。本书力求知识性与技能性并重，素质教育和能力训练兼顾，更好地培养学生对电视节目进行综合评价的分析能力，使学生全方位、全过程地熟悉电视节目编导岗位中的前期策划、中期摄制、设计以及后期宣推营销等方面的工作，树立正确的电视编导理念。本书适用于影视编导、数字媒体、新媒体等相关专业的师生以及电视节目爱好者参考阅读。

为了满足影视教育工作者以及电视节目创作者的实际需求，在调研了市场上相关书籍的基础上，本书以电视节目编导创作的基本流程为主要内容，集中了当今各类节目策划创作的理论与技术，并结合影视专业实践教学成果，采用经典案例和原创案例相结合的方式，围绕着中国电视业的历史沿革与现如今媒体融合下的困境与创新实践，介绍电视节目的策划创作，电视节目的摄制技巧创作，同时还创新性地引入了不同类别电视节目的场景设计与布光技巧的内容以及后期电视节目的推广营销，最后一章精选了时下较为热门的节目案例进行全面的剖析与解读，以期为广大影视教育工作者、各类电视节目爱好者提供一本具有参考和学习价值的入门级基础教材和创作指导教材。

全书共分为七章，第1章绪论，由孙蔚青、李灿编写；第2章电视节目的策划创作，由孙蔚青编写；第3章电视节目的摄制技巧创作，由肖澎编写；第4章电视节目的场景设计及第5章电视节目的布光技巧创作，由吴鑫婧编写；第6章电视节目的推广营销创新，由李灿编写；第7章不同类型的节目案例分析，由张俊、李灿编写，全书由孙蔚青、张俊统稿完成。本书案例来自企业的真实项目、节目组的实践案例等，校企合作单位在编写过程中给予了极大的帮助，刘馨怡同学进行了相关内容的整理，在此一并致以感谢；本书在成稿进程中，参阅引用了优秀的著作及文章，选用了电视台、互联网中的上乘案例以及相关数据和经典的电视节目及影像作品画面，借本书出版之际，表示诚挚的谢意。本书力求在电视节目编导研究方面有所创新与突破，但电视节目领域内容涵盖宽广且传媒技术发展日新月异，加之囿于编者的研究水平与视野范围，难免会存在一些不足之处，敬请读者谅解。

编者

2019年7月

目录
CONTENTS

第1章 导论

1.1 中国电视业的发展概况 / 002
1.2 媒体融合背景下电视节目发展的驱动与困境 / 009
1.3 媒体融合背景下中国电视节目的融合实践 / 017

第2章 电视节目的策划创作

2.1 策划概述 / 024
2.2 电视节目策划要点 / 030
2.3 电视节目策划技巧 / 041
2.4 《我家那闺女》节目策划案例分析 / 051

第3章 电视节目的拍摄创作

3.1 拍摄器材的选择 / 058
3.2 电视节目的画面构图 / 060
3.3 电视节目的镜头运用 / 064
3.4 电视节目轴线运用技巧 / 071
3.5 拍摄机位的选择 / 076
3.6 《十二道锋味》节目摄制案例分析 / 080

第4章 电视节目的场景设计

4.1 电视节目场景设计概况 / 084

4.2 电视节目场景设计的样式 / 089

4.3 电视节目场景设计的具体流程 / 091

4.4 《王牌对王牌》节目场景设计案例分析 / 093

第5章 电视节目的布光创作

5.1 电视灯光基本元素 / 098

5.2 摄像机特点及对照明的要求 / 108

5.3 演播室布光的方法与技巧 / 111

5.4 综艺晚会类节目的灯光设计 / 122

5.5 《我是歌手》节目灯光设计案例分析 / 130

第6章 电视节目的推广营销创新

6.1 电视节目的广告营销创新 / 137

6.2 媒体融合下的电视节目的创新推广 / 144

6.3 电视节目全产业链的开发 / 151

6.4 中国电视节目的版权保护与国际化境遇 / 160

第7章 电视节目案例分析

7.1 综艺节目《极限挑战》的创新 / 172

7.2 网络综艺节目《这！就是街舞》的创新 / 177

7.3 探索《中国好声音》成功的秘诀——音乐类电视选秀节目的模式创新 / 182

参考文献 / 187

第1章

导论

一直以来，电视都被誉为20世纪最伟大的发明之一。

电视作为大众传播媒介，显著而特殊的地位并非与生俱来，而是在不同阶段的努力与突破中不断蜕变。因而，技术的进步、时代的发展、电视人的创新让如今的电视业已经呈现出日新月异的变化。在大力倡导三网融合的时代背景下，传统的单一媒体已经不复存在，全媒体下的媒介融合时代已经到来。面对这场大潮，回顾与梳理中国电视业的发展脉络、思索与探讨媒体融合背景下电视节目的创新实践，对现如今的电视媒体人在未来打造出更高质量的电视节目、进行华丽的转型，有着重要的意义。

1.1 中国电视业的发展概况

1.1.1 全球电视业发展背景下中国电视业的诞生

从整体上而言，全球电视发展大致经历了三个阶段：初创期、发展期、成熟期。第一阶段为20世纪30年代到50年代的初创期。1936年11月，英国广播公司（BBC）建立了电视台，在全世界率先定时播放电视节目。1941年6月，美国哥伦比亚广播公司（CBS）和美国广播公司（ABC）在纽约的电视台分别获得了联邦通信委员会签发的执照，成为美国第一批商业电视台，宣告了美国电视业的正式诞生。第二次世界大战期间，电视产业陷入了停顿期，直至战后重新开始。

第二阶段为20世纪的50年代到90年代期间，被称之为电视产业的发展期，全球电视产业以迅猛的速度和带有地域特色的形态发展起来。20世纪50年代一直被誉为是世界电视大发展的开端。最初的英、美、法、苏、荷、意六个国家办电视的局面在1958年发生了翻天覆地的变化。1958年底，全球已有近70个国家开办了电视。之后，电视领域还出现了国营机构和民营机构企业并驾齐驱的态势。

第三阶段为进入21世纪以来的成熟期。此时进入到了新世纪的全球传播大发展时期，全球化、数字化成为其最显著的特征。电视媒体集团开始跨国发展并且越来越依赖国际市场。同时，由于受到新媒体的冲击和影响，市场竞争日趋激烈，迫使各国电视产业在运营方式等方面不得不相应改变策略。

中国电视业的发展虽稍滞后于英、美等国家，但早在20世纪50年代初期，建立电视台的提议就曾被列入过国家文教五年计划中。

1952年，新中国成立不久，中国共产党在提出过渡时期总路线时，就已经开始将创立广播电视体系纳入日程安排之中。后来，中央广播事业局通过选调方式，精心挑选了10名大学毕业生集训外语技能，并于1953年赴捷克斯洛伐克以及苏联学习广播电视方面的相关技术。直至1955年2月5日，在向国务院提交报告时，广播事业局首次提出于1957年在北京建立一座中等规模电视台的计划。后来，建立电视台的提议被列入到了国家文教五年计划中。

之后，中国电视业开始自己的建立与发展，其标志性的事件源于1958年5月1日，中国第一座电视台——北京电视台（现中央电视台前身）以直播的形式试验播出。同年10月1日，上海电视台问世；12月20日，哈尔滨电视台（现黑龙江电视台前身）试播。三大电视台的先后成立标志着中国电视事业的起步。

1.1.2 中国电视业在不同发展阶段呈现的特点

从1958年到2019年，中国电视走过了61年。61年来，中国电视从无到有，从蹒跚学步到快速发展，直到现在已经成为文化领域最具影响力的重要载体和中坚产业。纵观61年的发展历程，中国电视业伴随着新中国的成长而不断演变发展，在电视节目体制、电视产业以及电视文化等多种因素的影响下，呈现出了不同阶段的发展特点。

20世纪50年代末至70年代阶段，英国、美国等资本主义国家以及罗马尼亚、保加利亚等社会主义国家相继开办电视，中国电视业在1958年5月1日正式起步。这个阶段的电视领域最主要的特点是以意识形态作为其主要的建构力量，更主要的作用是作为意识形态领域的宣传工具。以北京电视台在1958年5月1日19:00试播的内容为例，当天播出的内容主要有“工业先进生产者和农业合作社主任庆祝‘五一’节座谈”的讲话，由当时北京通用机械厂八级钳工佟春来、北京市劳动模范石景山钢铁厂炼钢部二高炉炉长刘万元、北京西郊四季青农业生产合作社主任郝德才介绍所在单位的生产情况和今后的计划，中间还插播了一些生产图表和社员劳动情景的图片；之后，电视台播放了由中央新闻纪录片电影制片厂摄制的《到农村去》等节目。当时的电视发展条件比较简陋，整个北京地区只有50多台电视接收机，虽然在试播过程中其中一台摄像机出现故障，但在全体工作人员全力配合下还是较为圆满地完成了试播任务。除此之外，北京电视台第一次播出的国外节目内容为民主德国庆祝“五一”以及北京电视台试播贺词等。

从整体上而言，这一阶段的中国电视在艰难中起步并将意识形态宣传作为主要的阶段特征，北京电视台也承担起中央级别的宣传“喉舌”的功能。之后，1960年1月，北京电视台设立了《电视新闻》这一固定专栏节目，播放新闻片与纪录片。

20世纪70年代至90年代初阶段，中国迎来改革开放的大潮，国家的各项事业都得到了恢复与发展。1983年，中国电视体制呈现出了新的格局变化，“四级办电视”——中央、省、地、县四级办电视的方针得以确立，中国的电视事业较之前而言开始呈现出多角度、多层次的变化。一些对于后续电视事业发展具有里程碑、标志性的节目也在这个阶段如雨后春笋般出现。1978年1月1日，新闻节目《新闻联播》正式开播。同年5月1日，经中共中央批准，北京电视台正式改称中央电视台。1982年，明确规定了重要新闻首先在《新闻联播》中发布，由此开始奠定《新闻联播》作为官方新闻发布通道的重要地位，成为了国家级电视新闻发布平台。1983年，“春节联欢晚会”开始登台亮相，同年，大型纪录片《话说长江》经策划横空出世，反响空前。

总体来看，这一时期最显著的特点是一系列带有文化特质的电视节目迎来创作高峰，精英知识分子、艺术创作者与电视媒介形成了“拥抱”之势，将更为多元、开放的社会思潮通过电视平台予以展现。

20世纪90年代至2010年，广播电视领域的改革伴随着社会主义市场经济体制的改革而持续推进。电视节目精品化、电视栏目的个性化以及电视频道的专业化成为90年代以来的发展要求。之后“事业单位企业化管理”与“栏目带广告、广告带栏目”等电视行业社会化与市场化并存的运作机制进一步提升了电视产业的竞争力，中国的电视业得到了飞速发展，湖南广播影视集团作为中国第一家省级广播电视集团于2000年成立。之后，浙江、江苏、上海、北京、山东等省市也相继成立省级广播电视集团。

因为机制的改革以及产业化的发展，这个时期的中国电视业由最初的政治宣传、公共服务为主的功能逐渐转变为参与市场化竞争的文化产品，加之经济转型时期的大众对于文化娱乐的需求日益提升，一批娱乐化、平民化的电视节目取得了不俗的表现。1997年，湖南卫视的王牌节目之一《快乐大本营》开播并延续至今；1998年，央视推出的一档互动益智闯关节目《幸运52》，大胆融入素人嘉宾元素；2004年，被誉为“现象级”选秀节目鼻祖的《超级女声》问世，助力平凡人的音乐梦想。与此同时，全球化进程的不断加速也使得这一时期中国电视行业在不断“引进来”的同时，也致力于使中国电视产品“走出去”，呈现出了前所未有的变革局面。

2010年至今，中国电视行业进入到了全媒体高速融合的发展阶段。信息技术的飞速前进使得互联网与人们的生活更加密不可分，人们获取信息的方式更加便捷、渠道更加广泛。移动互联网的异军突起对传统电视业造成了极大的冲击，但又为电视受众所观看的内容和渠道提供了更多可能性。据不完全统计，受智能手机、平板电脑等终端设备的影响，传统电视领域的年轻观众群体大批量流失，以上海地区为例，在传统电视平台收看节目的人数较前5年下降了近七成，电视观众“老龄化”趋势明显。在传统电视平台观众骤减的同时，中国网络平台的电视节目热度日益剧增。据2018年艾瑞网中国网络广告市场年度监测报告显示，2017年的网络广告收益是同年电视广告收入的近四倍。越来越多的广告商将目光投向了网络平台节目，“先网后台”甚至是网络独播的形式越发普遍，这也显示出从前被比喻成“皇帝的女儿不愁嫁”的传统电视媒体在现如今的传媒格局竞争中已经失去了主导地位。

竞争引入危机的同时也带来了发展。近些年，各大电视媒体开始寻求转型，同时进一步追求制作内容题材丰富、类型多样，传播渠道多元融合、立体互补。以湖南卫视旗下的“芒果TV”为例，通过打造版权内容独播的方式提升竞争力，不再进行互联网版权分销，打造资源整合下服务观众到服务用户的华丽转身。新媒体环境下对于电视媒体格局的重塑在一定程度上推动了电视产业的再发展，为后续的进一步变革积聚力量。

1.1.3 中国电视业节目形态的变迁与演变

中国电视业从初创时的艰辛到如今的百花齐放，探索与创新精神始终贯穿在这61年的历程中。而在不同阶段电视业发展整体特点的指引与影响下，中国电视节目的形态也经历了从宣传为主、作品为主发展到产品为主的演变过程。

1.1.3.1 宣传为主导的喉舌作用

这个时期的电视节目更多的是围绕党和政府各项重点推进的工作来开展电视形式的宣传，主要的节目形态有电视新闻、电视文艺。

电视新闻主要是简明报道各类新闻事件，分别有口播新闻、电视新闻片以及图片报道三种形式。口播新闻是以口播广播稿的形式进行新闻报道，口播稿大部分来源于中央人民广播电台，例如沈力播报的《简明新闻》；电视新闻片的形式更多的是以新闻纪录片加解说的模式进行制作，讲究报道内容的真实性与原生态；图片报道新闻主要是选取来自官方媒体，例如新华社的图片配以解说词的形式进行新闻报道。

电视文艺是这一阶段另外一种主流的节目形态，并与电视新闻同时进入到大众视野中。例如在1958年5月1日北京电视台第一次试播的当晚，诗朗诵《工厂里来了三个姑娘》《大跃进的号角》以及舞蹈《四个小天鹅》《牧童与村姑》等文艺节目就伴随着电视新闻一同播映。之后，1958年6月26日，北京电视台还将残疾军人的文艺演出进行了首次剧场形式的实况转播；1959年10月1日，北京电视台进行了天安门广场新中国成立10周年文艺晚会的实况转播。除了晚会、戏曲、舞蹈等文艺形式之外，这一时期的电视文艺还拓展了语言类的文艺节目。1961年8月30日，北京电视台播出了以相声表演为主要内容的专业晚会——“笑的晚会”。之后，又拓展出的独角戏、无实物表演小品以及话剧选段等，进一步丰富了相声艺术的表演形式，受到了当时观众的欢迎。

1.1.3.2 作品为主导的文化功能

作品为主导阶段的电视节目更多的是伴随着国家政治、经济、社会等多方面改革发展的过程中逐渐形成的。1978年12月，中国共产党召开了十一届三中全会，将全党的工作重心转移到经济建设上。百废待兴的中国电视业也开始积极探索有中国特色社会主义的电视发展之路。1978年元旦，新闻联播正式开播；同年5月1日，北京电视台正式更名为中央电视台，中国电视领域的第一批观众逐渐形成。冲破原有模式化、追求个性与原创成为这一时期电视节目形态的主要特点。

电视专题片的节目形态在20世纪80年代成为电视屏幕上的主流，它既不完全隶属于国外的纪录片的形式，同时也不单纯地只做新闻报道，在策划与编创的过程中更加追求文化、历史以及社会等方面的价值属性。电视专题片的节目形态主要可以分为以下几种：

（1）文化题材专题片　重点展现祖国历史文化方面的宝贵财富，以《话说长江》节目为代表。它最大的突破创新就是将中国古典小说中的章回体结构嫁接到节目创作中，展现中华民族积淀已久的自然与人文风貌。

（2）政论片　视角独特、主题鲜明，将宏大的思想宣传与节目编创的思考表达相结合，以《让历史告诉未来》等为代表。

（3）电视风光风情艺术片　以展现自然风光、地域民风等为主要内容，例如《西藏的诱惑》，不仅有旖旎的自然风光，更有艺术家在西藏这片土地上探索挖掘的人文精神。

这个时期的另外一种电视形态为电视综艺与文艺，包含的组成部分种类繁多，如音乐电视（MTV）、电视小品、电视散文等。这种电视形态的形成发展主要得益于1983年春节联欢晚会的成功举办，多种文艺形式能够在电视这一载体上呈现，激发了当时的电视人将更多形式的综艺节目搬上电视屏幕的强烈愿望。

除此之外，这一时期电视媒体的节目主持人也成为一种特殊的“作品”被发掘出来。例如被誉为是“中国电视改革先河”的节目《东方时空》中走出的主持人白岩松、敬一丹、水均益，综艺节目《快乐大本营》的主持人何炅、李湘等都成为具有影响力、深入人心的节目品牌标识。

纵观这一时期的电视节目形态，呈现出了创新性与人文性相结合的特点，形态也较之前有了新的探索与创新。而电视节目形态能够在这个时期呈现出较大的变化，也与当时出现的电视节目理念息息相关，总结下来即为“频道专业化，栏目个性化，节目精品化”。

1.1.3.3　产品为主导的多元形态

在多种媒体力量的交织融合下，中国电视业伴随着产业化、市场化、经济效益、收视率、受众需求、广告营销的演变而开始正式进入到以产品为主导的多元发展阶段。这个阶段的电视制作者将原有的大众需求进一步细化为分众需求，针对不同观众的需求细分，呈现出了多元形态类型的电视节目。

（1）谈话类节目　以即兴、双向为主要特色，以谈话为主要形式，由主持人作为引导的围绕某一特定主题进行阐述和讨论的节目。从《杨澜访谈录》《鲁豫有约》《艺术人生》，到后来的《超级访问》《波士堂》《圆桌派》等，谈话类节目契合了时代发展下人们对于掌握信息、了解世界、交流观点、参与管理等方面的心理需求，进一步关注当今大众的生活状态。

（2）真人秀节目　在以产品为主导的电视节目发展阶段占有重要的一席之地。随着时代的发展，电视真人秀节目的呈现形式也日趋多元，大致可以分为以下几个类型：a. 选秀类真人秀节目，以参与者的表演为主要呈现形态，设定评委以及观众进行评判，例如《超级女声》《中国好声音》等；b. 野外生存类真人秀节目，参与者在有限时间、条件以及环境中完成设定的各项任务，如《跟着贝尔去冒险》《生存大挑战》等；c. 职场类真人秀节目，参与者根据特定的自我展现、观点交流或是游戏模式等方式进行求职体验，由评委做出选拔决定，如《职来职往》等；d. 婚恋真人秀，以婚恋情感为依托，邀请嘉宾、明星、素人等以多种方式探讨当今时代中的婚恋之道，如《非诚勿扰》《相约星期六》《我们相爱吧》等；e. 游戏竞技类真人秀，按照指定的规则进行双方对抗性展示，如《奔跑吧，兄弟》《极限挑战》等；f. 偶像养成类真人秀，如《创造101》等。

这一时期的电视节目形态贴近受众需求，细分更加全面，全方位多角度地打造各类题材的节目形式，满足大众除了衣、食、住、行之外的精神领域的需求与体验。在融媒体时代碎片化传播与分众化需求的大力驱动下，以“产品”形式为创作核心的理念对品牌化、精品化、可持续化的要求进一步提升，迫使电视创作者不断提升节目的制作水准和呈现的品质、创新节目的形式，以满足消费大众日益增长的精神领域需求。

1.1.4 电视领域相关概念解析

1.1.4.1 电视

一直以来，电视都被誉为世界上最先进的传播媒介、20世纪人类最伟大的发明之一。方汉奇教授在1990年编著的《中国电视史》的序言中就曾提到：“电视这种借助于现代电子技术发展起来的传播媒介，从20世纪30年代问世起，就表现出了强大的生命力。到目前为止，它已经成为深入社会、深入每一个阶层、每一个家庭，影响逐渐超过报纸、广播的重要的大众传播媒介。”学术领域对于电视进行了多种解读，本书以学者阎玉在1990年出版的《中国广播电视学》中对于“电视”的解释作为标准：“电视是通过无线电波或导线，向特定范围播送由图像和声音构成的节目的大众传播媒介。”诚然，电视作为一种大众传播媒介，其突出的地位和关注度并未与生俱来，而是一代代电视人的努力、探索直至发展成熟的结果。除此之外，电视还多方借鉴了文学、戏剧、舞蹈、音乐、电影等多种艺术形式，与电视技术交叉融合创新，最终成为当今时代极具影响力的媒介手段之一，改变着大众的生活。

1.1.4.2 电视频道

所谓电视频道，从技术层面上理解就是传送电波信号的波段，传送每套电视节目使用无线电波的频率范围称为电视频道。简言之，电视频道就是作为一类或几类节目与栏目的电视机构播出和观众收视的载体，是一类或几类节目形态呈现的播出和收视窗口。大众通过频道，可以收看到电视上播出的各类节目。

按照类别，我们又可以将电视频道分为综合性频道和专业性频道两大类型。所谓综合性频道即播出平台上既播放新闻节目，同时也播放电视剧、真人秀等其他节目，种类涵盖多方面；专业性频道跟综合性频道比起来更为“专一”，而央视堪称专业化频道的标准文本，对于频道的细分相对比较成熟，例如CCTV-2（财经频道）、CCTV-3（综艺频道）、

CCTV-4（中文国际频道）、CCTV-5（体育频道）、CCTV-6（电影频道）、CCTV-7（国防军事频道）、CCTV-8（电视剧频道）等。

1.1.4.3 电视栏目

电视栏目这一概念最初是借鉴于纸媒中的“专栏”。“栏”本是报纸或杂志编辑中的一个基本构成单位，意为将杂志或报纸中内容相似或具备联系的内容编排在一起，用线条加以包围引起读者的注意。之后，电视领域在发展中逐步借鉴了这种专栏性质的编排形式，将那些具有固定的名称、片头，固定或者相对固定的主持人，相对稳定的定位宗旨并且在固定时间内播出的节目称之为电视栏目。

电视栏目诞生于20世纪80年代，它的出现与当时电视发展环境背景息息相关。一方面，早期电视业发展并不成熟，在管理以及节目编排方面急需一种较为稳定的模式。电视栏目的出现使得电视台的各个节目编排、播出以及管理更为规范有序，运作也更为顺畅。电视栏目系统中设置制片人岗位作为整个栏目的主要把控者和负责人，对栏目直接负责。另一方面，电视栏目的出现也有助于对节目的目标受众形成收视习惯，受众可以根据自己的兴趣爱好选择相对固定的电视栏目，收视群体的固定也在一定程度上为电视栏目品牌化的形成奠定坚实的基础。

因而，电视栏目本身也具备了较为明显的特性。稳定性是电视栏目最基础、最为显著的特性。除此之外，系统性也是电视栏目的特性之一。电视栏目体制要求节目的内容及类型更为系统、时长控制更为规范、节目策划编排风格统一、条理清晰，从整体上保证栏目的系统性。

1.1.4.4 电视节目

对于电视节目的含义，我们一般理解为电视台或制作电视节目的相关机构（如广告公司、文化传播公司、影视制作公司等）为了传播、交换和销售而制作的，具备一定文化属性，可供人们感知、理解和欣赏的视听作品。电视节目是电视系统中最小的传播单位，是组织、播出的各类内容的基本单位和基本形式，同时也是中国电视发展史上最早出现的一种形态。可以说，我们打开电视观看到的所有视听制品都是节目。因而电视节目一般被理解为兼具技术与艺术、融视听语言于一体的传播媒体形式，其基本构成要素主要为图像与声音。

1.1.4.5 电视编导

编导这一概念在《现代汉语词典》中有两种含义，第一种作为动词用，专指编剧与导演；第二种作为名词用，指做编剧与导演工作的人。编导是伴随着中国电视领域的发展而逐步形成起来的一种职业岗位，承担着电视行业中较为重要、核心的工作内容。一般而言，电视编导要负责选题策划、采访文案、拍摄提纲、现场执行等方面的相关工作，其职责贯穿于电视节目的全流程中。

1.2 媒体融合背景下电视节目发展的驱动与困境

在研究媒体融合前，首先需要对媒体和媒介进行一个研究范围的界定。媒体指的是开展传媒业务的机构和组织，表现为报社、电视台等媒体业态。媒介是信息或内容传播的载体，具有物质性和物体形式，表现为电视、广播等形态。我们可以理解为媒体融合的研究界定在对于电视台、广播、网络等传播主题机构的研究，而媒介融合的研究界定在对于电视网、广播网、互联网等具有物理形态载体的研究。电视是一个内容和技术的混合体，同时技术的发展影响着内容的制作和播出与分发。就如同麦克卢汉所说，“媒介即讯息”，媒介如同人的延伸，新功能媒介的出现就有了新的延伸。麦克卢汉也提出过“媒介间的相互补充”的理论，可以说，麦氏是媒体融合理论的较早阐述者。媒介即信息，意指任何媒介的“内容”都是另一种媒介。新媒体的巨大魅力正是由于它使旧媒体成为其内容，比如小说、戏剧是电影、广播的内容，电影、广播是电视的内容，电视、电影是新媒体的内容。工具和内容的融合、形式和内容的统一是其融合思想的表现之一。在《理解媒介》一书中，麦克卢汉认为，媒体间的补充、杂交都是产生真理的时刻，因此也会产生媒介的新的形式。就像媒介重新捕捉了声觉，产生了广播。这种论断印证了当今的媒介发展，新媒介技术正在改变人类本身以及存在的社会结构。麦克卢汉的著作中从三个方面论述了新媒介给人类社会带来的改变。首先，媒介形式变化改变了人类感官在感知时的比例关系，而麦克卢汉认为这种变化会对整个人类社会产生影响，就像语言文字的出现把文化转变为较为单一的模式。其次，通过提出“冷媒介”“热媒介”概念，麦克卢汉指出媒介形式的变化改变了受众的民主参与程度。第三，媒介新形式从根本上影响了人类的时空观，从而改变了整个社会的文化结构。“新兴媒体”的产生是媒体技术不断发展的结果，从历史来看，新旧媒体（媒介）都会经历竞争、融合、共荣的阶段。如在18、19世纪，报刊在媒体中独领风骚。20世纪三四十年代，广播作为更加快捷的媒体掌握了媒介的主导权。到20世纪五六十年代，电视的媒介主导权无可撼动。那么到了21世纪初，互联网的出现开始对电视媒介产生冲击，促使电视加快融合转型发展。整个传媒生态就这样“新”“旧”交替，生生不息。

有一种观点认为，不同的媒体形态实质上满足了人们不同的需求，本质上不存在新与旧的替代关系。例如，报纸、广播、电视和网络这些媒体需要不同的技巧和不同方式的注意力，他们创造了不同方式的可能性。的确，在“新”媒体发展过程中，在某些领域或者时段占据媒体的主导地位时，并不代表旧有媒体就完全走向消亡。有时只是生存空间被挤压到一个小的环境，补充着新媒体所不能的角色而继续生存和发展。当然这种补充、对立也会随着因时而动转变为融合和共荣。例如，广播的发展对当时的唱片业产生了很大的冲击，并最终导致唱片业在20世纪30年代的经济衰退中遭到灭顶之灾。作为反击，唱片公司甚至不允许广播电台播放其唱片。其实，广播电台播放唱片对广播和唱片业都是有利的，而在当时却不被理解。后来，广播和唱片开始从对立走向合作。这种传媒生态总是在一个动态演变的过程中，通过竞争、融合、共荣等阶段找到新的平衡点或者产生一种新的媒体生态环境。同时我们回看电视的技术发展，也是从输出模拟信号到输出数字信号，播出方式也不局限于直播，现在录播、点播、回放也较为普遍；从收看方式上，终端也越来越多样化，手机、平板电脑、笔记本电脑等都成为观看电视节目的载体。当然，随着互联网视频的放量，电视的主导地位也发生了变化。这种种改变说明传统电视的概念正在发生演变，可以说，融合是技术发展、市场导向、受众需求、政策规定等各方面共同作用的结果。

1.2.1 电视媒体融合的概念厘定

以电视为代表的传统媒体与新兴媒体、互联网竞合发展的结果就是催生了一个新生的传媒生态和市场格局，国内外诸多电视频道或者电视集团的经营理念和经营规模都发生了巨大的变化。例如在美国，一个尤为显著的案例是HBO（美国家庭影院频道），这是一家传统从事节目制作和内容播出的电视频道。2018年美国家庭影院频道推出了名为“直播家庭影院”（HBO Now）的付费网络电视业务，每月自费12美元。同年4月，美国家庭影院频道将名为“直播家庭影院”的付费电视网络业务打入中国香港市场。观众通过网络客户端即可登录，在智能手机、平板电脑、个人电脑等终端上观看HBO 和CLNEMAX等频道的内容。为了拓展播出平台和营业收入，其实早在2012年，美国家庭影院频道就在北欧推出了网络电视的业务，另外还与多家运营商推出了“电视无处不在”（TV Everywhere）业务，如美国电话电报公司（AT＆T）推出了一个以家庭影院频道“HBO GO”为主的融合业务，同时还包括18Mbps宽带业务、高清录像功能、无线网络、基础电视频道套餐，每个月的资费为39美元。传统电视频道的播出方式有时间和空间的限制，而且其播出和传输成本都非常昂贵，资源使用率较低。而互联网平台和移动终端等新兴媒体都具有无限窗口、无限频道的物理存储优势，且信号传输与接收成本较低。相对于电视的线性直播模式，新媒体的随走随看、任意点播是传统电视媒体的有效补充。歌唱类电视节目《我是歌手》在播出时就分别制作了电视版本和网络播出版本，依据节目的素材以及播出渠道的特性进行有效的编排和剪辑。通过对比发现，在网络播出时，《我是歌手》在电视播出版本基础上，剪辑出了可以呈现每位歌手完整表演的若干个段落，还增加了短小的节目花絮、未播出的视频集锦等内容。这是为了迎合网络播出平台的分众化、碎片化、移动化的特点，也达到了电视节目内容“因地制宜”和“物尽其用”的目的。从以上案例可以看出，从电视的制作（内容）到分发（渠道）以及接收（终端）就是借助了媒体融合环境下的优势。所以在本书界定的研究范围内，媒体融合的核心就是电视内容的有效整合和深度开发。

1.2.2 电视媒体融合的驱动力研究

大众传媒成为数字化发展的最大受益者，平台的包容性使得各种媒体获得统一性。可以流畅地运用文字、视频、音频等形式形成组合的表达和传播。但媒体融合仅仅是依靠技术的发展吗？其他的驱动力又是什么呢？很多学者会宏观地界定为“政治和经济”因素。就如同我国学者蔡雯认为，媒体融合最主要的动机就是在市场竞争中获得更多利益。学者黄金认为，当媒体的利益集团以经济力驱动媒介融合时，政府会出于对公共利益的兼顾而加以管制。当政府以政治目的进行融合时，媒体集团会从商业的角度对这一政策的实施提供必要的财力支持。下面从技术裂变、产业链升级和政策规制三个方面予以阐述。

1.2.2.1 技术裂变

媒介形态的更替或者发展与媒介技术的发展有直接关系，媒介技术是媒体产业革命的关键动力，这如同生产力与生产关系一样。媒介形态的演进也有其内在的规律，主要体现在六个方面：一是共同演进与共同生存的规律，即一切形式的传播媒体都在一个不断扩大的、复杂的系统内共同相处和共同演进，每当一种新形式出现和发展起来，它就会长年累月和程度不同地影响其他每一种现存形式的发展。二是形态变化规律，即新媒体绝不会自发地和孤立地出现，它们都是从旧有媒体的形态变化中逐渐脱胎出来的，当比较新的形式出现时，比较旧的形式就会去适应并且继续进化而不是死亡。三是增值规律，即新出现的传播媒体形式会增加原先各种形式的主要特点。四是生存规律，即一切形式的传播媒体以及媒体企业，为了在不断改变的环境中生存，都被迫去适应和进化。五是机遇和需求规律，即新媒体并不仅仅因为技术上的优势而被广泛地采用，还要有刺激社会的、政治的或经济上的理由。六是延时应用规律，即新媒体技术要想取得商业成功，总是要花比预期更长的时间，从概念的证明发展到普遍采用往往至少需要20～30年的时间。

互联网技术的出现和发展打破了传统媒介对介质的依附性。从技术上打破版面对报纸的限制，频率波段对广播的限制，频道对电视的限制。如今通过数字化的技术，可以将任何文字、图片、声音、视频传译成任何媒介都可以传播的符号。媒介技术快速裂变似乎颠覆了媒体的演变规律，它包含了一切传播符号，形成了一种“超级载体”。2009年，中国移动、中国联通和中国电信获得了国家颁发的3G牌照，2014年4G牌照的发放使得无线带宽又一次跃升，2019年6月，工信部向中国电信、中国移动、中国联通、中国广电发放5G

商用牌照，这为网络的视频放量和通路提供了基础。云技术、流媒体技术、社交媒体技术、智能终端技术、媒体转码技术、网络虚拟化技术等新一代信息技术与媒介技术的融合又激活了传统媒体的生命和活力。尼古拉斯·尼葛洛庞帝在《数字化生存》一书中曾描述过技术的进步带给人们生活的改变，而今我们也正在经历着技术融合的流变。

1.2.2.2 产业链升级

产业链一词来自经济学，它指的是不同合作方式和结构所形成的产业之间连接的形态。喻国明教授曾指出，我国传媒业发展面临一个巨大的经营重点的转型，从过去个别的点式经营重点进入到规模化媒介集团的结构性经营重点。而这个转型过程必将以产业价值链为核心，以满足消费者某种需要为目的，围绕核心价值对具有关联衔接关系的资源进行优化配置和重新组合。传统电视行业，不仅仅要面对新媒体快速发展的影响，更要面对这种冲击下传统媒体生态系统的重构。传统电视媒体在节目内容上和分发渠道上的垄断地位已经被打破，同时电视观众和媒介人才都在流失，传统依靠流量（观众、节目）变现（资金）的模式受到了巨大冲击。

传统的电视内容经营主要考虑受众导向，运营依靠频道加载，收入以广告为主。这种产业链的形成受到时间和空间限制，内容资源与媒介资源得不到充分的利用和开发（图1-1）。

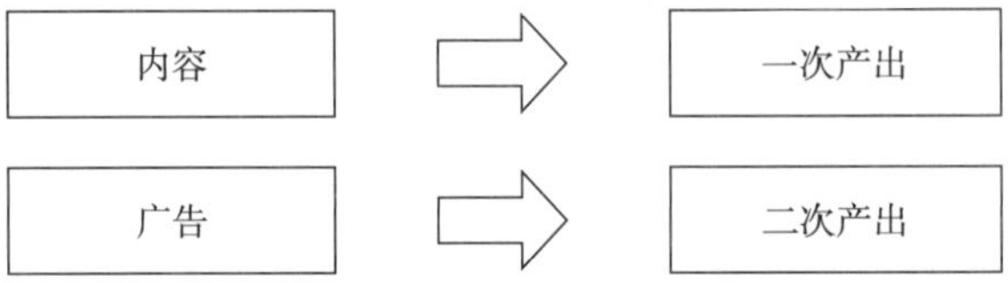

图1-1 传统电视行业的媒介经营

在媒体融合的环境下，电视的产业化经营兼顾生产内容的跨媒介传播、衍生资源、品牌溢价，还要拓展广告之外的品牌植入、衍生品经营、服务经营等形成的产业收入，把内容资源和媒介资源充分延伸和升级。因此，电视媒体的产业链升级方式是把单一的媒体经营模式转变为传媒服务型产业经营模式（图1-2）。

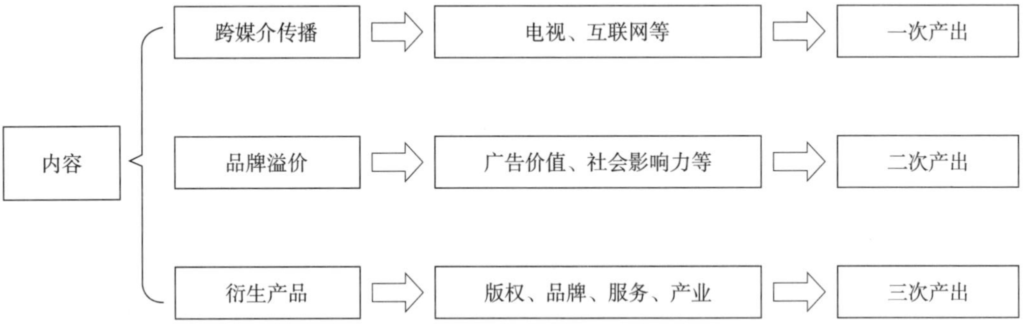

图1-2 媒体融合环境下的电视传媒服务型产业经营模式

在融合的环境下，越来越多的传统媒体对新媒体的态度从挑战转变为迎接。很多广电媒体开始逐步探索传统媒体以外的多元化发展，凭借多年积累的公信力、影响力和对资源的整合能力，都迈出了产业链升级的步伐。

在融合力推动下，为了提升电视传媒文化服务产业的运营能力，传统广电系统引入了战略投资，延伸了项目子公司对其内容、品牌、资金的产业运营。在价值模式转型的时期，管理机制和运营机制也需要同步加强。根据产业链升级的特点，制播分离、利益分享、节目经营等方面关系着电视传媒文化服务产业链的发展。这种链条下所形成一种新的媒介生态，规则、个人、组织相互制衡，在个体发挥热点能量的同时，也造就机构的成熟，同时服务社会，这就是好的机制、好的管理。SMG（上海东方传媒集团有限公司）从制播分离到企业改组再到“制片人”制的运行，就是着力在打造以服务、内容为源头，以媒体特色为渠道，以互联网切入为端口的生态系统。这种优势就是将电视媒体的内容优势发挥到最大化，融合新媒体的优势，形成了产业链的循环，利益共享强化了产业链升级（表1-1）。

表1-1　　利益共享强化产业链升级

节目制作团队	节目经营团队	特点
从产业链角度参与策划节目内容	直接参与节目规划与策划	项目制 利益共享
参与项目规划与经营	规划与经营产业链项目	
分享项目收益	分享项目收益	

1.2.2.3　政策规制

当前在媒体融合和转型时期，政府的调控力度和监管政策对市场格局的形成具有特殊的意义。这种影响不管是主动的还是被动的，都决定了未来电视、互联网、新兴媒体发展的方向。回顾媒介发展的历史，媒介的演变往往需要政府相关政策的支持。以美国为例，美国联邦通信委员会（FCC）在20世纪70年代曾对有线电视这种当时的“新兴媒介”制定了严格的限制制度，旨在保护传统电视网的利益，这招致了新兴有线电视业的反对，美国家庭影院（HBO）甚至向法院起诉了联邦通信委员会。1977年，最高法院否定了联邦通信委员会对有线电视管理条例中最苛刻的条文，有线电视系统得以自由发展。随后几年，有线电视变革中的主要参与者大多脱颖而出。当前，互联网媒体和新兴媒体正在发展，传统电视媒体也正在谋求转型发展，政府的角色定位与调控力度和监管政策必将影响整个电视行业的态势和格局。

一些学者曾提出，在技术融合、经济融合（市场融合、产业融合）、文化融合的基础上应更侧重规制的融合。这是要求应媒介变革的需求而建立的一套适应融合现状的政策规制的框架。在这个框架体系里应包含融合的主体对象、规制的政策、准入制度和市场监管等方方面面。从媒介的发展来看、政策的制定往往晚于新技术的应用，但良好的政策环境往往可以促进技术的持续发展。融合之间并不是一个单向性的思维而是一个立体多层次的思维模式（图1-3）。

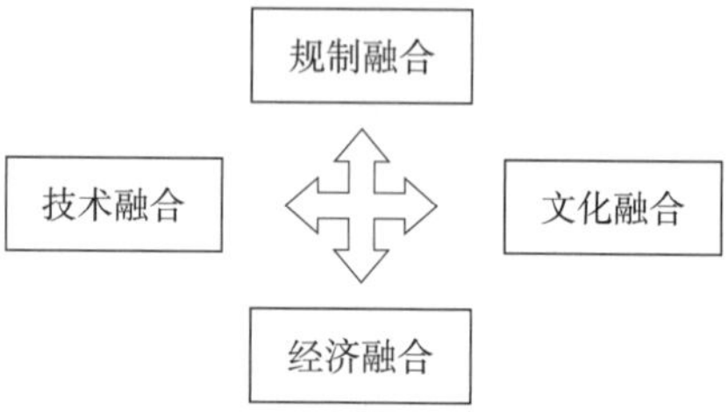

图1-3　媒体融合简图

2008年10月12日，国务院办公厅发布《关于文化体制改革中经营性文化事业单位转制为企业和支持文化企业发展两个规定的通知》（简称国办114号文件），这是对企业转制的一个利好信号。众多事业型传媒结构开始向企业型的独立法人转变。2009年5月，人民网、新华网等国有事业单位进入改制的试点。2012年，人民网在上海证券交易所首次公开募股IPO。2014年2月，中央全面深化改革领导小组再次审议通过了《深化文化体制改革实施方案》，从中我们可以看出，政策的推动加速了资产的整合重组与媒体新结构的融合，为企业制度的改革提供了依据。

2013年8月14日，国务院办公厅发布《关于促进信息消费扩大内需的若干意见》（国发〔2013〕32号）提到2015年我国的信息消费规模为3.2万亿元，其中基于互联网的新型消费规模将达到2.4万亿元。这对网络视听的发展是一个利好消息。同年8月17日，国务院发布实施《关于印发“宽带中国”战略及实施方案的通知》（国发〔2013〕31号），“宽带中国”计划从单一的部门行动正式上升为国家战略。2013年9月19日，中央网信办表示要积极推动媒体融合，提出以下措施：第一，加强网络安全和信息化顶层设计与战略统筹；第二，大力支持重点网站建设；第三，推动传统媒体和新媒体互利共赢，鼓励传统媒体进行新媒体探索，利用微博、微信等平台，在互联网上全面扩大影响力；第四，制定重点网站人才发展战略，加强对网站从业人员的教育，完善行业准入、职称评定、晋级考核制度，激发创新活力。

2014年，媒体融合已经提升到了国家战略的高度，业界称作媒体融合元年。习近平总书记在中央第四次全体会议上发表讲话，提出了媒体融合的五个方面，包括内容融合、渠道融合、平台融合、经营融合、管理融合。他提到“如果我们党过不了互联网和新兴媒体这一关，可能就过不了长期执政这一关。”由此可见，推动媒体的融合在宏观上体现了国家顶层设计的智慧和媒体融合在国家层面引起的诸多思考。就目前而言，传统电视媒体和新媒体在内容和技术上已经互相有了较深度的开发与合作。但如何构建属于自己的渠道乃至平台，并获得规模的受众和黏性较高的活跃度，从而实现盈利的商业模式，是传统电视媒体所要面对的巨大挑战。

在政策的保障和推动下，我国的互联网技术、网台融合技术、OTT业务、第四代通信网络（4G）技术等都得到了长足的发展。2016年3月，国家新闻出版广电总局对外公布了三项业务持证机构的名单，这表明媒体融合取得了实质性的进展，也表明在政策管理上规制了传统电视媒体的互联网资质和进入互联网的准入制度。

2016年7月国家新闻出版总署广电总局印发了《关于进一步加快广播电视媒体与新兴媒体融合发展的意见》的通知，通知中强调要树立深度融合发展的理念，要加快融合型节目体系、制播体系、传播体系、服务体系、技术体系、经营体系、运行机制和人才队伍的建设，力争在两年内，使广播电视媒体与新兴媒体融合发展在局部区域取得突破性进展。

1.2.3 电视媒体的融合之困

1.2.3.1 法制与管理困局

电视行业的融合，其本质就是将电视行业投入到市场经济的大环境中，建立一个以市场为导向，以高品质节目为核心，以渠道为覆盖，以平台为服务的体系。完全脱离国情而去市场化、商业化、产业化的方式也很难使电视业得到健康发展，目前电视行业在法制建设上仍然存在三方面的困惑：一是许多法规规章条文过于笼统，制度不健全不完备，执行起来随意性很大，只有原则没有细则；二是许多法规规章在执行层面得不到落实，由于广电部门并没有执法权，因此在实际遇到违法违规现象时，有法不依，有令不行，有禁不止，过多依靠行政手段，而真正采用法律手段的很少，人治色彩浓厚；三是电视产业由于多头管理，既有广电部门又有党和政府的宣传部门，还有新闻出版部门，因此条块分割、政出多门，一些部门出台的规章制度互相打架的现象很严重，法律法规缺乏严肃性、统一性和权威性。目前的电视行业的发展基本靠规章制度进行约束，但管理部门不是执法的主体，法律监管没有渠道。在大部分国家，传统媒体的管理方式都是以运营平台作为划分的，我国也不例外，1999年，国务院出台了《关于加强广播电视有线网络建设的管理意见》（82号文件），其中明确划分了电信与广电业务隶属不同的管理机构，业务不可以交叉。报刊以及印刷出版由新闻出版总局管理，广播电视业务由国家新闻出版广电总局管理，互联网等相关业务由工业和信息化部门管理。随着技术发展的裂变，媒体功能、媒体平台都有交叉，各个平台的技术边界开始模糊，系统之间出现多层次、立体式的交叉竞合。按照运营平台划分的行政管理体制在实际操作时出现了很多新问题，而部门之间的裂缝阻碍了融合的进程，部门利益上的争夺加剧了管理的复杂性，标准不统一也加大了媒体运营的内部消耗。

1.2.3.2 规避缺陷与风险的被动转型

传统电视媒体在与新媒体进行融合的过程中，与互联网性质的公司进行合作成为一种初探的形式。这种在经营和内容方面的合作，一部分出于传统媒体主动转型的需要，另外一部分也是源于自身的缺陷和规避体制风险的被动转型的需求。

传统媒体的转型从未间断，然而在新媒体发展如此迅速的时代，它对传统媒体不光是冲击，更多的是在凭借影响重构市场。在理论层面，互联网思维的布局、由内容到服务的转变、注重用户的体验等含有互联网基因的策略已经渗透到传统电视媒体的运营管理之中。但是在实际操作层面，传统电视媒体仍然缺乏实际操作能力，与之相关的人才也较为匮乏。从国内发展来看，有较大影响力的互联网公司，如新浪、腾讯、优酷其本质就是新技术的公司。这些公司进入互联网时间较久，积累了丰富的网络运营经验，培养了核心的技术人才，这都是传统电视媒体转型中需要弥补的短板。和新媒体公司合作，如果只是简单地嫁接内容，而没有达到运营和人才上的互通，必然会延长传统电视媒体的试错过程，减缓转型的速度。基于新媒体从业人才少、经营人才少和技术人才少的现状，传统电视媒体也加大了对高端技术性人才的培养，但目前仍在通过和成熟技术型公司合作来积累一手的运营和技术经验。不过这的确是一种治标不治本的途径，因为传统电视媒体在理念、技术和配套等方面与新媒体的技术公司存在着较大的差距，利用外部技术支撑传统技术的途径不能满足媒体融合的需要。

另外，在传统媒体融合时，不可避免的就是政策和制度的规制。传统广电媒体的管理方式是以机构为单位的，在这个系统里，政治或者财富的统领者具有绝对的话语权，固定的机构和工作流程保证了庞大系统的稳定与正常运作。这虽然在一方面可以抵御风险，但同时也会造成固步自封的情况。这也使一些传统电视媒体在成立独立的新媒体平台之后，依然面临着管理、资金、理念甚至是价值观重塑的问题。一些传统电视媒体想进行一些尝试时，会被动地去寻找一些互联网公司进行合作，来规避体制增改的困局。

1.2.3.3 传统电视媒体资金渠道单一

电视行业向来都是一个资金密集性和智力密集性的产业。电视节目的制作和创新都需要大量资金的支持。而电视台的主要资金收入来自广告和有线电视业务，其盈利模式十分单一。除中央电视台、湖南卫视等几家一线卫视具有明显的垄断地位以外，许多卫视的盈利模式更加单薄。对于新媒体业务的开发，基本都是高投入、高风险、收益较慢。如果依靠电视台以往的资金积累，投入开发新媒体业务往往难以取得成效。因此，较多电视机构在转型融合时由于资金的压力只好将内容和渠道资源予以置换，以取得业务拓展。

新媒体在资本市场中因体制较为灵活，可以取得不同渠道的资金支持，资金投入和技术力量上都有明显的优势。在媒体竞争中，传统电视媒体以电视内容为主体，对产业链开发不足，缺乏一个对衍生品开发、品牌维护、新媒体经营的稳定的资金供应体系。电视媒体与新媒体在源头上的差别就是资本的输入。互联网市场中，门户网站新浪、阿里巴巴、百度等都经历了风险投资的孵化，以充足的资本促使项目启动，占领市场份额最终盈利。资本运作为融合提供了血液，为融资机制和合作模式提供了可持续发展的保障，内部整合和外部融合将构建一个更广的平台。

1.3 媒体融合背景下中国电视节目的融合实践

2014年，中央出台了《关于推动传统媒体和新兴媒介融合发展的指导意见》，标志着新媒体视听产业已经进入国家文化产业和信息发展产业的战略，随之带来的是4G牌照的发放和互联网宽带的布局，基于移动互联网和宽带的视听业务迅速成为资本追逐的热点。随后，广电媒体动作频繁，快速跨出了融合的步伐。

1.3.1 内容的融合——提供好的服务和内容，激活个人热点

以广播电视为代表的传统媒体在跨出融合道路之初是以表层的“合作”作为切入点的，我们常常看到传统电视媒体操作的基本逻辑就是原本通过杂志、报纸、电视传播的内容，现在拓展为通过在微博注册一个官微、办一个手机报、经营一个公共服务号或者在网站投放一个专题，其本质还是把无限大的互联网资源当作一种传统渠道的延伸。在缺乏专业的维护和经营的背景下，无法真正发挥互联网与新媒体的属性，体察用户的感受，重置传播中的编码。传统电视媒体要在新的传播终端制胜就应先做好服务，再提供内容。

隔行如隔山，传统电视媒体一向高举“内容为王”的大旗，那是在资讯相对匮乏的年代，受众对内容的选择不多，缺少可选的途径。在很长一段时间里，电视媒体的宣传功能被过分地强调，以至于电视媒体一直以传播者为本位的心态生存，只按照自己的意志来制作和筛选信息传播。随着互联网及新媒体平台的搭建，市场的选择和淘汰作用开始显现，任何介质的传播都应开始由传播者本位向受众本位转向。一个缺乏渠道、没有技术保障、没有专业推广的内容，就无法建立一种良性的双向传播和活性的生态圈。一个活性的平台是动态的，无论个体还是机构都可以在这个平台或是生态圈找到资源，架构通道，激发自我活力，这就是良性平台的基本特征。

1.3.2 渠道的融合——立体架构，蓄积商业价值

从报纸、广播、杂志到电视，“新”媒体交替出现，生生不息，但是当互联网出现时，似乎颠覆了媒体的演变规律，它包含了声音、文字、图像等一切传播符号，形成了一种

“超级载体”。据此有学者提出，传统电视的王者地位会被互联网络这种新媒体所取代，并提出了三阶段论：第一阶段，互联网新媒体不断吸引受众和广告主的注意力资源，导致传统电视受众流失、广告流失，话语权、影响力下降；第二阶段，随着视频网站的崛起，传统电视的内容版权开始向互联网转移，传统电视媒体的视频制作人才也开始向视频网站节目制作业务转移；第三阶段，传统电视的观众、广告、品牌、人才、内容等资源流失殆尽，电视台可能沦为网络视听新媒体的内容提供商。从实际情况来看，近年来传统媒体的内容与人才的确存在流失，而且流失速度越来越快，虽然电视媒体有着几十年发展所积累的积淀，但是在渠道竞争上，比起新媒体却优势不大，甚至大多电视媒体的渠道发展是闭塞的、失灵的。

随着互联网的使用，出现了门户网站，如新浪、网易，这些网站实现了内容的互通，即由点（内容个体）及线（超级链接）到面（专题报道）的二维传播。当二维空间开始运动时，就产生了三维空间。就像互联网随着体验方式的改变之后又出现了功能性的门户网站，如百度、阿里巴巴、腾讯（我们常称呼它们为BAT），他们实现了内容需求和用户体验的动态对接，编码和解码都是双向的。到目前，随着多屏的发展，互联网已经全面社交化，完成了人和人的交互传播，使人和人的沟通还有社会协同达到了最大化。所谓达到最大化就是将人的碎片化时间、多余的资源最大限度地开发、调用和功能性配置。而多维度空间的出现就是激活这些资源，如维基百科利用每个人的“热点”，通过互联网的平台结成一个立体式的空间，里面的信息是交互流通的，可以穿越任何一个时间点和空间形成观察、揣摩等。互联网造就了一个全新的场域，它是“去中心化”“去地域化”的，电视台、运营商、用户在这种多渠道、立体式的空间中进行时间、资金和信息的交换。

电视媒体向来不缺少优质的内容产品，但是缺少让受众选择优质产品的渠道，或者叫方式。在“酒香也怕巷子深”的年代，如何使传播的内容跟人发生实际的关系，让受众体会到内容产品的价值，这就是电视媒体与新媒体渠道融合的意义。在2014年6月29日，湖北卫视启动了“电视摇一摇”的项目，这也是电视媒体与腾讯微信联手打造的“电视第一摇”。湖北卫视把这种与新媒体的合作形式植入到电视节目《如果·爱》中，通过微信的摇一摇功能就可以进入歌曲识别，同时还可以“摇”出各种页面，和观众产生丰富的互动，也为广告商带来更多线下购买模式。通过这种与新媒体融合的方式，电视的内容与受众发生了实际的关系。与此同时，腾讯微信也因为“摇电视”的开通，进一步增加了用户的数量和黏性，提升了用户的活跃度，在大量数据积累的背后也蓄积了巨大的商业价值。根据移动互联网公司QuestMobile统计，截止到2016年8月，微信每天的使用时间为32分钟，位列APP使用的黏性的榜首，相对于一天的24小时，占比2.2%。而一个国内一线卫视，央视占比2.6%，湖南卫视占比3.3%，可见微信的用户黏性已经接近一个强势媒体。微信作为新媒体，和电视具有同样的路径链接功能、推广营销渠道和内容传播方式，因此打通电视与微信的链接无疑给电视的跨屏传播提供了更多的可能。微信是一个典型的社交性平台，朋友圈的网状链接方式使得电视节目的讨论和分享更加具有爆炸性的效果。虽然新媒体的特性对传统电视形成一种挑战，但同时也在助力传统媒体的转型升级。

湖南卫视正在努力打造“芒果TV”媒介生态平台。通过自制节目、自制剧、网络剧等打造品牌节目，再搭建平台，通过网络电视台、手机电视平台、交互式网络电视（IPTV）等将内容输送到终端［芒果派机顶盒、芒果游戏、呼啦（由湖南卫视出品，上海宏蝠网络开发和运营的一个电视互动社交应用）等］。在源头保证了内容制作的水准，在传播上尽可能提高信息的送达率，从而立体打造了一个垂直的产业链，丰富和储蓄了巨大的商业价值，这种生态圈的建设是电视媒体与新媒体立体融合的一次有益探索。

在电视大军中，“湘军”一直都是敢做第一个吃螃蟹的人。但在传统渠道的扩张中，湖南广电依然保持着自己的渠道特色。在制播分离的产业结构下，将全部自主产权作品嵌入芒果TV自主开发的渠道和平台中，不向其他互联网企业分销，维护了自主版权，开辟了互联网+版权的模式，避免了传统电视台只是互联网视频的供应商这一尴尬角色。随着长时间的专业渠道开发和平台搭建，芒果系统下的用户黏性以及活跃度都较高，这为传统电视媒体提供了有效的市场反馈和大数据支持。同时，最大化的自身资源利用，也降低了传统电视媒体转型的风险。

1.3.3　营销的融合——多渠道分发，将终端入口转变为服务入口

在这样一个高度多元化的时代，圈地为王已经不能满足媒体自身的发展需要了，融合、嫁接、双赢才是王道，当然这种合作一定是深度的开放资源、开放权利。未来媒体价值的增值必定是在互联互通中实现的。目前在网络的四维空间中，个人热点还没有完全激活，在微博中活跃的价值只是一个方向和雏形，个体的传媒价值还有待开发。传统电视媒体在新媒体的利用开发上，不仅需要做内容更需要做推广，如同乔布斯，人们称他的作品具有划时代的意义，但却可曾想过他并没有发明任何一种技术，他只是将各种技术组合成苹果的产品，并加以推广，可以说他不是什么发明家但却是一个好的产品经理人。那么除了渠道，营销在互联网新媒体平台里又具有怎样的影响呢?

在全面社交化的传播过程中，以人际关系为半径的传播最为有效，因此关系渠道、关系资源就是传媒价值的基本渠道，传统电视媒体具有较强的内容制作能力，而互联网又搭建了渠道运营平台。以电视节目为例，通过有线电视网络的第一次传播基本就决定了电视节目的影响力，但是在网络平台上，推广和运营的作用显现，电视节目在二次、三次传播中的影响力呈几何式增长。2000年后，我国的电视开始引进国外口碑较好的模板节目或与国外联合制作节目，产生现象级电视节目需要5年左右的周期，但目前在多屏共同互动的推广运营下，现象级电视节目产生的周期只需要1～2年。从传播学的角度思考，媒介的价值包含使用价值、交换价值和符号价值三个层面，因此如果电视节目可以被定义为“现象级”节目，起码应该符合这三个层面的价值考量。在媒体融合的背景下，数据采集和量化分析更可以说明电视节目的传播效果。从这个方面来定义，现象级电视

节目就是拥有超高的收视率、可观的经济回报和形成巨大影响力的电视节目，如果一档电视节目可以获得4%以上的收视率就意味着有16%的市场份额。对于目前多渠道、多卫视台的竞争局面，这已经属于超高的收视率了。一档现象级电视电视节目的经济回报可以从内容营销、广告价值、产业链延伸和版权等多个方面获得。而节目的影响力则应该考量节目品牌跨媒介跨屏幕的延伸能力和在互联网中的舆论热度以及传播程度。符合现象级的驱动标准会带来高收视率的评估，因而带来高回报率的预测，从而促成高营销比例的投入。当然“现象级”节目的产生也要归功于移动终端更广泛的落地，传统电视媒体得到了更好进入互联网、使用流媒体、利用社交媒介的机会。越来越多的电视节目制作公司开始重视受众调查、研究和分析，通过对大数据的分析再有针对性地制作板块，安排节目制作时间，探索推广话题、引领舆论，从而求得板块和节目传播的有效信息送达率，这是一种“定制式”的营销方式。移动终端产生了用户终端和用户体验，左右用户体验的就是互联网的服务，终端入口也变成了服务入口，用户需求也变成了价值需求。没有这个出发点，就不会产生点击率和流量，更不会有用户的响应度和影响力。

当传统电视解决了渠道失灵的问题时，营销的局面也就自然而然打开了。2014年，中央电视台凭借《舌尖上的中国2》率先尝试了T2O的模式，形成了电商+广电的模式。通过广告平台与电商合作，为观众提供网络的线上订货服务。湖南卫视的《爸爸去哪3》也推出了芒果扫货APP和电视摇一摇的功能，实现了O2O的闭合。当渠道开始共享、金融服务开始互通时，营销就产生了实际的效益。

1.3.4 平台的融合——基于用户体验，嫁接多维度的平台

互联网思维包含很多种，其中最核心的理念就是“基于用户需求的思维”，这也是媒介融合下一个大的语境。从传播学的角度出发就是受众本位。目前，新媒体的发展正在成长初期，电视媒体的优质节目内容和人才培养是其他媒介不具备的，这是电视在内容生产上的优势。渠道竞争是电视和其他媒介的博弈空间，渠道的竞争就意味着观众的分流。根据ACCENTURE 2015年研究报告，在14～17岁年龄段的观众群体中，2018年在电视机上观看电视节目的时间长度比2017年减少了33%，在笔记本电脑上增加了16%，在平板电脑上增加了12%，在智能手机上增加了9%。在18～34岁年龄段观众群体中，2018年在电视上观看电视节目的时间长度比2017年减少了14%。在35～54岁年龄段观众群体中，收视时间减少幅度为11%。在55岁以上年龄段观众群体中，收视时间减少幅度为6%。从当前的消费形态上来说，已经不是家庭消费而是个人消费剧增，互联网与新媒体“无处不在”的广告与传统的电视广告也正在逐步构建一个新的传媒广告市场生态。所以，对受众的抢夺，除了优质节目内容的制作生产以外，创新观众的观看体验也比较重要，也就是要以受众为本位。

受众本位的理念标志着互联网营销已经进入受众消费的自助餐时代，面对餐餐都是“饕餮盛宴”的受众，酒香不怕巷子深的年代一去不复返。信息的送达率、阅读率、点击

率、转发率都成了衡量传播有效率的指标。当信息不能够满足受众时，就会产生“众包”的内容产生方式，当传统电视媒体不能提供给受众需要的信息时，受众就会自己生产信息。这似乎让传统媒介到了不得不改变，甚至要重构组织机构以迎合未来新媒体平台发展的地步。在2019年“两会”报道中，信息的可视化就是亮点之一，手机客户端、访谈、视频、微博、微信等均被相继使用。4G技术的发展，使得新闻工作者和受众双重收益，记者可以通过网络无延时调用素材进行现场编辑，受众也通过记者“秒拍”的新闻参与实时讨论。在做“两会”报道时，甚至独立出了新闻可视化小组这样的部门。电视媒体现在有了一些互联网思维的基因，由原来的单做内容到现在愿意把触角伸入全产业链或是全媒体的领域。电视屏幕的边界线已经被打破，原有的规模经济和垄断地位也受到了巨大的影响，电视与新媒体的融合媒体并不只是传统的延伸，还是一种重构，只有梳理了这种改革的观念，才能在这场传媒变革的海啸中再次创造自己的版图。

1.3.5 管理的融合——开放门户，实现社会资源的重置

到目前为止，国内大多电视媒介对互联网的嫁接是简单粗暴的，至多做到了“合”，基本没有“融”。主要是源于目前我们对互联网的使用和管理模式，这就是在嫁接互联网和新媒体的另外一个关键——开放门户。开放的使用和管理模式就像宇宙间的“虫洞”，具有强大的魔力。人们常常提到的互联网思维又是否可以运用到传统电视媒体的推广上呢？当然这种思维不光是一种逻辑，更是一种格局的视野和运作的方式。如果只把互联网仅当作是报纸、杂志、电视媒体的延伸，欢喜于与某个网站或是移动平台的产品推广，那他的格局仍然是狭隘的。

传统电视媒体的管理方式可以说是以机构为单位的，在这个系统里，政治或是财富的统领者具有绝对的话语权。但是在网络世界里，空间和时间被无限放大，虽然新闻采编权被政府严格地把控，但是民众对新闻的猎取已把深度的读取转变为广泛的符号信息。新闻客户端和移动终端的普及又让每个人成为一则消息的编写和传播者，每个人都具有内容生产的能力，我们常称其为自媒体时代的到来。但目前有关部门对于网络管理仍以传统的方式来应对——屏蔽、删帖，这是以一种具象的机构组织来管理无限的空间，以一种低维度的逻辑思维来管理高维度的信息编码。在高维度的空间里，如何调用人们闲置的资源和进行管控呢？其路径就是在开放的基础上激活每个人的热点。维基百科或是苹果的App STORE似乎给了我们一个很好的方向。维基百科将个人的热点充分发挥，每个人都可以对词条进行编辑，甚至都不需要登录，但从操作痕迹上会保留所有修改过的内容，采用中立观点，尽可能展现事物的全貌。利用热点自身的相互制衡达到媒体生态结构内的力量平衡。媒体就是要利用互联网打造这样的平台，这种平台性的媒介不是单靠自己的力量做内容、传播，而是打造一个良性的平台，在这个平台上无论个体还是机构都有内容变现和跨屏增值的能力，在自我价值提升的同时还服务于社会，体现核心的价值。

第2章

电视节目的策划创作

在如今这个市场高度细分、受众精确细分的时代，策划的地位显得尤为重要。不同的节目定位、不同的节目选题、不同的节目编排与制作将在很大程度上影响着一档节目的品质。正所谓“凡事预则立，不预则废”，在电视节目制作的全流程中，前期的策划创作也充满着激烈的竞争。因而，准确周密的前期构思与策划是电视人进行节目创作时首先要完成的任务。

2.1 策划概述

2.1.1 策划的历史

何为策划？ 古汉语著作《辞源》上说，“策”用作名词，有“马鞭”“杖”“简”“册书”“文体”等意思；用作动词，则有“以鞭击马”的意思，意为“谋略”；而“划”则含有割裂、筹谋等意思 。“策划”合起来解读为筹划、谋划、计策、对策，通俗的讲法即为“出谋划策”。

策划是一个古老的词语，源远流长并且贯穿古今。在中国，策划的源头可以追溯到春秋战国时期游说列国诸侯的策士、谋士，他们满怀策划智慧，有一整套治国安民方略，而这些仁人志士就是通过为诸侯出计策、献谋略，进而辅佐帝王。例如被称之为“辅佐桓公九合诸侯，礼让天下开法家先驱”的著名政治家、军事家、哲学家管仲，经自己的好友鲍叔牙力荐后来到齐国，通过一系列卓有成效的改革和策略，辅佐齐桓公成为春秋时代的第一个霸主，这其中就蕴含了许多策划的智慧；战国时期，“围魏救赵”的故事，也是充分展现了“策划”的高明：赵国京城邯郸被魏军围困，千钧一发之际赵国向齐国求救。齐威王任命田忌为将，孙膑为军师，出兵救赵。田忌本来计划直接引兵去救赵国的邯郸，而作为军师的孙膑却主张率先引兵去围攻魏国的京城大梁，魏国得知必会回兵自救，如此不仅能解除赵国的围困，还能使魏军疲劳不堪。最终田忌采纳了孙膑的策略，引兵直奔大梁。魏军闻讯急忙撤回围攻邯郸的部队，之后齐军以逸待劳迎击魏军，魏军大败，几乎全军覆没。

除此之外，还有大众熟悉的心理战策划如空城计、军事策划如赤壁之战等，都是借助计谋取胜的经典事件，这其中的计策、谋略无不闪烁着策划的智慧。

而真正记载“策划”一词的还是要追溯到《后汉书·隗嚣传》中的“夫智者覩（睹）危思变，贤者泥而不滓，是以功名终申，策画复得”，其中“画”同“划”，大意是指有智慧的人处于危境时会思考变通之道，贤德的人如莲花处于淤泥之中而洁身自好，处于逆境能不消极气馁，因此能够求得功名爵位，筹划的事情也能达成。

2.1.2 现代策划的含义与特性

整体而言，策划可以被解读为一门科学，现代策划领域涉及的理论基础广泛、包罗万象，哲学、政治学、管理学、经济学、社会学、心理学、传播学等都将直接或间接地影响策划的效果。它是一种具有计划性的、从无到有、具备预期的目标和效果的精神活动。

人们对于策划一词的解释种类繁多。《哈佛企业管理》中对于策划的解释为：“策划是一种程序，在本质上是一种运用脑力的理性行为。所有的策划基本上都是关于未来的事物，也就是说策划是针对未来要发生的事情做当前的决策。换言之，策划是找出事物因果关系，何时做、如何做、谁来做。策划如同一座桥，它连接着我们目的之地与未来我们要经过之处”。因而，策划从某种程度上而言，它也非常符合新闻领域中著名的“5W”和“1H”思维：何时（When）、何地（Where）、何事（What）、何因（Why）、何人（Who）以及如何（How）。人们只有经过这一系列的思索之后，才可能编制出具备理性的策划。所以，我们将现代策划统一定义为，创造性地运用一切资源，以获得符合既定目标要求的实践行为。

针对现代策划的含义，我们也不难得出现代策划所具备的一系列特性，分别是目的性、科学性、可预见性、综合性。

目的性可以被认为是策划最首要、最显著的特性。任何领域的策划都具有目的性，或者说具备明确的目标。这种特性需要策划者在任务进行开始就要设定好特定目标，并围绕这一特定目标将各个元素、各项工作从无序转化为有序，从模糊到清晰，从而使活动能够顺利完成。

科学性是指策划者的一切规划与设计都要具备相应的依据和逻辑，科学性是指导策划能够顺利完成的基本保障。策划的科学性更多地体现在理论角度和实践角度：首先，策划者需要运用社会学、传播学、经济学等多方面知识来整合各类资源，通过辩证的、发展的思维方式规划思考；之后，策划者在实践过程中依据前期的思考来选择策划理念、方式方法、操作过程的监理等，最终完成策划方案。

可预见性其实也可理解为对未来实施效果的前期评估。我们所有策划出来的项目其实都是立足现在、预演未来的一种实践行为，对于未来即将发生、可能出现的一系列效果也都应在策划之初有一个前瞻性的预见和前瞻性的研究，从而对未来的工作具有有效的指导和帮助。

综合性是指策划这项行为还应该符合全盘把控的要求。策划的过程既要做到准确定位，把握既定受众，进行精准目标投放，同时也要在现有条件下对所利用的资源进行全方位的整合和优化。例如一场大型的直播活动，可以综合考虑全媒体时代背景下对于传统媒体和新媒体的嫁接与整合，同时还要对直播的内部、外部、直播现场、直播内容以及制作现场等方面进行综合的策划，任何一个环节的疏漏都可能在未来影响呈现效果。

2.1.3 现代策划的要素

现代策划的要素主要涵盖五个方面，分别是执行者、策划依据、策划手段、目标对象、效果评估。

2.1.3.1 执行者

所谓执行者，即为项目的策划人。策划人需要在一定调查研究的基础上，通过运用策划技能、创意和方法，对现有资源进行优化整合，并进行全面、细致的构思谋划，从而制定详细、可操作性强的并在执行中可以进行完善的方案。简单理解，其实执行者就是要动用一切资源以最低的投入或最小的代价达到预期目的。

2.1.3.2 策划依据

策划者必须有准确的、最新的信息和丰富的知识，简单理解即为策划案与最终成型的想法，是以一定的信息和知识作为依据，而不是凭空想象出来的，这个策划依据可以从市场中调研而来，也可以从多年的从业经验而来。总而言之，掌握现代策划的知识是策划的基础，科学有效的策划依据将带来事半功倍的效果。

2.1.3.3 策划手段

策划手段也可以理解为策划方法或途径，它是策划中较为重要的一个要素。不同项目的既定目标和预期效果决定了策划手段运用的不同。一些好的思维方法将会对未来的策划起到一定的启发作用。

（1）借力法　在真实的策划过程中，策划者能够掌握、运用的资源是非常有限的，如何在有限的时间和空间中，达到预期甚至是超预期的目标呢？“借力法”的运用即可帮助策划人创造性地运用一切能够掌握的资源去完成既定目标。例如，许多运动类广告在策划过程中经常会“借力”世界杯、奥运会等重要的体育赛事或者各种热点事件，大打感情牌、励志牌，从而收获观众的热泪、口碑。

中国平安早期曾经有一则广告，这条广告就是运用了“借力法”的思维方法将自己产品品牌中的“平安”元素与中国各地含有“平安”二字的地名相结合，借力地名并以其为线索，串联起中国四面八方人们的幸福生活场景，传达了“中国平安，平安中国”的广告主题。整片广告有近40个镜头，均以各种“平安”组成，不但表现了全国各地的秀美风景、风土人情，也深入人们的生活之中，对生活细节进行了刻画，细腻生动，富有中国传统意境。

（2）优选法　优选法这一策划思维最早来源于我国数学家华罗庚先生和其团队曾经的一个经历，而此经历无意中成就了一段佳话。优选法思维的精髓即为运用合理的方法以最快的时间找出通向目标物最近的那条路，推广至策划领域，策划者也可以通过优选法进行相关的策划研究。

（3）应变法　所谓“应变法”是指在策划的前期以及过程中要时刻保持对事物进展的敏锐度，做好灵活应变的充分准备。我们所处的当今社会是一个瞬息万变的时代，随时随地都将要面临着各种形势的变化，前期再周全的策划都有可能在执行过程中遭遇突如其来的变化，因而应变法是在策划过程中需要格外被关注的部分。例如在一场晚会的节目编排与策划中，除了按照既定的节目台本进行有序推进外，还需要在前期策划时制定一些备选节目作为补充，以便在突发情况发生时有备选的节目来替换。

2.1.3.4　目标对象

一般而言，我们会将执行者作为策划的主体，目标对象即为策划活动的客体。想要做一份好的策划，就必须对策划的客体也就是目标对象有深入的了解和认识，只有这样策划案才有可能做到全面透彻。

以影视领域为例，我们可以将目标对象的研究再进行以下几个层面的细分：

（1）目标对象的性别结构　CSM媒介研究对全国收视调查显示，2018年的城市男性目标群体占51.4%，城市女性目标群体占48.6%；乡村男性目标群体占52%，乡村女性目标群体占48%。

（2）目标对象的知识结构　近些年对全国电视观众的知识结构的研究数据显示，中低学历观众占据了一定的优势，而城市观众的文化程度相对高于乡村观众。

（3）目标对象的年龄结构　以2016年的统计数据为例，全国电视观众整体构成显示35～44岁和15～24岁这两个群体在所有电视观众中所占的比例最高；25～34岁和45～54岁观众所占比例分列第三位和第四位；55～64岁和65岁以上观众群体所占的比例相对较小。如果进行城乡之间对比的话，乡村观众中4～24岁观众的合计比例高于同年龄段城市观众，而25～54岁中青年观众的合计比例则低于城市同年龄段观众。总体而言，乡村观众年龄构成呈现出两头相对较大、中间相对较小的特征，而城市观众年龄则相反，呈现出中间相对较大、两头相对较小的特征。

（4）目标对象的职业构成　可以根据统计调研，将观众群体的职业进行一系列的划分，之后再统计出不同职业构成对于某类型电视的忠实度情况分析。

通过对目标对象进行多维度的细分研究，将会指导策划执行者在策划项目的全过程中更加深入了解策划的各个元素，同时也会对策划的科学性和前瞻性有一定的帮助。

2.1.3.5　效果评估

策划的效果评估是策划过程中不可或缺的一部分，是策划行为规范化的最后环节，也是提高策划能力和水准的重要一步，经常会被忽视和轻视。既然策划是对未发生事件的现在规划，因而其中的很多未知信息和不确定因素需要提前被分析和评判。只有真正在策划时考虑到未来不可知的因素，才能够迫使策划者提前规划备用及预想方案，从而一定程度上及时把控和准确预估各类情况，减少各类风险因素。

2.1.4 现代策划的运用

古今中外，策划都是围绕着智慧间的博弈展开的。当今的中国，也是策划的广阔舞台，策划渗透到社会生活的方方面面。无论是各类节目的制作、播出、推广，还是媒体经营、产业发展，无不显露着现代策划的烙印。

在电影策划营销方面，许多电影作品都曾贡献出了经典案例。例如早在新媒体刚刚兴起的时候，许多即将上映的电影都会运用微博、微信等平台进行前期的预热、中期的宣传、后期的营销等，凭借上映档期、节日、社会资源等方方面面拓展策划营销的维度。甚至在一些电影策划营销上，几部电影会策划套票合作的模式进行联合推广，在某种程度上为电影的宣传和票房提升起到助力的作用。

一方面，新媒体平台的较强互动性，可以为影片营销策划制造热点话题。很多电影从立项、制作直至发行、宣传，都充分利用了微博、微信、抖音、快手等新媒体平台，发布与电影相关的博文、海报、花絮、预告片、电影特辑等内容，充分利用了手机移动端和用户的碎片化时间，精准化、互动化、数据化的推送和发布，让电影能够时刻具备较高的关注度，强化电影在受众心中的形象，为提升电影票房起到了一定的作用。

另一方面，高质量的营销方案也是至关重要的一环。随着时代的发展，电影的类型也越发丰富，不同的电影定制不同的营销策划方案对于电影发行有着重要的作用。例如一些合家欢类的影片在同一时期上映，且目标受众较为广阔，那么几部影片就可以策划进行套票形式销售，进行彼此间的“互推”，从而拓展影片的话题度与影响力。除此之外，还可以根据多样化、深入化和立体化的策划思路，打造高质量的线上、线下活动。一部电影想要维持热度与口碑、跑赢持久战，除了关注线上之外，线下的活动也是必不可少的。除了影迷见面会、城市路演之外，还可以与契合的品牌进行IP合作，进一步拓展影片的传播链。

当然，还有一些电影营销是着重从内容层面切入，尤其是那些具备类型定位明确、质量过硬等特点的电影，通过经典台词的宣传、核心话题的探讨等形式去触发观众的情感共鸣与博取好感，为影片的宣传营销注入强心剂。例如根据刘慈欣同名小说改编、故事设定在2075年的电影《流浪地球》中，除了上述一些营销宣传策略外，更在内容层面注入了中国人的家国情怀、核心价值观以及文化自信，“我原来以为家在身后，现在才知道家在前面”等台词也深入人心。

在大型的晚会、活动运作方面，策划也是无法被忽视的一个环节。第29届夏季奥林匹克运动会又称2008年北京奥运会，2008年8月8日晚上8时整在中国首都北京举办。此次活动不论是从申办、宣传、融资、选址、建设到最后的开幕、闭幕，没有一个环节脱离了策划。作为总导演的张艺谋运用日晷、夏商乐器演奏、《论语》吟诵等许多极具中国特色的形式向全世界展现中国文化，本身也需要非常考究的策划才可以做到；同样，时隔8年后，G20杭州峰会文艺演出《最忆是杭州》又震撼上演，依旧作为总策划的张艺谋在这次策划中将南宋杭州的文化底蕴、民俗风情展现得淋漓尽致，舞美灯光、演员、焰火以及现场意境的结合，可谓是惊艳了世界。晚会的整体策划方面，舞台选择的呈现方式就是一种空前的创意，杭州的特色之一便是西湖美景，搭建水上舞台，即为一种大胆的创意与策划。不管是来自中国的《梁祝》还是西方的《天鹅湖》，张艺谋运用一种独特的技巧将中西方文化进行了完美融合，这是一台兼具古典现代、富于想象的演出——水中舞台、灯光、全息影像、LED、焰火等高科技舞台技术，使一个个音乐作品得到更加立体的呈现，充分体现了古典中国的美学气质，使观礼贵宾得到“动静皆入画”的全新体验。

融媒体与网络技术高速发展的今天，以微信、微博以及APP等为代表的新媒体平台成为大众日常生活中较多接触的信息获取载体。同一内容的编排与策划也会因为创意不同而反响不同。《太阳的后裔》是韩国KBS电视台曾经推出的水土迷你连续剧，宋仲基、宋慧乔的领衔演出引起了很大的反响，它在中国的影响力相较于当年的《来自星星的你》可谓是有过之而无不及。在电视剧热播后，上海一所高校的新媒体平台紧紧把握住了这一影视热点，进行了极具创意的策划，一经推出立即取得了较好的反响。这所高校新媒体策划的标题是“我是大海的后裔，同样的家国情怀与颜值担当”，通过采用同样的景别场面，还原了电视剧中的经典剧照。但它的创新与创意远不止浅层面的模仿与还原，更在于精神层面上的高度契合与提升。《太阳的后裔》这部电视剧主要讲述的是两份崇高的职业——特种兵与医生，他们用不同的方式去守护生命，营救生命。这所大学的新媒体平台策划者牢牢抓住了这个精神内核，将自己学校的特色专业与奉献精神进行无缝对接，从而创作出了一段经典的文案：“扬帆远航，注定了孤独与寂寞，远离陆地、远离故土、远离家人……感谢你们的付出，将青春投洒在五湖四海之上，用汗水换来了国家航运保障，你们每一个都是，最帅的大海的后裔”。通过极具创意与热血的策划与表现，启发当今社会中每一个拥有信仰、责任感和情怀的年轻人，可以用自己的方式来报效祖国。这篇新媒体文章一经推出便获得极大关注，许多主流媒体相继转载。

回到大众熟悉的电视领域，策划依旧发挥着不可替代的作用。大到像《东方时空》综合性版块栏目，《春节联欢晚会》大型文艺节目，《大国崛起》《舌尖上的中国》电视纪录片，无不是经过精心策划而取得的经济效益与社会影响。与此相匹配的，策划一词已经频繁地介入到电视节目的创作中，它标志着电视节目创作的理念从以个体智慧为主导向以个体智慧与群体智慧相互结合为主导的转变。可是，有一些电视节目，“克隆”现象时有发生，折射出电视策划的滞后与懈怠，导致了许多电视节目的形式雷同、创新力不足、内容陈旧、电视资源重复和浪费等问题出现。因而可见，电视节目编导的重要职责就是将节目策划摆在首要位置，认真研究与对待。

2.2 电视节目策划要点

2.2.1 电视节目策划的内涵

从整体上而言，电视节目策划可以理解为为了使视听语言节目达到较好的呈现效果而针对节目本身进行的包括选题内容、表现形态、结构形式、拍摄方法、后期制作等方面的谋划。具体来说，电视节目策划的内涵可以再细分为宏观层面与微观层面。

宏观层面的电视节目策划是指全局性的、战略性的、相对无范例的电视活动和电视项目策划，例如频道整体运作与改版、大型电视主题晚会、新节目的内容策划和整体编排等。

微观层面的电视节目策划是指电视平台、网络平台中所有的电视策划活动，包括频道及网站的运行、日常节目内容的策划和整体编排等。

2.2.2 电视节目策划的意义与价值

随着通信技术、信息技术、互联网技术的发展，中国的各类电视节目得到了前所未有的发展机遇，而传统电视和新兴网络既合作又竞争的局面伴随着媒介融合的大浪潮也在持续推进。一直以来，传统媒体和新媒体并不是互相打压的关系，而是一种可以借助彼此的优势相互补充的关系。电视节目的制作方可以提供优质的内容，依靠新媒体的便捷性、互动性、实时性，共同产出和运营电视节目。对于传统电视媒体而言，这种竞争已经逐步从内容、形式、包装方面发展到了品牌、渠道和营销方面。

互联网时代的到来，很大程度上改变了观众的收视习惯，即便观看电视节目也由具有“仪式感”的客厅转换到了各种移动终端，如电脑、手机、iPad等，甚至是多屏同时使用。与此同时，受众群体也发生了转变，由观众变成了用户，这意味着电视节目的推广面对的不再是不能选择或者不愿意选择的被动者而是可以选择并积极选择的主动者，他们具有选择、接近、使用甚至表达的权利。

这一系列的变化导致电视节目策划的重要性与价值有了新的内涵和意义。大众正进入到另一场社会革命，有些当代史学家称之为“信息革命”，另有人称之为“信息时代”。信息时代里，各种媒体间相互融合、相互渗透、相互竞争，界限已经越发模糊。20年过去了，媒体融合已经成为了一个热词。在这样的环境下，媒体组织与媒体人的关系越来越松散，而媒体人与观众的距离却越来越近。电视节目的制作很容易通过移动终端得到效果的反馈，与观众进行交流。有时还会在受众的启发下创新节目或者对已有节目进行改良。新的形势催生新的变化，新的变化推动新的发展，好的策划可以让一档节目在创立之初就有缜密的调研、科学的数据以及行之有效的创新，从而更容易培育节目品牌，打造精品节目，传递好的价值取向，弘扬时代新气象。

除此之外，电视节目策划还能够在一定程度上更加贴近大众需求、满足大众的精神文化生活，提升生活品质。马斯洛需求层次理论是人本主义科学的理论之一，由美国心理学家亚伯拉罕·马斯洛于1943年在《人类激励理论》中所提出。文中将人类需求像阶梯一样从低到高按层次分为五种，即生理需求、安全需求、社交需求、尊重需求和自我实现需求。作为20世纪以来最伟大神话的电视，其实已经在一定程度上深深改变了大众的生活，而电视节目在具有满足大众后四种需求的文化功能的同时也必然要承担起相应的文化职责。电视受众群体通过电视或网络上看到的各类信息节目来获取对于世界、社会、人生等各方面的认知，从而在精神上获得满足，专业化的电视节目策划能够更好地尊重人类的情感规律、尊重人类心理与精神需求规律，传达积极且多元的价值形态，提升大众的精神文化生活品质。

当前电视业的发展已经和十几年前呈现出的形态完全不同，电视行业已经开始表现出了文化工业和文化产业的特征。商业运营的观念在管理层表现为“集团化的试点”“项目制片人制”，在社会层面也出现了越来越多的民营资本的身影。在巨大的商业植入和运营下，一档优秀的电视节目已经不再可以被完全复制粘贴，独特的文化商品性被电视台放大和强化，因此电视台乃至互联网之间的竞争也开始越加白热化。电视节目无论什么类型都是视听产品，这种视听产品结合互联网后，有助于增加数字化视听产品的经济附加值和产品的衍生价值与社会影响力。因而，好的电视节目策划将有助于最大程度地提升节目本身的质量，最大限度地扩张节目的核心观众群，最大可能地提高节目收视率，最终成为最有竞争力的“视听产品”。

电视节目是一种特殊媒介，承载并交织着国家主流意识形态、市场意识、大众意识等多元思想，具备了丰富的社会文化功能。优质的电视节目策划理念与运作模式，将最大程度地推动社会政治与经济形态变革、文化交流及传播，支撑电视艺术“真的追求”“善的精神”“美的形态”的内在力量，促进电视传媒业的长足发展。

2.2.3 电视节目策划的基本原则

2.2.3.1 策划方向受众先行

受众作为电视节目传播的终端，同时也作为一档节目得以存在的前提和条件，在一定程度上成为一档节目成功与否的评判者。当今时代的电视经济从某种意义上而言已经逐渐转变为所谓的“眼球经济”，受众的反馈口碑决定着节目的收视率甚至是经济价值。因而电视节目策划的基本原则之一便是策划方向受众先行——充分考虑受众的需求与导向。

经济飞速增长，社会快速变革，多元文化价值的不断演变与碰撞，这种背景下成长起来的新一代中产阶层在享受高水平物质生活的同时，也不断承受着来自各个方面的压力与困惑，接踵而来的生活成本持续上升，房价剧烈震荡以及未来的社会经济风险凸显，增加了中产阶层的焦虑感。一系列“90后”“00后”为代表的青年群体以及“70后”“80后”为代表的新中产阶层也正是目前许多电视节目的主要核心受众群。因而，节目契合受众群体的所想所感所需是策划方向的首要准则。例如，在对抗性、竞技类的电视节目层出不穷的当下，专门主打“治愈系”“慢节奏”的慢综艺节目逐渐进入大众视野，并且获得了不错的口碑和关注度，这种节目策划的理念也正是契合了当下受众群体的生存现状。目前兴起的“慢综艺”节目是相对于“快综艺”而言的，快节奏的生活吞噬了大众日常的生活空间，大众已经习惯了匆忙赶路，甚至于都无法停下来认真地思考。与此同时，“快餐式”的流行文化进一步挤压着大众的思想，与此生活节奏相呼应的“快综艺”以更快的节奏冲刷着受众们的感官体验，长此以往，群体性的焦虑层出不穷，大众反而开始渴望、怀念朴实的“田园生活”和雅致的“慢生活”，“慢综艺”就是在这样的背景下应运而生的。不论是湖南卫视打造的《向往的生活》，浙江卫视打造的《十二道锋味》，或是后期持续推出的经营体验类观察真人秀节目《亲爱的客栈》，都以受众所身处的真实环境为出发点进行节目方向的策划与创意，带嘉宾离开快速发展的城市生活的同时，也在潜移默化中为大众提供了一个放慢脚步、反思生活、整理思绪、反省自我的时间与空间。

因而，好的电视节目策划离不开目标受众的需求调研，而对受众的研究也可以从多个层面和角度进行剖析。文化背景、地域环境、受教育程度、职业、收入、生活习惯等不同都使受众对于电视内容产生不同的需求。例如，我国北方和南方的观众因在文化、语言等方面的差异，在收视需求方面也产生了极大不同；以年龄为标准划分的少儿受众群体、青年受众群体、中年受众群体以及老年受众群体等，因为在经济收入、行为习惯、生活方式、收入来源等方面的不同，同样会对电视节目的需求有着较为明显的差异。只有尽可能多方位、多角度、多层次的对受众群体进行详细剖析，才能更好地了解受众需求，使其成为后期的电视节目策划的有益导向。

2.2.3.2 策划目标明确统一

任何一档节目，从初建到发展成熟为一个品牌绝对不可能是单一的某一两期节目的魅力，而是月复一月或者年复一年地播出，被大众逐渐地感知和认可，从而最终形成收视习惯。因而，电视节目策划原则的另一个要点便是策划目标的统一明确，即一档节目在策划时要有明确的节目宗旨与定位，能够形成较为稳定的风格和形式，从而不断延续下去。例如央视品牌节目《艺术人生》，这档节目统一的宗旨为“用艺术点亮生命，用情感温暖人心”，而节目宗旨也始终指引着节目的选题策划和结构分布，凭借着其独特的视角、真诚的情感交流、淋漓尽致的细节描写、跌宕起伏的叙事结构，节目自开办以来一直保持着较高的收视率和影响力；同样作为央视节目之一的《开讲啦》，秉持的节目宗旨为“开启青年人思维的力量，传递思想好声音，传播心灵正能量”。每期节目通过邀请不同领域的嘉宾与高校的青年学生进行思维的碰撞，解决青年人当下最关心、最困惑的问题。在统一节目宗旨的引领下，节目打造的方向更为明确与统一，节目试图营造一个全新的电视语态——“课堂”更轻松活泼，“老师”更平等广博，“学生”更开放自由，不论是杨利伟的“与责任对话”、葛剑雄的“读书永无毕业”，还是陈坤的“人生路，莫慌张”、郎朗的“指尖上的青春”，节目都在试图打破演讲固有的教化模式，让嘉宾更真实、更有温度，青年代表更新锐、更有锋芒。

2.2.3.3 策划内容创新实际

当今时代，小到一场迎新活动策划，大到电影、电视剧、电视节目策划，创新性的原则始终会贯穿其中，简单总结即为“变则生，不变则亡”。没有创新就没有发展，没有发展就没有突破。英国有一位70岁的老者，偶然间发现学校老师上课的时候，每次都需要摊开地图纸讲解地理，非常不便，于是通过思考巧妙的设计发明了滚动的地球仪；一位日本妇女利用废弃的罐头，填上营养土撒上花种子，成就了一门“懒人也可以养花种草”的罐装花卉事业。这些都得益于创新意识的融入。推及电影领域，创新依旧是至关重要的。熊猫是我们祖国的国宝，功夫同样也是地地道道的中国功夫，经过了美国梦工场的策划与创新，让两者交叉融合，也就成就了那部电影《功夫熊猫》。好的创意能够起到四两拨千斤的效果，在电视节目领域，2005年《超级女声》横空出世，创新性地提出了“草根明星”这一概念，为那些拥有着歌唱梦想的平凡人搭建了一个展现自我的平台；之后的《中国好声音》进一步创新，除了延续“平凡人的音乐梦”这一理念的同时，还在借鉴已有成熟节目的基础上呈现了“导师制”盲选的比赛规则，带给大众耳目一新的感觉，也让节目本身充满了悬念的魅力；后来，湖南卫视的《我是歌手》问世，让电视节目再度因创新而精彩，舍弃草根音乐梦的理念，让那些已经成名的专业歌手同台竞技PK，将歌唱类节目的模式继续创新发展。江苏卫视从韩国MBC电视台引进同名音乐挑战类真人秀节目《蒙面歌王》，将歌唱类节目的理念继续升级，所有的明星歌手均以面具遮面，观众无从辨别歌手身份，所有的评分标准只以歌手的歌声为考量依据。《蒙面歌王》的逆时之举，代表着节目策划者想要呈现表达出的音乐态度，即不追求浮躁与热闹，只求给音乐最原始的声音。因而，对于电视节目策划者而言，创新能力是成就好的节目的不二法则。

除此之外，节目策划者在进行创新的过程中，还应该兼顾“实际性”原则，也就是可操作性。节目策划者的相关策划一定是在符合国家的法律法规以及道德伦理的范围之内。2011年10月24日国家广电总局下发《关于进一步加强电视上星综合频道节目管理的意见》，其中就曾提出对节目形态雷同，过多过滥的婚恋交友类、才艺竞秀类、情感故事类、游戏竞技类、综艺娱乐类、访谈脱口秀、真人秀等类型节目实行播出总量控制；在《关于做好2014年电视上星综合频道节目编排和备案工作的通知》也曾提出要坚持自主创新，加强引进管理，同时也要抵制过度娱乐，防止雷同浪费。2016年，国家新闻出版广电总局发出《关于大力推动广播电视节目自主创新工作的通知》，该通知堪称历届总局限制令中最细致最明确的一版，对于引进模式数量做出限制，故此，该政策也被称之为“限模令”。通知对于引进模式数量做出限制，规定“各电视上星综合频道每年在19:30~22:30开播的引进境外版权模式节目，不得超过两档。每个电视上星综合频道每年新播出的引进境外版权模式节目不得超过一档，”一定程度上限制了电视节目过度依赖海外模式的现象，鼓励提高自主创新能力；2018年，国家广播电视总局在《关于进一步加强广播电视和网络视听文艺节目管理的通知》中提出广播电视和网络视听文艺节目健康有序发展，严格控制偶像养成类节目以及综艺嘉宾片酬，对于影视剧演员片酬，不超过制作总成本的40%，其中主要演员不超过总片酬的70%。此外广电总局将坚决打击收视率（点击率）造假行为。节目的策划者应该在策划之初了解国家出台的各类宏观调控条例，从而使得创新性的策划建立在可操作的基础之上。

2.2.3.4 策划视野紧跟时代

在电视节目的策划过程中，要求策划者紧跟时代发展、接地气，与大众的需求和消费点相契合，避免脱节落伍从而失去受众与市场。不同的节目类型有着不同的属性，但不论是哪一种类型，都要时刻保持对当下事物的敏锐度以及时代感，时时刻刻关注当下最具热度、最前沿的各方面信息，策划节目内容与时代同步，与社会现实紧密结合。有些节目不知不觉消失了，有些节目却能够长盛不衰，仔细观察不难发现，许多优秀的节目都是在时代中与时俱进，从而拥有了旺盛的生命力。

曾经红极一时的电视节目《百家讲坛》从开播之初不太接地气、过于专业的科学文化知识到后来具有普适性价值的文化热点，在充斥着娱乐以及格调不高的电视大潮中迅速脱颖而出，让老少妇孺都可以比较容易接受和理解，开启了全民学习传统文化的热潮。

同样，作为湖南卫视品牌节目之一的《快乐大本营》跟随着时代的发展，进行了多轮改版与变迁，在一定程度上让这一节目保持着较强的生命力。其中，最为重要的一大改变是随着时代的发展，理念内核有了全新的升级和提升。《快乐大本营》在泛娱乐化形势下的各类节目中另辟蹊径，追求人文关怀，力求呈现出节目的温度感，将“精准扶贫”这一概念融入节目中。从2018年10月推出“心愿树”环节以来，节目组聚焦一家一户、一村一特产，帮助贫困村民建立可持续的内在“造血机制”，让他们富得起来，更能富得长久。《快乐大本营》能够在“全民快乐”的同时融入公益思路，将乡村的扶贫建设做出成绩，与节目策划者的理念息息相关。

首先是电视节目形式本身决定了它具备着信息畅通、高速传播的特质。一直以来，乡村贫困地区许多特色农产品滞销的最大根源是难以跨越信息鸿沟，正所谓“酒香也怕巷子深”，而电视媒体的传播属性恰巧弥补了这一缺陷，其受众群体的覆盖面包括了发达的大城市、中小城市乃至偏远山区，较为精准地将农产品销售信息传递给全中国的受众，挖掘潜在的客户需求；其次，品牌节目的号召力，《快乐大本营》作为一档22年的“国民综艺”，积累了一定数量的受众群体，他们在认同《快乐大本营》“快乐中国”的核心价值主张的同时也愿意为精准扶贫贡献自己的一份力量，促进社会快乐和谐；再次，《快乐大本营》不断创新公益形式，积极主动承担社会责任。从2017年10月推出“温暖有你，快乐出发”环节，聚焦贫困地区学校、福利院、导盲犬、养护路安全管理所及环卫所等，特别是贫困地区教育事业的“快乐教室”，为他们送去崭新的课桌、丰富的图书，传播社会公益正能量。

2.2.3.5 策划方案的伸缩性

在策划方向受众先行、策划目标明确统一、策划内容创新实际、策划视野紧跟时代这四大原则的基础上，策划者还应坚持策划方案的伸缩性原则。众所周知，事物是运动变化发展的，由于受实际情况的主观或者客观条件的制约和影响，编导在节目策划中经常会遇到一些突发状况，使得策划之初的一些想法有可能难以实现。面对这种情况，就需要策划人以及节目编导在策划初期做好充分的思想准备，并主动与环境条件相适应，在坚持主题、原则和艺术底线的前提下，准备多种方案以便突发事件发生时进行修正或商榷。

2.2.4 电视节目策划的核心思维

2.2.4.1 融合思维

随着数字技术、通信技术、网络技术的迅猛发展，一方面，互联网和手机等新兴媒体呈现出越来越强劲的发展势头，另一方面，新闻媒介与网络媒介、通信媒介之间的技术鸿沟已经消弭，媒介融合的趋势日益明朗。在媒介相互融合的当下，电视节目的类型界限也逐渐模糊，呈现出交织融合的态势。在一档电视节目中，我们可以看到访谈、纪实、娱乐等多种元素，通过不同的元素融合，丰富节目的呈现形式与内涵，拓展呈现渠道，形成更好的收视效果，因而，融合是电视节目策划中的核心思维之一。

将“融合”思维引入电视节目策划之前，策划者首先要对不同类型元素的特点有一个全面的认识。例如，竞技类真人秀节目中，“任务”是其核心，节目组事先预设好的任务决定着整个节目的走向。任务的执行者一般由节目安排的嘉宾组成。如果将任务继续划分的话，游戏是最经典的模式，包括选秀类的真人秀中，选秀这种模式本身也是一种特殊的游戏，竞赛方式是个人才艺展示，完成自己的梦想、继续深造等方式可以被视为奖品。不论是哪一类竞技真人秀，最显著的特征均为围绕节目所设置的规则，突出节目的竞赛氛围，引导选手在规则下自由发挥，呈现出对抗、矛盾冲突等特点，最终完成任务，分出胜负。谈话/脱口秀节目是我国电视节目类型中较为常见的一种，一般的形式类型为节目主持人主持、几位嘉宾参与、现场观众见证，围绕某一新闻事件、社会话题、国内外形势或者某一特定主题发表看法、即兴地双向交流意见。谈话/脱口秀节目被视为当今电视屏幕中呈现频率较高的节目形态之一，之所以能够深受早期及现代观众的青睐，一方面是因为这类型节目中充分彰显了人际传播的完整性，交流谈话的过程中，人们的面部表情、行为动作都可以真实地展现，将内心的想法、过往的经历用更为直观的形式展现给受众；另一方面，谈话类节目还具备较高的互动性特征，整个谈话现场形成了多层次交流互动系统：主持人与嘉宾的交流、主持人与观众的交流、嘉宾与观众的交流等。随着谈话内容的递进与深入，信息和情感不断流动与积累，从而更容易引起观众的参与感与认同感，也更容易获得各方积极的反馈。央视品牌谈话类节目《实话实说》的制片人和总策划曾经在提及谈话类节目时提出，办谈话类节目的根本出发点就是尊重人，尊重人的办法就是让人说话。从历史发展过程来看，一方面长期的封闭使人少有所思或思有偏颇，另一方面，社会转型给人们带来困惑，人们面临各种各样的选择。因此，就要加强交流、加深理解。当大家都能自信、开放自如地在电视上讨论共同关心的问题时，将标志着我们国家和民族的文化素质达到了更高的水平。而纪实类节目相较于前两种类型，又有了新的特征与形式。首先，它是一种非虚构的电视作品；其次，它是电视工作者经过观察、思考、选择之后的产物，并且将纪实性与艺术性形成完美的统一；再次，在这类型节目的拍摄与布局安排方面，充分体现严密的逻辑关系，能够引导观众进行思考认识与想象。我国纪录片的发展经历了由最初的政治化、人文化再到平民化的转变，类型以及涉猎的题材也相当广泛。社会现实类节目主要从社会进程、新闻事件等方面入手，如《中华之剑》被称为目前世界上记录事件最长的以毒品为主题的纪录片，它真实记录了我国缉毒警察禁毒工作的艰辛；人文历史类节目以《望长城》《故宫》《大国崛起》等为代表，以缜密严谨的历史史料为依托，展现人类历史的变迁发展。这一类型节目中最显著的特征要素为非虚构的真实性，它需要创作者到现实中发掘寻找具有艺术内涵的各类内容，表现真实的事件、真实的人物、真实的场景、真实的生活过程。

通过借鉴、汲取不同类型节目的特征与优势，越来越多的节目开始呈现出“兼容并包、多栖发展”的态势，“融合”这一节目策划思维帮助一档节目更加全面、多元地呈现在大众面前。例如录制了五季的亲子户外真人秀节目《爸爸去哪儿》，就是一档集合了多种节目类型特征元素的范本。首先，节目定位为真人秀节目，竞技游戏元素便深刻地体现其中。《爸爸去哪儿》的每一期节目均设置了父与子的任务，嘉宾父子通过到达不同的地点、在不同的情境下完成任务，从而进行节目故事的展开与推进；其次，节目中还融合谈话/脱口秀类节目的元素特征。节目组针对某一环节任务展开的过程中，也会适时融入人物的采访，引导参与嘉宾针对不同的环节、不同的状况、不同的角度进行情感剖析与解读，从而呈现出更加多元视角的表达；再次，大众在《爸爸去哪儿》节目还感受到了纪录片式的真实性元素，为了保证节目内容的真实完整，节目组无缝录制，现场记录的素材超过1000小时。此外，节目编导还做好了各种情况的预案，尽可能保证任何情况的录制都不会重新再录，力求镜头呈现的真实性，所以各部门外出拍摄的工作人员超过了150人。

融合思维除了可以较多地运用在节目理念和形式编排以外，甚至还可以拓展到营销、宣传、推广等各个环节。通过不同类型、不同形式、不同媒介的融合，切实打破元素之间的壁垒，真正做到1+1>2的效果。

2.2.4.2 冲突思维

从戏剧艺术诞生时起，剧作家就用多种方式表现人所面临的各种矛盾。在不同时代、不同国家，由于社会生活的变异性，由于剧作家观察、表现社会生活的角度和深度不同，作品中戏剧冲突的内容和表现方式都有所不同。在好莱坞电影工业的制作流程中规定每隔3～5分钟必要设定一个冲突，以此来吸引观众的注意力，电视节目也不例外。

一般而言，我们又可以将冲突细分为三个层次——人与人的冲突、人与物的冲突、人与自我的冲突。人与人之间的冲突是一种最常见的冲突模式，也是较多运用在电视节目情节策划中的一种手段。例如在浙江卫视推出的演技竞技类电视节目《演员的诞生》中，节目组通过在不同单元制造多种冲突关系，形成节目中现场演员与演员、评委与评委、评委与演员之间等多重冲突，丰富了节目的呈现形式。在《我与春天有个约会》的表演点评环节，作为评委的章子怡与宋丹丹之间就出现了彼此意见上的冲突。宋丹丹认为节目组对于文艺作品的剧本选择出现了问题，文学性的缺失导致演员发挥不佳，从而呈现出了尴尬的舞台效果；而章子怡则认为一个好的演员应该在拿到剧本后自己进行消化与调整，演员之间在表演时应该互相给予与支持。通过双方的辩论与对垒，节目本身的情节展开跌宕起伏，同时这种冲突本身也在潜移默化中引导观众参与到节目的进程中，进行不同意见间的判断与思考。类似的形式还有湖南卫视制作的一档成长励志真人秀《我家那小子》，其中在第二季的某一期节目中，节目组专门邀请了《南方人物周刊》的高级主笔易立竞作为“飞行嘉宾”，她在节目中直言不讳地主张“婚姻是一个选择项，不是必选项，婚姻不能定义一个人的成功”的观点与催婚催育的妈妈们在子女的婚恋问题上就产生较大的意见冲突，录制现场观点的碰撞十分激烈，但却也在一定程度将代际关系中存在的问题进行更深入化的社会探讨，寻求沟通最大化。这种情节上的冲突实质上是给予了两代人重新认识也重新靠近彼此的契机，既引导年轻人反思自身与父母沟通的问题，找寻改变的方式，也让父母能够有耐心、尊重孩子对待婚恋问题的选择。

人与物的冲突可以理解为人与社会或自然的冲突。例如在由云集将来、纪实频道、Discovery共同制作的自然探索类纪实真人秀《跟着贝尔去冒险》中，就设置了人与自然之间的冲突，由野外生存第一人贝尔·格里尔斯，携手蒋昌建，带领张钧甯、谢天华、张丹峰、大张伟、吴倩、白敬亭、韩雪、刘语熙荒野求生，聚焦极限下的智慧和勇气。不论是节目中展现出来的野外生吃、悬崖攀岩还是险境自救、高空跳机，都真实还原了嘉宾在野外生存中对于大自然的挑战，而节目所呈现出的“无论面对什么困境，只要拥有足够的勇气和智慧，就能够战胜荒野求得生存”的理论，也赋予了人与大自然这种“冲突”下更为正能量的意义，整个节目的节奏因为不同的冲突而更加张弛有度，同时也在不停的矛盾展开与化解中，展现出嘉宾们的责任感、凝聚力、领导力。

人与自我的冲突是主要人物自我的博弈，这种内在“障碍”的设置更为隐蔽与私人化，策划者在节目的编创过程中也应该充分调动与挖掘参与者不同情境下内心领域的矛盾挣扎，从而呈现出人物的变化与成长。例如在湖南卫视推出的大型明星自助远行真人秀节目《花儿与少年》中就充分展现了人物内心的矛盾与挣扎。这档节目在显性层面，我们看到的是不同地域、不同国家所展现出来的风光之美、文化之美，但隐性层面则是通过“旅行”这种方式展现每个人自我的“成长之旅”。真人秀的特征是通过任务情景设定和矛盾冲突来展现情节，这档节目定位于选择“人文”，注重出行目的，在地域风情方面以不同的性格特征与价值观作为呈现的特色。没有冲突，节目会流于平淡；冲突过激，节目会有失偏颇。仅仅用旅行真人秀中的美景风情的展示，没有矛盾冲突，节目也很难吸引受众。在《花儿与少年》第三季中，嘉宾之一的陈柏霖就充分展现出人物内心的自我矛盾，当被流放的陈柏霖和剩下的7个人重逢时，陈柏霖一时不知该如何融入其中，后来当他慢慢卸下戒备心理向大家袒露心声之后，8个人的团队达成了默契与平衡。

在节目的策划过程中，通过合理运用“冲突”思维，可以更好地完成电视节目中的“叙事”，构建扣人心弦的情节，塑造不同的人物形象，展现不同的价值理念，以叙述“人与人”之间的故事，直面“人与人”之间的冲突，从而引起“人与人”之间的共鸣。当然，在运用“冲突”思维的过程中，切忌为了博人眼球而制造仅为追求感官刺激或追求收视率的冲突矛盾，以免陷入过度娱乐的泥潭之中。

2.2.4.3 悬念思维

何为悬念?《现代汉语词典》中对于“悬念”的解读为：“欣赏戏剧、电影或其他文艺作品时，对故事发展和人物命运的关切心情”。“悬疑大师”希区柯克曾经给出了一个著名的悬念定义：“如果你想让一群人在桌子周围玩耍然后突然爆炸，那么你只能拍出一个非常僵硬的爆炸后惊人的场景；另一方面，虽然你正在展示相同的场景，但在影片开始之前，首先要在桌子下面显示定时炸弹，然后你就已经引起了悬念并触动了观众的心。”

在竞争不断激烈的当下，悬念意识在各类电视节目中的应用范围也越发广泛。通过悬念设置这一手法来设定未知的情境与问题，将不断激发观众对于节目发展走向的兴趣，从而带动观众的好奇心与关注度。

悬念思维的运用方式之一是在节目的各类包装宣传中设置悬念，节目片花和片头、广告推广宣传片、贴片广告等都是设置悬念的手法。凭借蒙太奇剪辑手法，将节目的精彩花絮或者亮点内容进行部分展示，从而在一定程度上吸引受众群体的兴趣与注意力。

悬念思维的运用方式之二是悬念情节设置。不同类型节目的呈现内容需要依靠叙事内容的编排策划来完成。例如以严谨真实著称的新闻类节目，同样可以根据编排方式的不同设置悬念，在不影响“客观真实”这一重要特征的基础上，呈现出多层次情节结构的报道。最经典的案例莫过于20年前央视对山西朔州饮用假酒致人死亡的新闻报道。1998年的大年三十的除夕夜，中央电视台新闻评论部策划组偶然看到了一则刊登在报纸上的关于山西朔州饮用假酒致人死亡的消息，策划人员马上意识到这个消息的题材价值，连夜派出记者到事发地进行踩点调查，当时涉及这个案件的地区主要有朔州和灵丘，记者选择了中毒事件比较严重的灵丘县，并且把一路上的所见所闻及时汇报给策划组。恰逢过年，老百姓都喜欢在农家村舍门口悬挂大红灯笼。大红灯笼和众多人中毒入院的背景形成极大的反差。在采访中记者还了解到，在这个除夕夜里，灵丘县中断了其他电视节目，一直播放着假酒中毒事件的紧急通知。最终节目报道的形式呈现为首先以一段解说词为开篇“今年1月27日是农历除夕，山西省灵丘县突然中断当晚电视上正在播放的春节联欢晚会节目，所有的频道都显示出一条紧急通知：朔州市有17人因饮用文水、清徐两地生产的散装白酒造成死亡。据调查，假酒已卖到灵丘，请全县人民立即禁用这种散装酒，并相互通知其他人。”通过这段解说词作为开篇，与之相应的是电视画面先是夜晚灵丘县一家门口的两个亮堂堂的红灯笼，然后是农民家里正在播放的春节联欢晚会，随着播音员深沉的声音，电视屏幕上出现紧急通知。这一组对比鲜明的画面和解说词，一下子就抓住了受众的注意力，同时也让受众与这个事件产生极大共鸣。采用这种具有对比和悬念的结构方式切入事件，不仅十分自然地融汇了新闻要素，避免了像一般性节目报道的千篇一律，同时也会产生极大的震撼力。

节目策划者在设置悬念的过程中，还应该注意培养自我的逻辑编排能力。一个优质的电视节目，必须具备完整的情节与内容，做到有始有终；合理设定节目的逻辑关系，提升逻辑间的紧凑性，是提升观众关注度的重要方式。悬念设置的一大要义便是让观众始终能够保持疑问，在看节目的过程中不断抽丝剥茧、获得答案。因而，节目策划者想设置出较好的悬念，需要在策划之初对于节目的相关信息有一个全局性的把控，理清彼此之间的关联与脉络，从而按部就班地设置不同层次的悬念。每一个悬念都需要在合理的逻辑关系中排列，观众也能够通过细节或者关键性的情节镜头得到答案。除此之外，悬念设置的数量要得当，对于张力和节奏要处理得游刃有余。无论什么类型的电视节目，只有保持节目中情节的环环相扣以及悬念的险象环生，才能充分调动起观众探索和观看的欲望。

2.2.4.4 互动思维

电视传播的对象是各类受众群体，随着电视理念、电视技术、互联网发展以及观众审美水平的不断提升，观众不再仅限于“观”这一常规性体验，而是更多地与媒体进行互动和交流，甚至是参与、选择、决定自己想要观看的内容。因而，互动性一直是广大电视人的追求。

早期的电视节目中所呈现的“互动性”，更多的是借助于通信手段，如热心电话、场外连线等交流互动形式，完成节目访谈或者游戏的互动。这种方式的互动较之前的单向传输而言，已经有了一定的发展，但形式依旧单一、机械。直至央视品牌节目之一《实话实说》的问世，开始将节目的互动性推向另一层次。节目中，主持人、嘉宾与现场观众可以完成同一时空内的交流互动与探讨对话，经过辩论、对垒达到各抒己见，增进了观众这一参与者的情感体验。之后，观众作为节目“观赏者”的身份进一步升级，“观众至上”不再仅仅停留于口头层面，国外经典真人秀节目《幸存者》和《老大哥》，将观众的权力继续放大，观众的互动意见已经开始支撑、介入到节目的最终结果上，观众可以通过投票的方式pass掉自己不看好的选手，这一环节成为节目整体组成的一部分。而在国内选秀类真人秀节目《超级女声》通过普通观众票选心仪的超女选手、网络用户转变为电视受众、粉丝经济参与节目产业链等方式全方位、多角度地提升节目与观众的互动性，并将“观众自己选出心仪明星”这一核心理念无限放大，狂欢式的票选模式得到了观众尤其是年轻观众群体的热烈回应，超女现象成为当年当之无愧的热议话题。时隔14年后，节目策划者依旧秉持着“互动性”这一法则，在腾讯视频、腾讯音乐娱乐集团联合出品的网综节目《创造101》中，继续将观众群体的权力无限放大，以“女团创始人”为概念，将女团成员的每一次晋级都交到观众手上。各路粉丝在微博上呼号“救救孩子”争取票数，引发全民打榜、投票。这种创新性的“互动性”还在一定程度上带动各类线上线下的营销推广。粉丝可以通过腾讯微视、小红书和英树等渠道为101女孩鼓劲加油，时刻影响着爱豆的排名和站位，可谓把互动营销做到了极致。

除此之外，央视节目《开讲啦》的成功，也在多个层面呈现出了节目高互动性的内容与形式的设置。一方面是讲演嘉宾与青年代表针对话题的互动，每一期《开讲啦》共设置了45分钟，前15分钟由嘉宾进行主题演讲，后30分钟安排主持人、嘉宾与青年代表的互动。这种方式正契合了“电视公开课”这一概念，搭建一个“老师”与“学生”平等交流的平台。另一方面，在身份设置方面，也设置了互动的理念，舞台上，节目组创新设计了1∶1∶10的配备模式，1名主持人、1位嘉宾、10位青年代表构成反差较强的对话组合。提问的是全国各地筛选出来的青年学子，接受提问的是在各个领域做出一定成绩的学者名人。在某种程度上，主持人更像是一种互联网平台，接受信息、呈现信息的同时也在反馈信息；演讲嘉宾代表着某一领域的意见领袖；10位青年代表不仅展现自己，还代表着某一类群体。青年代表的发问类似于微博线上留言，而演讲嘉宾根据不同的网友留言进行回复与反馈，将互联网式的思维呈现在了线下，从而进一步巩固忠实的观众群体。在形式互动方面，《开讲啦》的舞台设计也独具特色。作为国内首档电视公开课，《开讲啦》将传统课堂的形式进行了还原与创新，无论北京或上海的演播室均以阶梯教室的形式呈现，阶梯状的观众席位的前面是10位青年代表的座位席。此外，演播室现场还配备了超大LED屏幕模拟上课用的投影幕布，让演播室充满了课堂的真实感。同时，现场的屏幕还可以进行场内交流互动以及场内与场外的连线互动，在演讲过程中，演讲嘉宾的经典语录会及时呈现在LED屏幕上，也是互动性的体现。从整体上而言，《开讲啦》从内容到形式改变了传统课堂，在增强互动交流的同时，也营造出了一种轻松愉悦、平等对话的教学课堂，进一步提升了当代观众的收视体验。

2.3 电视节目策划技巧

2.3.1 电视节目的定位

进入电视节目的实际策划阶段，策划者首先要考虑衡量的便是一档节目的定位问题。定位的准确与否直接影响着节目的选题、形式、主持人、话语风格以及编排设计的成败。而一档节目的定位又涵盖了功能定位、内容定位以及受众定位三个方面。

2.3.1.1 功能定位

所谓功能定位是指媒介所承担的职责以及要发挥的效应，它取决于受众的需求以及媒介产品传播的途径方式。一档节目的宣传口号及节目宗旨往往象征着它的功能定位。

电视节目的功能定位，首先应以受众的需求点为基础，不同的观众需求成就了不同类型的电视节目。例如央视品牌节目《今日说法》是一档具备普法功能的电视节目，节目宗旨为“重在普法、监督执法、推动立法、为百姓办实事”。这档节目在设立之初就明确了其显著的功能定位——法制教育与法制宣传，这种功能设计也紧密契合了我国全面依法治国的基本方略。通过以案说法、大众参与、专家评述的节目样式，把法律与新闻有机融合，深入浅出地解读老百姓日常生活中常见的法律问题，从而帮助大众进一步了解法律，呼唤公民的法律意识；文化兴，则国运兴，文化强，则民族强。央视自主研发的一档大型演播室文化益智节目《中国诗词大会》，自2016年开播以来就受到了极大的关注与好评，节目以“赏中华诗词、寻文化基因、品生活之美”为宗旨，而其最显著的功能定位便是通过对诗词知识的比拼和赏析，带动大众群体重温中华经典古诗词，分享诗词之美，感受诗词之趣，从古人的智慧和情怀中汲取营养，涵养心灵，以弘扬和传承优秀的中华传统文化。因而不论是节目呈现形式、节目嘉宾选择以及内容环节的设置，都呈现出浓厚的文化功能属性。

此外，电视节目的功能定位还应与节目本身的主观设定相结合。例如从1994年就开播的《焦点访谈》节目，“深度在事实之中”是其制作的宗旨。从开播至今，始终以舆论监督作为其重要的功能定位，也创造出了中国新闻界舆论监督领域的“奇迹”。每期节目的选题都紧紧围绕节目宗旨，以政府重视、百姓关心的事实为切入点，反映和解决了社会发展进程中存在的一系列问题。河南电视台民生频道的《小莉帮忙》节目，“有困难找小莉”“小莉帮忙，一帮到底”已成为追捧的口号，开启河南帮扶类电视节目先河。

2.3.1.2 内容定位

电视节目的核心主要是内容，电视节目之间的激烈竞争归根到底还是隶属于内容层面的竞争。内容的设计关系到节目的成败，要做到“人无我有，人有我优”，内容定位也是电视媒体人在策划过程中要深刻思考的。对于复杂多变的观众需求而言，没有一种产品或者品牌能够完全覆盖市场。在市场调研过程中，寻找新的尚未被占领但有潜在市场需求的位置，寻找市场上的空缺，策划出市场上没有的、具备某种特色的节目，或者凭借同一时段上没有同类产品的优势占领市场空白点，就更容易出奇制胜。电视节目在内容方面的创新是电视媒体自身发展的必然趋势，也是当今数字时代各种新媒体竞争发展下的必然结果。一直以来，国内电视节目的总体创新状况很不乐观，当红类型的节目复制快、扎堆严重、原创节目少，这也在一定程度上限制了内容定位层面的突破创新。

但令人感到惊喜的是，自2016年“限模令”（《关于大力推动广播电视节目自主创新工作的通知》）的正式实施以来，不仅在一定程度上调控了从前原创力不足的客观现状，同时也启迪中国电视人开始有意识地在节目内容层面进行有益的尝试。2019年，在法国戛纳国际电视节上，湖南卫视声乐竞演节目《声入人心》与美国制作公司签约，同时，《声入人心》鉴赏会也吸引了来自多个国家和地区的300余位电视行业专家与买家的注意，签约仪式的顺利进行意味着这一中国原创电视节目将在北美地区发行。《声入人心》是由湖南卫视制作的原创新形态声乐演唱节目，共12期，第一季由廖昌永、刘宪华、尚雯婕三位音乐人作为出品人，第二季由廖昌永、张惠妹、尚雯婕三位音乐人作为出品人。节目组总导演任洋在谈及节目内容定位时就曾提到，希望通过这样一档节目，消除大众对于“高雅音乐曲高和寡”的误解。该节目极具创造性地以流行元素与高雅音乐相结合的方式进行音乐选秀，虽然称不上是最专业的音乐竞赛，但通过这样一种“碰撞”让其在各类音乐节目扎堆的选秀节目中别具一格，脱颖而出。

2.3.1.3 受众定位

受众定位，就是确定媒介的目标受众，是立足于对媒介市场的分析，对媒介产品的市场占位做出的决策。美国传播学研究者康姆斯多克在总结美国电视特征时说：“电视业的业务内容，就是将观众的‘注意力’贩卖给有意将其商品推销给这一批观众的广告客户。准确地说，电视业的产品并非节目，而是观众。”将电视作为一种“产品”仅仅定位在“受众”之上虽略显绝对化，但是在一定程度上反映了受众的重要性。

策划者在进行节目策划之前，除了对于功能以及所甄选的内容有一个大致的把握以外，更重要的是对于受众群体相对精准的定位，因为其定位的准确与否也将在一定程度上影响、反映一档节目所设立的功能与内容。受众定位最根本解决的是给谁看、向哪一类群体输出的问题。中国的观众是一个庞大的群体，由于他们性别、年龄、受教育程度、地域、社会地位等因素的不同，导致其对节目的偏好、需求不同。例如，体育资讯类节目，相对而言，男性受众占多数，时尚美容类节目也会拥有更多的女性群体，评论类时事新闻节目更加受知识分子的青睐等。因而，面对巨大的差异性的受众需求，策划者需要精准的把握不同类别的受众，做到前期策划的有的放矢，具体来说，可以大致分为以下几个层面。

（1）年龄因素　不同年龄的受众拥有着不同的收视习惯和特质属性，如果将年龄段进行较为宽泛的细分，可大致分为少年儿童、34岁及以下的青年、35～54岁、55～64岁、65岁及以上这几个层面。少年儿童、34岁及以下的青年因日常的学习教育、作息习惯或身份的限制以及这类人群对于新媒体技术的高度接受、习惯程度，因而更为偏好于使用其他介质，如使用智能手机、电脑、iPad等达到观看视频、获得咨询的目的，不再局限于传统电视这种按部就班的原始收视行为；35～54岁阶段的观众群体大部分拥有较为稳定、固定的生活及工作岗位，因此白天的收视水平较低，但到了晚间仍然会有这一群体的部分人群进行观看；55～64岁人群相对其他人群而言，拥有更多的闲暇时光且对事件拥有更多的自主支配权，这决定了他们在全天的收视水平上会明显高于其他年龄层面观众；65岁以上的观众收视行为会相对高于其他年龄层。根据不同的受众年龄特质进行区分，能够在一定程度对于目标人群进行更精准的定位。

（2）性别因素　一直以来，性别划分是受众定位的一个重要指标和角度。针对男女收看的时间、内容喜好以及心理等因素，可以策划不同类型的节目以满足男女不同的收视习惯。一般而言，男性比女性更加关注新闻事实类、运动体育类、经济类、探险类、军事类等题材的节目，例如《天下足球》《全景NBA》《Discovery之最》《军情观察室》等；而女性因情感细腻等特征，更加青睐于娱乐、时尚、美容等题材节目，如《美丽俏佳人》《辣妈学院》《非常静距离》等。

（3）地域因素　中国幅员辽阔，不同地域的人群有着各自独特的生活习惯与作息，因而地区区域间也呈现出了较大的差异性。根据CSM媒介研究的全天收视走势显示，东北、华北和华东等地理位置偏东的区域，日出时间相对较早，因而观众的收视行为相对于其他地区也开始得较早，例如东北地区在早间7:00左右就拥有了10%的收视率，相对应的，这些地区的日落时间也相对较早，因此晚间收视高峰开始的时段也会提前。而地理位置相对偏西的西北和西南地区晚间时段拥有相对较高的收视表现，西南地区晚间黄金时段的收视水平明显高于其他地区同时段的收视水平，西北地区则是在深夜23:00之后的时段创造出了优于其他地区的收视表现；华南地区晚间收视黄金时段的收视水平明显低于其他地区。

（4）受教育程度　受众群体因受教育程度不同，日常所思所想和所从事的工作也会有所差异，由此形成的日常生活作息习惯也必然有所不同，表现在对于传统电视的收视选择上便各具特色。根据CSM媒介研究调查显示，小学和初中受教育程度观众全天收视水平较高，表现出明显高于其他受教育程度观众的午间和晚间收视高峰；未受过正规教育的观众群体晚间收视峰值低于小学和初中学历观众，但收视高峰却提前于其他受教育程度观众，在20:00左右就达到了全天的收视顶峰，收视曲线下滑也早于其他受教育程度观众，基本从21:00左右就开始出现；相比较而言，高中和大学及以上受教育程度人群的收视水平整体偏低，尤其是大学及以上受教育程度人群的晚间收视峰值远低于其他几类受教育程度的人群，同时这两类人群在晚间的收视高峰时段整体后延，且跨度较大，在22:00之后的晚间时段的收视水平明显高于低教育程度群体的收视水平。

2.3.2 电视节目选题的策划技巧

进行了节目定位的深度剖析之后，电视编导工作者就可以针对电视节目的选题进行策划，一般而言，选题策划技巧大致可从三个方面入手，分别是选题来源、选题标准、选题策划方法。

2.3.2.1 选题来源

没有选题，电视节目编导的策划无从谈起。从哪里获得合适的选题是每个电视创作者面临的一个问题。一般而言，电视节目的选题大致取自以下三个方面：

（1）选题取自于宏观环境下的政策导向　这一类型的选题一般与某一时期的重点宣传工作紧密对接，例如2019年上半年，国家广播电视总局组织了重点广播电视节目、纪录片、动画片创意选题评选。甄选出的一些重点节目选题一般而言立意上聚焦主题主线，唱响主旋律，坚持中华优秀传统文化的创造性转化和创新性发展，在内容表现上兼具美学欣赏和历史讲述，体现着电视节目应有的责任担当与审美乐趣。例如江苏卫视节目《美好时代》围绕主题主线，记录国家发展进步和人民的美好生活，展现年轻人的爱国热情、劳动者爱岗敬业的奉献热情，勾勒出时代精神的美好画卷；江西广播电视台推出《跨越时空的回信》，节目以革命战争年代革命英烈与亲人往来的书信为切入口，“跨越时空，对话英烈”，展现家国情怀，献礼新中国70周年华诞。

（2）选题取自于各类报道　无论是独立制作人还是各大电视台机构的创作者，都会将报纸、杂志、微博、微信等各类渠道获取的信息作为选题来源的线索之一。这类题材通常涉及类别十分广泛，包含时事政治、经济、军事、社会民生、突发事件、文化、环境、医疗、科技、体育娱乐等各个方面，节目编导可以根据节目自身定位甄选出有价值的选题。

（3）选题取自于日常生活中的发掘　电视节目创作者要具备充分的敏感性，擅于在平凡的生活中发现有价值的选题。生活中的选题素材广泛，创作的自由性强，受众面更广，通过节目核心价值提炼、模式叙事、后期剪辑的二度创作，从而全方位、多角度地立体呈现节目的效果。

2.3.2.2 选题标准

（1）选题平衡　所谓选题平衡，是指电视编导在进行选题创作时要兼顾正面选题与负面选题的范围。正面选题一般属于正面宣传报道的范畴，负面选题一般属于舆论监督报道的范畴。尤其在新闻类的电视节目中，驾驭好选题的平衡，将更加有利于电视媒体发挥舆论监督的作用。

例如，中央电视台新闻频道的周播新闻节目《新闻周刊》，由中央电视台新闻评论部制作，主持人为白岩松、康辉。在每期45分钟的节目中，通过梳理、解读一周内国内最重要的新闻、观众最关注的人物，从而进行权威的新闻报道。《新闻周刊》对正面选题的报道，大多数呈现出的是人们日常生活中涌现的好人好事以及具有崇高道德品质、为社会发展做出贡献的行业大家等，包括“雷锋传人”郭明义、优秀教师张丽莉、“一夫”济天下的邵逸夫、名于青蒿的屠呦呦等，这些各领域发光发热的先进人物经过电视报道，进一步对社会公众产生积极正面的影响，鼓励大众以他们为榜样，继续努力前进。与此同时，《新闻周刊》对负面选题的报道也始终秉持着全程跟踪、理性批判的态度，据统计，2009—2018年，南平校园凶杀案、上海跨年踩踏事件、云南丽水滑坡灾害等事件的出现使得社会上掀起了众多不同声音的舆论风暴。公众对于事件全方位、多角度的信息需求量巨大，如若信息不能及时得到传递与疏导，将会为流言和谣言的扩散提供传播空间，造成不良的社会影响。《新闻周刊》虽然在及时报道方面受到周播制的限制，但在信息整合与深度报道方面却能够为广大受众带来理性客观和鞭辟入里的解读。

（2）选题新鲜　选题标准中的新鲜主要涵盖两个层面：报道时效“先”与切入角度“鲜”。同一个事件谁先报道，同一个内容谁先表现，同一个嘉宾谁先采访，都极大地影响收视群体的关注度。因而，一些电视节目会以“首次独家揭秘”“首次独家专访”等作为极具竞争力的宣传推广手段，做到这一层面的选题会在一定程度上对受众产生较强的号召力；此外，选题切入角度的不断创新与发掘，可以使节目保持与时俱进的“新鲜感”，始终保持与时代并肩同行的密切感，也将为节目后续的发展奠定坚实的基础。

浙江卫视推出的大型原创室内竞技真人秀节目《王牌对王牌》在几季的播出中呈现出不俗的收视态势，与其新鲜的选题有着密切的关系。节目每期围绕一个主题，邀请两支王牌团队，由两队固定队长各带领多名热门嘉宾进行PK对战，通过才艺比拼、游戏竞技，决出王牌中的王牌。在2019年第四季的节目策划中，《王牌对王牌》牢牢把握住了“怀旧”与“情怀”这两大关键词，在节目的选题中策划了包括《天龙八部》《还珠格格》《流星花园》等经典影视剧的再聚首，在致敬影视经典作品、资深演员的同时也以一种复古返新的姿态看待过去影视文化的历史价值，把怀旧作为一种感性的审美体验，引导大众关注那些用匠心、真心、专心、恒心制作出来的影视精品以及表达对于老一辈艺术家浓厚的敬意，唤起了所有人的共同记忆，选题上起到了“以小见大”的效果，也在一定程度上升华了节目中“王牌精神”的含义。

（3）选题以人为本　电视节目选题的第三个标准即为“以人为本”：时刻关心人的需求、尊重人的需求、满足人的需求。人性化选题的基础就是要吻合这个时代绝大多数人的需求。《南京零距离》总制片人张建庚曾对电视节目做过这样的概括：“平民视角、民生内容、民本取向”。

生活服务类的节目可以称作是以人为本的典范。大部分选题都是以“贴近百姓生活，服务广大观众”为宗旨，关注普通观众生活中大到工作、车子和房子的困难事，小到柴米油盐的平常事，从百姓的利益出发，着眼于生活琐事和百姓生活，增加节目的亲切感和观众的重视度。例如近些年随着现代人工作压力的不断加大，一些慢性病、职业病也多了起来，同时大家生活水平提高之后，对于养生的关注度也越来越高，因而一些电视台或制作公司抓住这个热点，把目光更多地投向健康饮食、养生方面的节目。上海星尚频道的定位是“引领时尚文化，倡导品质生活”，推出的几档电视节目都与普通人的衣食住行相关，这样的选题自然会最大限度地聚集起受众群体。《人气美食》为星尚传媒著名的三大资讯节目之一，现在已成为上海美食较为权威的指南。这档节目的定位与选题就是聚焦中国人的“饮食文化”，将“饮食”与“时尚”高度融合，每期节目中融入上海特有的城市风貌，寻找探访上海人气小店，搜寻民间美食，讲述开店故事，设置美食榜单、人气小店、民间美食、烹饪厨艺和饮食风俗等内容，把“本土”特色作为节目独有的风格，致力于打造出“舌尖上的上海”，深受大众喜爱。

SMG旗下王牌健康节目《X诊所》所主打的是一档全新概念健康综艺节目，用轻松幽默的方式传递健康知识，揭秘健康未知数，它的目标受众是都市人群。每期节目会邀请业界专家为大众普及健康养生知识，选题从大众日常生活中对于养生、健康的误区着手，颠覆以往错误的理念，传授简单实用的养生方法，这档节目在选题方面充分做到了以人为本。例如在往期的节目中，我们发现一月份的主题为《不花钱赶走寒冬时令病》，5月春夏之交时推出了《健康野菜正当时》，8月份推出《冬病夏治三大宝》，从中不难察觉到这个节目的选题随季节变化，根据大众的现实需求进行选题策划，内容涵盖了饮食、运动、用药、救治等多个方面，从大众普遍的健康养生误区入手，抽丝剥茧，纠正误区。

在选题的标准方面，电视节目编导除了要时刻关注大众的物质层面需求之外，也不能忽视精神领域的建设与引导。电视作为大众传播领域影响最大的传播媒介，同时也是时下最引人注目的文化载体，有责任和义务积极倡导人文精神，以推动文化建设的不断深入，促进进步价值观的建立。央视在2013年开播的电视节目《开讲啦》即是针对当代青年人心中的迷茫、疑惑，同时也是把最关心的话题作为切入点，邀请各界的名人嘉宾进行讲座，分享他们一路走来的对于生命和生活的感悟，共同探讨人生与社会问题。节目曾经邀请刘国梁讲述《奥运背后是成长》、林丹讲述《没有人想永远输给你》、台湾女子组合SHE的Selina在爆炸事件后的首次公开演讲等多期节目，传达一种积极向上、打动人心的正能量。

2.3.2.3 选题策划方法

（1）预期筹备　一档电视节目播出的规格有常见的日播、周播、季播等，例如央视的《新闻联播》《天气预报》等是作为日播节目的代表；央视的《新闻调查》、湖南卫视的《快乐大本营》等作为周播节目的代表；东方卫视的《极限挑战》、浙江卫视的《王牌对王牌》等作为季播的代表。电视编导要根据不同的节目播出规格对整个节目的年度整体策划进行提前的考量和把握。例如文化类节目的选题可以提前进行预期筹备——根据不同时间段锁定标志性的事件，2016年是中国共产党成立95周年、红军长征胜利结束80周年、孙中山诞辰150周年；2019年是新中国成立70周年等，这些重要时间节点的节目选题可以较早筹备策划；如果是访谈类节目，电视编导还可根据每年备案的节目、电视剧、电影等提前策划好相关的访谈主题。

（2）寻获挖掘　与预期筹备相对应的选题策划方法便是寻获挖掘。对于预期筹备类选题，因具备相对稳定性的特点，可以使电视节目编导做提前的预判和准备。对于寻获挖掘类选题，就是一种不确定的捕捉。除了那些可以在日历和日程安排上呈现的主题之外，还有很多选题是策划人在生活、工作和学习中灵感乍现时候的收获。例如，路边的一个小广告折射出来的一些问题有可能成为深度报道的选题，成为民生新闻的选题，成为生活服务类节目的选题，成为法制节目的选题。电视节目编导只有始终保持着对生活的敏锐和热爱，才可能不断挖掘出新的选题。

2.3.3　电视节目选角技巧

现如今的电视以及网络传媒领域，大众文化的崛起成为一个较为显著特征。电视综艺类节目代表了大众化娱乐的方式之一，同时也成为人们获取娱乐较为常见的途径。早期电视领域中创作出了较多带有精英化属性的节目样式，而到了21世纪，以湖南卫视的《超级女声》为代表的选秀类节目的全面崛起让大众开始登陆电视荧屏。之后的电视、网络领域中，无论是平民造星还是平民化选秀，甚至包括曾经“高高在上”的明星群体，都清一色地开始以大众的审美取向与喜好来进行节目的选题策划、构建、组织编排。而在这样的发展变化中，许多节目都不约而同地选择了纯素人或素人+明星的构成模式，形成了新世纪节目的特色之一。

“以草根情感，引大众共鸣”是节目选角的重要技巧之一。《英国家庭烘焙大赛》是英国广播公司于2010年出品的一档厨艺大赛美食真人秀节目。在每期节目的开始，都会由10位业余烘焙爱好者参加比赛，之后在每轮的比赛中逐步淘汰成绩落后者。每一期节目都到不同的城市进行录制，是一种典型的公路秀模式。一般类型真人秀节目比较常见的方式会使用全明星或者明星+素人的结合模式，而《英国家庭烘焙大赛》却突破性的使用了全素人模式——通过选择有个性的素人，让节目流程设计激发出他们极具张力的电视表现，用普通人的真实情感吸引观众。可以说“选角”成功是这类节目关键特征之一，因而也不难理解节目组甚至不惜花6个月以上的时间去寻找最适合的“普通人”的用心良苦。《英国家庭烘焙大赛》非常有看头的不同背景和年龄的参赛选手有大学生、牧师、银行从业人员、退休老师、发型师和工程师等来自不同行业的烹饪爱好者，此外，不同民族间的融合与交汇也在节目中得以呈现。素人选手们各异的性格、生活及成长背景、烘焙风格让观众津津乐道，每期节目播出后，许多媒体也会针对不同选手的表现去采访、剖析选手背后的故事。因而，这档被誉为“爆款”的电视节目在选角上最大的特点便是通过各种素人的表现和自身的人格魅力，从而引起收视受众内心的情感共鸣。

“星素结合，平等交流”也是节目选角过程中可以运用的技巧。所谓“星素结合”即甄选明星与普通人共同搭配，作为一档节目的主要参与者。在节目展开的过程中，节目编导可以根据明星与素人之间真实的相处、真实的摩擦甚至真实的感动完成节目中的叙事，使得共处于同一时空的明星与素人彼此之间不再有身份的悬殊、地位的区别，平等交流与对话的过程也在最大程度上消除了以往明星高高在上的距离感。过去观众追求的是明星与观众之间的亲密感，而现在观众的注意力则是聚焦在了节目中明星与素人在一起所呈现出来的真实面貌，角度较之以往也有了比较大的改变。通过节目中素人与明星在相处的过程中擦出的火花满足受众对明星的好奇，一定程度上达到了“去光环化”的效果，拉近了明星与观众间的距离，笑料与欢乐自然产生。《亲爱的客栈》是湖南卫视推出的经营体验类观察真人秀节目，通过让明星们经营客栈，感受到不同于拍戏的生活，从而寻找初心。从创作模式上而言，《亲爱的客栈》隶属于慢综艺的范畴，在节目的设计中让参与者在相对宽松的环境下呈现出最自然的状态，节目里所有的细节都从贴近人们生活的角度切入，贴近草根生活、接地气，剥去任何有意设计的矛盾冲突，体现自然性，让观众能够深深地沉入到节目内容中。在这样一种节目模式中，运用星素结合的方式，可以让明星转化为素人，让素人成为“主角”。第二期节目中引入进来的三位客人是在莫干山经营民宿的合伙人，他们成为推动客栈中故事走向的“关键角色”。曾经的民宿经营者凭借着丰富的运营管理经验，与明星进行交流的过程中完全消除了素人和明星之间的隔阂，呈现出我们生活里充满烟火气的普通人的状态，不论是他们各自的状态还是观点，都让观众从中不仅看到他们的生活，也折射、反思自己不同阶段的人生。

2.3.4 电视节目的采访技巧

前期采访是指为电视编导在已有构思的基础上而进行的信息采集活动，其最大功能是通过采访从而掌握到更为全面的背景资料与辅助资料，以便对选题之内的人物和事件有更深入的把握，并且对人、事、地等增加感性认识，以便编导能够进一步挖掘主题、丰富节目结构等。

2.3.4.1 前期采访的功能

（1）有利于创造良好的谈话氛围　美国学者布雷恩·S·布鲁克斯在《新闻报道与写作》中写道：“采访、与他人交谈，更多的是一门艺术而不是科学。”意大利著名女记者奥琳埃娜·法拉奇在国际新闻界是以访问世界政坛风云人物而闻名的，也被誉为是政治采访专家。她曾经先后采访过邓小平、基辛格、阿拉法特、卡扎菲等30多个国家的政府和政党的领导人。她曾经说过，采访前准备工作的紧张程度简直就像学生准备大考一样，对于她而言，每一次的访问都是对智慧和政治敏感的考验。如果没有前期充分的准备，就不可能营造非常有智慧和技巧性的氛围。

（2）有利于采访对象对记者产生信任感　在有准备的采访中，将更有利于采访对象迅速对编导或记者产生信任感，从而能够充分调动已知的信息以接近和获取未知的信息。

例如在1994年中央电视台一位记者接到任务——赴上海采访著名的历史学家、社会活动家周谷城先生。当时周谷城先生还躺在病床上，不方便接受长时间的采访，因而留给这位央视记者的时间是有限的。这位记者在采访前查阅了周谷城先生大量的资料，在采访现场就提问了一个问题：“周先生，听说您在五四运动的游行队伍里曾经跑掉过一只皮鞋?”当时周谷城特别吃惊，没有想到这位年轻人居然知道自己曾经的这个故事，于是兴致高涨地聊了一下午，记者也在采访的过程中如愿以偿地获得了许多珍贵的信息与内容。

2.3.4.2 采访前的准备

（1）了解与采访对象的相关知识　进行节目采访之前，编导可以从以往的文字资料、影像资料方面入手熟悉采访对象。搜集嘉宾相关资料可以从三个维度着手：一是采访对象的简介，包括性别、年龄、职务、家庭情况、主要社会关系等；二是采访对象的专长，在哪个领域比较感兴趣、比较擅长，做过哪些贡献、有过什么影响、处于什么样的地位；三是采访对象的特点，包括性格、爱好、目前的心理状态、是否健谈、是否有忌讳。采访前不仅仅要熟悉采访对象，对于采访对象所从事的工作、专业知识以及相关领域也要有所掌握，这样更容易进行顺畅的沟通与交流。

（2）搜索与新闻相关的背景资料　在进行新闻报道或者时事类报道的节目中，节目编导还需要搜集与新闻相关的背景资料，因为新闻事件的发生不是孤立存在的，都有其发生的原因、背景、社会影响，这些也是受众关心的内容。因而记者采访新闻事件前的准备工作还需要搜集与新闻事件、新闻人物有关的背景资料和其他资料。例如编导要赴某地采访前，还应该了解该地的政治、经济、文化、社会状况以及风土人情、历史沿革等情况，以有助于采访工作的进行。编导、记者所搜集到的背景材料其实对于电视节目的报道有着重要的意义，有些背景材料被写进新闻报道中，可以充实新闻内容，增强新闻的厚度；有些背景材料虽未融入至节目或报道中，但也能够成为节目编排中非常重要的凭证与依据。

2.3.4.3 采访中的技巧

（1）采访中的“破冰船起航”　何为破冰船起航？破冰船是用于破碎水面冰层，开辟航道，保障舰船进出冰封港口、锚地，或引导舰船在冰区航行的勤务船。这是在采访领域的一种比喻的说法。所谓破冰船起航的采访途径就是采访者在采访前首先要礼貌友好地介绍一下自己并简短陈述采访目的，通过寒暄与采访对象建立亲善关系，尽量不要坐在采访对象的正对面，以免造成采访对象的对抗，可以选择坐在采访对象的斜对面，比如使一张桌子或者物体成为一个屏障，保持合适的距离使得采访者本身不具备威胁性。之后，采访者可以密切观察周围的事物，看看是否有什么可以成为你们建立友善关系的桥梁的破冰船。

（2）采访中的“自己人效应”　所谓“自己人”，是指对方把你与他归于同一类型的人。“自己人效应”是指对“自己人”所说的话更信赖、更容易接受。在人际交往中，如果双方关系良好，一方就更容易接受另一方的某些观点、立场，甚至对对方提出的难为情的要求，也不太容易拒绝，这在心理学上叫作“自己人效应”。采访中的“自己人效应”，是指采访对象对记者或编导某种意义上的认同，把记者当朋友看待，能够知无不言、言无不尽，达到心心相印、息息相通的境界。反之，若采访对象不把记者当朋友，怀有警惕、戒备、怀疑的心态，则是“异己人效应”。“酒逢知己千杯少”与“话不投机半句多”是这两者最通俗化的诠释。记者与采访对象首次见面，应该努力寻找共同语言、共同感兴趣的事物、共同的情感和观点等，使双方心理上“共鸣”，产生好感和亲近感。采访的过程中，记者或编导要学“拆墙”的技巧，陌生人进行交流的时候，彼此之间往往可以被比喻为双方隔着一堵墙。想要让采访能够尽快顺畅地进行，就需要尽快将“墙”拆掉，而最容易切入的技巧便是找话题，例如共同熟悉的事情、感兴趣的事，还可以从对方的经历中寻找出共同点，例如同一个学校毕业、同是老乡、同一个地方工作等，也可以寻找自己和采访对象在兴趣爱好、态度观点上的相似之处，以此作为打开话匣子的突破口，这同样能够使对方产生好感。

（3）采访中的“登门槛效应” “登门槛效应”是美国社会心理学家弗里德曼与弗雷瑟于1966年做的“无压力的屈从——登门槛技术”的现场实验中提出的，意为在你请求别人时，如果一开始就提出较高的要求，很容易遭到拒绝；而如果你先提出较低的要求，别人同意后再增加要求的分量，则更容易达到目标。这就类似于登门槛，只要对方乐意稍稍打开一个门缝，就有可能迈进大门，登堂入室了。

杰克·海敦曾经说过：“一般来说，最好是到最后才提出使人难以回答的问题。这样，即使被采访者把你赶出门，你已经把材料弄到手了。”这一技巧的核心思路即用不具备威胁性的顺序安排问题。采访者在进行采访的过程中，应该学会领会运用“登门槛效应”，提问时由易到难，首先从采访对象最熟悉或最近发生的事情谈起，然后再触类旁通，不断深入，从而了解事实的真相。采访者如果求知心切，操之过急，则可能“欲速则不达”，谈话一开始就提最尖锐的问题，往往容易引起对方的紧张或警戒，从而使采访的大门早早关闭。

（4）采访中的“超限效应” 美国著名幽默作家马克·吐温有一次在教堂听牧师演讲。最初，他觉得牧师讲得很好，使人感动，准备捐款。过了10分钟，牧师还没有讲完，他有些不耐烦了，决定只捐一些零钱。又过了10分钟，牧师还没有讲完，于是他决定1分钱也不捐。到牧师终于结束了冗长的演讲，开始募捐时，马克·吐温由于气愤，不仅未捐钱，还从盘子里偷了2元钱。

这种刺激过多、过强和作用时间过久而引起心理极不耐烦或反抗的心理现象，被称为“超限效应”。在各类采访过程中，要防止“超限效应”的发生，应注意把握好以下几个方面的问题：首先，对采访时间的把握要适度。一些名人、明星的时间都非常宝贵，能够接受采访的时间并不多，因此在采访前就应该拟好提纲，做好充分的准备，采访过程中则要直入主题，言简意赅，速战速决。如果提问漫无目的，不得要领，再有耐心的采访对象也会感到不耐烦。当然，如果采访对象非常健谈，则可以适当延长时间。其次，在提问时如果碰到采访对象不愿谈或不想谈的时候，则要视情况而定，或转移话题，或通过其他途径委婉地表达，如果穷追不舍，打破沙锅问到底，也会使采访对象过分紧张，无法容忍，导致采访受挫。

（5）采访中的首因效应 首因效应又叫最初效应，即日常生活中人们常说的“第一印象”。人与人第一次交往中留下的印象会在对方的头脑中形成并占据主导地位，这种效应即为首因效应。对采访对象而言，通常情况下，采访者就如同一个突然闯入的陌生人，或多或少会影响到采访对象的心理态势。有经验的采访者就非常注重自己在采访对象面前的第一次亮相，从仪表服饰、言谈举止、态度表情到开场白，都要在事先考虑清楚，以求妥帖周到，赢得采访对象的好感，从而使采访能够顺利展开。

（6）采访中的提问方式　按照问题性质，美国新闻学家梅尔文·门彻把所有的采访提问分为了两大类：开放式提问和封闭式提问。

所谓开放式提问，就是问题提得比较概括、抽象、范围较大，对回答的内容限制不严格，给对方自由发挥余地的一种提问类型。开放式提问的特点：给对方更多的“自由”，容易谈出一些宏观性的看法，也可能引出有价值的问题，但问题焦点不集中，双方联系比较松散，采访不容易深入；问题比较自然缓和，有利于创造融洽的谈话气氛，但对方容易泛泛而谈；提问方式较为省力。

封闭式提问的问题提得比较具体，被采访者的回答范围狭小，指向性强。封闭式提问的特点：留给对方的自由余地较小，但是问题间的联系比较紧密、具体；采访者提问封闭式问题要花费的精力较大，问题要“小中见大”。

整体而言，这两种提问方式在采访中是都需要的。刚开始聊的时候可以用开放式提问，等后面核对事实的时候尽量用封闭式提问。开放性问题可以用来启发思路，如果在一开始就使用封闭式提问，采访对象在对采访者和采访环境都不熟悉的情况下，很容易产生一定的不适感，甚至与采访者产生是冲突。

2.4 《我家那闺女》节目策划案例分析

2.4.1 节目概况

由湖南卫视节目中心制作的《我家那闺女》凭借着鲜明的现实关照以及浓郁的人文关怀在众多节目中脱颖而出，成为2019年最受关注同时最具大众情感共鸣的节目之一。节目以季播的形式推出，一季12期，常驻主持人为李维嘉、大张伟、刘欣然，每期还邀请不同的“飞行嘉宾”加入观察团，与爸爸们共同探讨子女的事业、婚姻以及生活等多个方面的话题。《我家那闺女》于2019年1月5日每周六晚22:00在湖南卫视播出，于2019年3月23日收官，重点展现了吴昕、傅园慧、袁姗姗、何雯娜、郭跃、焦俊艳几位明星的生活日常。

2.4.2 节目背景

2016年2月，国家新闻出版广电总局下发《关于进一步加强电视上星综合频道节目管理的通知》，要求严格控制未成年人参与真人秀节目，不得借真人秀节目炒作包装明星子女，也不得在娱乐访谈、娱乐报道等节目中宣传炒作明星子女，防止包装造“星”、一夜成名。在这种环境下，代际关系类综艺节目应运而生，深入剖析中国式家庭中父母与子女间的矛盾关系开始引起电视媒体与大众的关注。

所谓代际关系是指两代人之间的人际关系。通常一代指20年，但代际关系的两代，泛指老年人与年轻人，如家庭中的父母辈或祖父母辈与儿女、孙子女辈的关系，代际差异产生代际关系。伴随着时代的发展、社会的进步，现代人的观念呈现出多元发展的态势，普通家庭中代际之间的矛盾也更加明显突出，尤其是子女与父母在婚恋观念上的矛盾也日益激化。《中国统计数据年鉴2018》显示，2017年全国15岁以上未婚人口总数为2.15亿（其中男性1.27亿，女性0.88亿），加上离婚人数，单身人口达2.4亿。登记结婚数从2013年开始，呈直线下降趋势，到2017年已降至7‰。从全球来看，单身人口已占到美国成年人口的45%，日本为32.4%，韩国为23.9%，而中国仅为17.4%，与发达国家相比，我国单身人口比例并不高。但随着经济进一步发展，中国单身人口很有可能会继续增长，达到4亿。超过一半的女性对于脱单的看法是无所谓，同时，女性打算一直单身的意愿也比男性高。在不断强调男女平等、女权主义的时代，女性比以往更加独立。而中国式家庭中的父母对于子女的婚恋更倾向于传统的“家文化”的构建，因而子女与父母之间在以婚恋观念冲突为代表的一系列代际矛盾成为时下较为显著的现象之一。正视社会中普遍存在的代际关系的代沟、探讨当代女性如何面对职业、社会交际、生活等现实问题，成为《我家那闺女》想与社会大众共同探讨的核心话题。

从整体上而言，《我家那闺女》的模式隶属于慢综艺的类型。当大众已经习惯甚至是疲于那些快节奏、高对抗、强冲突的快综艺之后，用一种较为平静、舒缓、日常甚至是诗意的方式展现人与人、人与社会之间的关系反而更符合时代高速发展下的观众群体。

2.4.3 选题特点

《我家那闺女》将大众视野由亲子间的相处之道牵引至代际间的观念碰撞，“观察式”的模式更像是一面镜子，不仅让我们看到明星们的真实境况与表达，同时也折射出整个社会对于家庭中子女的生活、工作、择偶等问题的不同态度，从而引导大众进行思索与反思。

2.4.3.1 以小见大，映射社会现实的镜子

作为一档情感观察类节目，如果在选题和节目呈现上仅仅停留在对不同领域明星个体

化的讲述与展示上，那么节目就无法摆脱“猎奇”与“隐私展示”这种低层次的视觉观感。难能可贵的是，《我家那闺女》从个体中折射出整个社会子女与父母、家庭面对各类问题的态度，体现出较高的社会价值。节目中重点展现了袁姗姗、吴昕、傅园慧、何雯娜（1～4期）、郭跃（5～6期）、焦俊艳（7～12期）几位嘉宾的独居生活，并邀请嘉宾的爸爸来演播室与大张伟、李维嘉等明星观察员一起观看女儿日常生活的视频，在互相交流中展现明星们的生活状态。在节目中，明星们褪去光环，将以往镜头下光鲜亮丽的自己摒弃掉，回归真实生活。

在第一期节目中，节目编导就通过“以小见大”的手法重点展现不同职业的明星们对于生活的“焦虑感”：“蹦床公主”何雯娜以及“洪荒少女”傅园慧作为运动员日常训练的严苛与艰辛，袁姗姗在个人情感问题上来自于家庭的焦虑与压力，在主持领域时不时被观众以及网友吐槽诟病的吴昕向好友倾诉事业压力时的落泪等，把四位闺女在现实生活中遇到的真实困境充分完全还原呈现。

在第一期节目的开头，编导用各类女性特色鲜明的影视作品组接剪辑，呈现出这个时代关于爱的表达与探讨：如果爱的快乐就是失去自我，那么自我的快乐就是永不自失，这是现代小说用滥了的悲喜双刃剑。世间的男女害怕自失，害怕被欺骗，又想感受爱的颤抖，于是现代爱人之间产生了这种可怕的关系——互相寻找、彼此逃避，一场交织着激情承诺和迅速投身的芭蕾。正如节目总制片人陈歆宇所说：“节目是反乌托邦式的，我们反对的当然不是‘个体生命的自由和美好’，我们反对的是‘统一标准的幸福’。现在年轻人的欲望和爱被拆解，爱情已经不是当下年轻人最重要的一部分。”观众通过观察这些明星在每一期节目中各种价值观的碰撞与思辨，也在这种观看的过程中反思、整理自我的取舍与选择。

2.4.3.2 直击痛点，广揽受众

每一期的主题都围绕着“爱”这一永恒的母题来展开。第一期：爱的悖论；第二期：爱，是什么；第三期：说什么爱；第四期：爱在哪里；第五期：因为爱；第六期：爱的谎言；第七期：爱自己；第八期：行的爱；第九期：爱，路漫漫；第十期：爱，永不自失；第十一期：爱的启示；第十二期：爱是永恒。

近年来国内综艺有一个大趋势，节目视野正在转向家庭，把发声的机会交给我们的父母一辈。而节目中所探讨、所剖析的话题可能关系到每一个普通女性的家庭，所以这样的选题在某种程度上最大限度地拓展了节目的目标受众群体。如今最真实的现状是新一代的群体与自己的父辈由于观念的差异产生沟通障碍。从《我家那闺女》中观众意外发现，自己在生活、家庭中遇到的困惑以及压力在女明星身上也会体现——被催婚、权衡事业与家庭等。在面对这种困境时，观众更乐意了解她们是否有更完美的解决方式。而父母观众群体也能通过节目了解年轻一代的生活方式与想法，从而更好地理解自家孩子。可以说，《我家那闺女》也试图让代际间得以沟通与交流，从而搭建起两代人之间平衡关系的桥梁。

2.4.4 节目选角特点

2.4.4.1 多类人群的涵盖

《我家那闺女》在选角方面也注重全面性原则，四位女生不全是演艺界明星，而是涉及演员、运动员、主持人多个职业，四个人性格各异，年龄跨度从22岁到36岁，尽可能多地涵盖了时代洪流下可能面临婚姻、家庭、事业压力的女性群体。节目中明星是一种双重身份的展现，既是明星，又是生活中的素人，去掉光环后的明星女性，对其单身独居生活细节的记录显得更为真实。真实地展现明星们的生活状态，一方面可以满足受众的娱乐与猎奇心理需求，另一方面也通过这样的“真实感”最大程度引起受众的共鸣。因而，即便这档节目中没有超一线明星加持，没有炫酷舞美和复杂赛制的节目流程，也依旧能够通过真实的情感触动人心。

2.4.4.2 塑造人物细节

真人秀吸引观众之处在于它的戏剧性，而这里的戏剧性的核心不仅在于情节的曲折，更在于人物形象的独特与丰满，《我家那闺女》人物塑造就是凭借着对于细节的把握和挖掘，展现人物的多面性。例如在第一期节目中，镜头真实记录了作为湖南卫视品牌节目常驻主持人的吴昕一天的日常生活：起床运动、点外卖、吃各种保健品、化妆、泡脚、看书、护肤、再吃各种保健品、拼乐高到深夜。这种看似流水但又无比写实的镜头记录其实是在细节中呈现出一个真实艺人所经营的私人生活空间。吴昕在与朋友交流中的落泪这一细节，也让大众深刻感受到聚光灯下的艺人也有压力与负担的一面。此外，节目中也会适时安排一些学习、体验、挑战，在这个过程中，受众更能捕捉到明星性格里充满真实感的细节，将生活中的酸、甜、苦、辣一一呈现。真实生活化的外景营造和细碎的日常生活让人物的性格得以全方位的展现，一顿晚餐、一次举杯、一晚畅谈甚至是一次旅行，在细节深处让画面充满温馨，细节里的人物打动人心，从而彰显节目的无修饰性，同时也增添了话题与趣味。节目中不仅仅塑造了几位闺女独特的人物性格，还将几位在演播室中观察女儿生活的爸爸们的不同风格进行了有效的塑造与展现，让不同年龄段的受众观众都能够在节目中寻求到一种情感的共鸣。

2.4.4.3 冲突中塑造人物

相对于平铺直叙，大众更乐意接受故事性的表达，而故事中一定少不了冲突的存在，冲突是促进故事发展的决定性因素之一。真人秀中制造的戏剧性冲突决定并激发人物行为，在行动中展现了人物的性格，塑造了人物的形象。在一些经典的真人秀节目中，通过巧妙的展现和制作的精心，让人物性格的复杂多变得以展现，真实的人性反而给观众留下深刻印象。这种设置首先需要提供了一个完整的、有一定长度的行动过程，这成为刻画人物性格的基础。从媒介呈现来看，真人秀没有设定具体的内容，而是明星自然的生活场景，这种没有固定的空间和呈现出随意的选择性，是试图通过场景变换展示“真实的”生活状态。在《我家那闺女》节目中，明星真人秀场景拍摄更多的是一种“生活流”的展现，包括出门会友、看中医、运动、旅游等内容。除了明星本人，真人秀参与者也没有特定的人物，大部分时候是亲人、同学、朋友、同事。曾经一度被媒体称作拥有招黑体质的袁姗姗、洪荒少女傅园慧、被诟病存在感弱的吴昕等，本身就自带一些冲突性的话题和所谓的标签，在节目进行中，不论是吴昕对于自己事业的自我剖析、袁姗姗演艺事业的自我表达抑或是傅园慧在各种家庭聚会中的冲突与和解，本身也是在各种争议中展现最本真的自我、与最真实的自己握手言和的过程。

2.4.5 节目制作特点

《我家那闺女》以纪实真人秀+讨论访谈的形式将明星的私生活展现在镜头下，从化妆间开始到棚内录制，全部架设摄像机，没有喊开始，中间没有失误停机，不论是嘉宾观察团还是明星本身都在一种相对放松、自然的状态下进行录制。节目中探讨亲子关系、代际差异，并从中引出当代青年人在生活方式、婚恋态度等方面的议题，具有一定的社会属性，启发大众参与思考，在众多同质化题材过分扎堆的真人秀节目中另辟蹊径，成为一档以社会热点为切入口的现实题材综艺代表。在内场的谈论访谈节目过程中，对于主持人的考验也是巨大的。常驻几位主持人较强的控场能力也是节目成功的关键。他们更善于抓住主要矛盾以及矛盾的主要方面，能够循序渐进地在“观察”后设置情绪点与话题，适时引入议题与爸爸团以及“飞行嘉宾”进行讨论，并在整个过程中充当着“镇定剂”与“催化剂”。

此外，主持观察员在不断向爸爸团提问的过程中，进行两种甚至多种意见的引导，力图呈现观点的多元化。针对真人秀中有争议性的部分，观察团还负责发掘有趣的话题，进行现象的加深与强化，从而引起收视群体的思考与共鸣。

在《我家那闺女》节目中，两种空间交替出现，交叉剪辑：一个是明星闺女们真实进行的生活场景，另一个是四位爸爸和主持人讨论的演播室场景。这种双重空间的形式在《心动的信号》等类似的观察类节目中也经常运用。双重空间交叉剪辑的优势在于演播室内的讨论能够深化节目的主旨，通过开放的话语场带给观众更多的思考。与此同时，节目组还可以在双重时空转化的过程中，合理把控节奏以及设置悬念，吸引观众的注意力。例如在每期节目中，经常会在情节关键点的时刻戛然而止，将紧张的节奏暂缓或将舒缓的节奏进行加速，让受众的视觉观看更加丰富的同时也很好把控了张弛有度的叙事节奏。

2.4.6 互动传播特点

《我家那闺女》的互动传播特征之一便是基于融媒体传播格局，主要传播受众定位为年轻人。微博作为一个信息共享平台，不仅吸引着行业明星、社会公知和大众百姓的参与，同时也是电视在银幕之外开辟的另外一条传播途径。《我家那闺女》节目组官微在节目播出期间，积极运用以微博为代表的一系列新媒体平台，采取传统媒体与新媒体相互支援的模式，大屏、小屏、多屏互动播出，打好组合拳，多渠道运营传播。第一季节目播出后，与节目内容相关的热搜有209次，知乎、抖音、头条等平台热搜79次，其中“因为爱”节目话题微博阅读超41亿次，讨论达202.7万条，总阅读量达311.86亿次，第六期《爱的谎言》节目中“父母是我们和死神之间的一堵墙”“PaPi人生最重要的排序”等获得热议，第八期《行的爱》节目获得《人民日报》《光明日报》《中国新闻周刊》《中国妇女报》《三联生活周刊》、新华社等主流媒体的点赞，第十期《爱，永不自失》节目获得中国社会科学院、世界传媒研究中心秘书长的发声肯定：“题材的独有性印证了这个社会一直没有解决的问题，实际上是我们跟父母之间的关系是最熟悉的陌生人，能够让所有人从最熟悉、最亲密的陌生人变成哪怕有距离感也最贴心的亲人”。北京师范大学新闻传播学院执行院长喻国明先生也表示：“节目表现了人和自己、他人之间的关系，在以女性为代表的时代，节目表达的是女性逻辑，表达的是一种社会底层的具有恒久价值的东西。”纵观一系列极具影响的效果不难发现，节目中所涉及社会话题强势破圈，引起大众的强烈共鸣，吴昕同款一时间也成为热门畅销搜索。综上可见，综合利用电视媒体、网络平台和移动终端等多元化的传播途径，短视频表达、多通道触达可以更好地实现节目传播效果的最大化和最优化。

《我家那闺女》的互动传播特征之二便是弹幕文化的交流方式。弹幕作为一种舶来文化，最先起源于日本，指的是提供即时评论功能的视频网站上那些横向飘过视频画框或者悬停在视频画框上的文字评论。最早拥有弹幕功能的网站是用户由御宅族构成的日本视频网站niconico。中国的AcFun、哔哩哔哩视频弹幕网站被比喻为孕育弹幕文化的摇篮。弹幕本身具备反馈及时性、互动性、碎片化的特征。观众与观众之间、观众与节目之间形成自来水效应，在一定程度上引导传播效果更为显著。通过弹幕，不仅实现了观众对于内容的二次文本创作与接收，也是观众之间、观众与创作者之间互通交流的方式。

整体而言，一档优秀的节目需要在各个环节做到对品质的把控，而前期策划则是所有环节中的第一环。编导团队需要对节目进行较为准确的定位，节目的定位将为编导创新提供更准确的方向，同时也是节目创新的基础。团队中可以将编导组分为两个对立组进行策划，互相寻找缺点，最终相互融合，优中取优。思维的创新需要编导深入生活进行细致的观察，在真实生活中寻求到最贴合观众心理的创新素材。在各种媒体混合生存的时候，要明确了解不同媒体之间的互动模式，切实从观众的实际需求出发，从人员的寻找、筛选、定位、设计各个环节创新，实现全方位的突破。

第3章 电视节目的拍摄创作

将摄像意识融入到电视节目的编导过程中是一名优秀编导应该具备的基本素质之一，摄像意识不强的编导很容易在节目创作的过程中呈现出“声画两张皮”的现象，因而，编导的前期创作与中期拍摄之间有着密不可分的关系。

声音和图像是电视节目的主要形式，这个过程是在摄像机的帮助下进行的，捕捉电视图像的摄像师在电视节目制作中起着重要作用。因此，一名合格、优秀的编导有必要对摄像过程中的画面捕捉能力、原则和技巧等方面进行深入的分析与学习，从而在现场导演、拍摄过程中进一步提升节目镜头的叙事能力以及画面美感，将前期的策划与创意更好地融入实际创作过程中。

3.1 拍摄器材的选择

在学习摄像技巧之前，电视编导首先要对节目拍摄中需要用到的摄像器材有一个全局性的了解和把控。按照摄像机所拍摄画面的清晰度，摄像机可以分为标清摄像机、高清摄像机和全高清摄像机三种类型，对应的画面清晰度分为标清、高清、全高清画面，此外，还有一些单反相机也参与到了如今的电视节目拍摄中，节目编导可以根据创作的标准需要进行适当的选择。

3.1.1 拍摄部分

（1）标清摄像机　标清摄像机拍摄的画面清晰度为标清画面，标清画面的分辨率不高于720P，720P是指视频的垂直分辨率为720线逐行扫描。具体的说，是指分辨率在400线左右的VCD、DVD、电视节目等“标清”视频格式，标准清晰度画面的宽高比多采用4：3，例如早几年我们所看的电视节目的分辨率就是720×576，DVD影片的分辨率是640×480，这都是标清的格式，标清格式现在已经逐渐淡出我们的日常生活，被清晰度更高的格式所取代。

（2）高清摄像机　高清画面指的是分辨率高于1280×720的视频格式，画面的宽高比是16：9，对于“高清”和“标清”的划分首先来自于所能看到的视频效果。从视觉效果来看，高清画面由于图像质量和通信传输所占的带宽不同，其图像质量可达到或接近35mm宽银幕电影的水平，它要求视频内容和显示设备水平分辨率达到1000线以上。高清的分辨率基本上相当于传统模拟电视的2～4倍，画面清晰度、色彩还原度都要远胜过传统电视。而16：9的宽屏显示也带来更宽广的视觉享受。从音频效果看，高清格式将支持杜比5.1声道环绕声，而高清影片节目将支持杜比5.1 True HD规格，这将给我们带来超震撼的听觉享受。

（3）全高清摄像机　全高清的画面指的是分辨率高于1920×1080的视频格式（如1080i和1080P），其中i（interlace）是指隔行扫描；P（Progressive）代表逐行扫描，这两者在画面的精细度上有着很大的差别，1080P的画质要胜过1080i，全高清画面的宽高比也是16：9，由于画面呈现的优质效果，全高清格式正在大量普及，在此基础上最新的4K及更高的清晰度摄像机技术，也已经开始使用。

（4）单反相机　单反相机参与到电影或者电视节目的拍摄中早已经不是什么新闻了，就连很多好莱坞大片，在拍摄中也使用了单反相机拍摄一些特定角度。近些年，许多外拍题材的真人秀电视节目，编导也会根据其脚本需要，适当选择单反相机作为其镜头呈现的记录工具。例如佳能5D Mark3具有高清晰拍摄视频功能，像素在2250万ppi以上，可以满足全高清（1920×1080p）、高清（1280×720p）、标清（640×480p）拍摄需要，同时，也使其具备了价格便宜、画质优秀、兼顾动静拍摄、镜头丰富等优点。编导在选择运用单反相机参与到电视节目拍摄中时，也要对单反相机的镜头有所甄选。镜头是拍摄者的眼睛，镜头的类型有很多，镜头的选择直接决定着所拍画面的质量和艺术效果，所选镜头既包含了可灵活变动焦距的变焦镜头，又有大光圈固定焦距的定焦镜头。佳能24～70mm f/2.8标准镜头的成像特点与人眼的感受相似，没有夸张变形，成像质量好，这类镜头适合拍摄视觉感正常的画面；佳能16～35mm f/2.8广角镜头视角宽，一般来说广角镜头的视觉宽于60°；景深大，能包容视域更宽的景物，而且能够展现纵深方向更深远的景物；佳能70～200mm f/2.8长焦镜头视角窄，景深小，画面包括的景物范围小，使被摄画面看上去更干净。

（5）三脚架、小摇臂、轨道、斯坦尼康稳定器　电视节目编导在进行脚本策划时，对不同情境下的镜头有着不同的要求。例如在拍摄访谈类、室内新闻报道等类别的节目时，三脚架是最常用的稳定设备。三脚架通过云台与相机相连，对于拍摄视频来说，能够为电视摄像师的使用提供平滑的转动感受，从而令画面更为稳定、流畅，移动更加自然。

在电视节目的拍摄或大型活动的转播现场中，摇臂这一设备也是必不可少的。摇臂可以帮助摄像机在一定的范围进行360°运动拍摄，摄像机固定在摇臂顶端，通过控制摇臂可以得到不同拍摄角度的画面，摇臂本身体积重量较大，因此针对小型相机的6m小摇臂，虽然运动空间不大，但也可以获得很好的运动效果。

此外，轨道也是电视节目拍摄中的利器。从用途广泛来说，尤其是小滑轨，体积小，携带方便，用小滑轨可以完成传统轨道的跟拍、推拉镜头功能，还可以完成部分小摇臂的功能，例如将轨道斜侧锁定，可以完成升降拍摄。当然，想要更好的延时拍摄效果，电动滑轨自然是必不可少的。

在电视晚会现场，当节目编导想要给观众不同视角、不同位置的观看效果，同时又不影响到画面的稳定性效果时，斯坦尼康稳定器便是其不二的选择。斯坦尼康稳定器是摄像减震防抖装置也是一种可移动的稳定设备，摄像机通过减震臂与摄影师身体相连，减震效果非常明显，在跟拍主体运动画面时能发挥出最佳效果。

3.1.2 录音部分

（1）专业外置录音话筒　不论是电视节目的内景拍摄还是外景采集，声音和影像都极为重要，二者缺一不可，因此拍摄的时候，一定要确保采集到的视频声音完整、录制无误。

使用专业型麦克风是为了得到更高质量的录音效果，因为专业麦克风具备降噪、指向性声音录制能力，因此能够更好地减小外界杂音的干扰。

（2）无线麦克风　无线麦克风在拍摄时是十分实用的设备，能够更隐蔽地进行拾音工作。由于同时具备指向性，所以尽量不能对麦克风有所遮蔽，这样会影响声音录制效果，无线麦克风用起来会比枪型麦克风方便，毕竟可以少用一个录音师，对于制作成本低的电视节目来说，这个设备是不错的选择。

3.2 电视节目的画面构图

电视编导是一项复杂而又掌控全局的职业，在节目拍摄创作的中期，如何将拍摄对象、各种造型元素进行有机的组织与安排、如何突出画面的主体、赋予画面美感、如何有效地留白为后期进行包装设计、如何用构图在完成叙事的同时抒发情感等方面，都需要编导进行思索与设计。在这其中，电视画面构图在一定程度上决定了节目呈现效果的优劣，在拍摄过程中有着举足轻重的作用。因而，了解电视画面构图的特点，能够熟练知晓、运用电视节目画面构图的方法是一名合格电视编导必备的技能。

3.2.1 电视节目画面构图的特点

电视编导在现场拍摄以及录制过程中，需要与摄像师时刻保持紧密的沟通与联系，从而有效地把控不同画面呈现出的节目效果。整体而言，电视节目拍摄中的画面构图主要表现出以下几个方面特点：

首先，画面保持简洁。节目画面的构图，需要编导引导摄像师不仅要牢牢盯住拍摄对象，还要尽可能避免妨碍主体呈现的多余形象。如果电视画面过于庞杂、凌乱无序，就无法呈现出简洁明快的构图效果。

其次，主体突出。画面所要表现的主体对象是否突出是衡量构图成功与否的标准之一。节目拍摄录制前，编导应与摄像师进行全方位的沟通交流，确保摄像师熟悉拍摄脚本，明确不同环节、不同节奏下的拍摄主体，能够拍摄出主次分明、轮廓清晰、井然有序的画面效果。

再次，立意明确。画面构图在一定程度上能够配合节目效果，辅助叙事。想获得出色的构图，必须要有深刻的构思。因而，画面构图的构思理念应与节目表现的思想内容与艺术内涵一致统一。

除此之外，摄像师还应该在与节目编导协调一致的基础上，尽可能地塑造具备表现力以及造型美感的构图。具备美感的构图需要在充分领悟节目主题与内涵后通过画面的空间配置、光线的运用、角度的选择等方式进行创作。

3.2.2 电视节目画面构图方法

电视是一门综合性很强的视觉艺术，从画面效果上看，它与摄影、绘画一样具有造型艺术的特点。长期以来，构图理论是历代艺术家通过实践经验总结出来的，是普遍适合于大众共有的视觉审美经验，符合人们所接受的形式美的法则，显然，吸收前人的经验对电视的构图形式表现产生了积极的影响。电视编导通过了解和学习电视构图中的黄金分割法则、三分法构图、对角线构图、S形构图、三角形构图、V形构图、L形构图、框式构图等方法，认识并熟练掌握电视节目的构图技巧，有利于更好地创作出内容深刻、形式多样的节目作品。

3.2.2.1 黄金分割构图

黄金分割法则，也叫黄金分割率，是数学上的一种比例关系，即把一条直线分为两部分，长段部分与短段部分之比为1.618：1或1：0.618。0.618蕴藏着丰富的美学价值，这种规律的发现最早来自于数学的几何图形，人们在对正多边形作图时发现，如果画出一个完美的正五边形或者正十边形，就要用到黄金分割。将黄金分割借鉴到电视的画面构图中，同样具有一定的美学价值。

3.2.2.2 三分法构图

三分法构图是把画面横竖三分，一共分成九等份，四个十字交叉点通常被认为是观众的视觉吸引点，被摄体一般放在四个交叉点附近，达到吸收观众的效果。这种构图方式表现鲜明，构图简洁，常用于近景等景别。

当在画面的横向和纵向分别进行三等分，会使画面分成九部分，四条分割线会形成4个顶点，这时经常会把画面主体放在顶点位置，这种构图方式也叫九宫格构图或者“井”字构图。“井”字的四个点能呈现不同的视觉感应，上方的两个点的动感比下方的要强，左边的两个点的动感比右边的要强。这种构图方式应用比较广泛，在拍摄有天空的风景时，选择1/3放置天空或者1/3放置地面都是风景摄影师常用的构图方法。1∶2的画面比例可以有重点地突出需要强化的部分，天空比较漂亮的话可以保留大部分的天空元素，整体画面也显得更为融洽。

3.2.2.3 对角线构图

对角线构图指的是把画面主体放在画框的对角线上或者主体的运动轨迹沿着画框的对角线运动。这种构图的特点是能有效地利用对角线的长度，表现画面的纵深感，同时能够体现主体和陪体之间的直接关系，对角线构图可以获得有趣的画面，对比水平线为主的构图方式，对角线构图显得更为生动活泼，当用对角线方式拍摄人像时，人物更具有想象空间，画面也更活泼一些。

3.2.2.4 S 形构图

当画面的轮廓线呈S形或画面主体的运动轨迹呈S形运动时，我们就可以采用S形构图。自然界的河流、人造的各种曲线建筑、马路上曲线运动的汽车都是拍摄S形构图的良好素材。S形构图是一种富有变化的曲线构图，曲线与直线的区别在于画面更为柔和、圆润，富有节奏韵律，它的美感在于曲折的变化和回转，S的顶端能把人的视线引向远方，把有限的画面变得无限深远，不同景深之间通过S形元素去贯通，可以很好地营造空间感，给人想象的空间。这在人像拍摄为主的电视节目中，同样是适用的，带有曲线元素的画面让人物造型变得更加丰富，免除了平淡和乏味。

3.2.2.5 三角形构图

三角形构图通常也叫作金字塔构图，是指被摄主体在画面中排列成三个点，其连线成三角形或者被摄主体的外形轮廓呈现三角形形状。这里的三角形可以是正三角形也可以是斜三角形或者倒三角形。在几何上，三角形具有不可变形的特点，因此，三角形构图在画面上产生稳固不可动摇的感受，常用来表现建筑物的稳固或者被摄对象的高大坚毅。

3.2.2.6 V 形构图

画面主体的线条或者影调按照V形结构布局，V形构图的变化比较丰富，在方向上可以正放或者倒放，但无论怎么放，其交叉点是向心的，造成透视感比较强烈。透视规律告诉我们近大远小的透视规则，所以在远方，我们可以看到平行线汇聚于一点，这个点被称作消失点。多选择这类画面进行构图不但可以让画面更具冲击力，交叉线会引导观众将视线移至消失点，使得画面的空间感更强一些。若是拍摄人物，还可以将人物放置在消失点，让观众最终的焦点集中在人物身上。V字双用，就是X形构图，X形构图能把观众的视线由四周引向中心，抑或将景物从中心向四周逐渐放大。这两种构图方式常用于建筑、公路、火车轨道等题材，在电影的构图中，配合画面主体的运动因素，冲击效果更强。

3.2.2.7 L形构图

L形构图是指画面中的主体形态沿着L分布的构图方法，直观的讲，就是在电视画面中，能够找到呈横线结构和竖线结构的物体，把画面分成不同的空间，在分配的空间中加入人或物，就能让画面活泼起来。这种构图的特点是静中有动，给人稳定的感觉但还略有变化。

3.2.2.8 框式构图

框式构图是利用画面中如门、框、圆形或其他一些框式物体作为前景，将被摄主体框住的构图方式，这些镜头里的形状物体，使画面形成一个边框，所以称之为框式构图。这种构图方式所获得的画面都局限在框架内，使画面增加了一些装饰的感觉，同时也增加了画面的空间纵深，它将观众的视线往框内深处引导，指引观众去观察画面深处重点表现的主体。

3.2.3 电视节目构图的注意事项

3.2.3.1 清晰把握主题

电视编导在前期策划以及正式录制前，首先必须明确节目的主题，这样才能有效地引导画面构图，确保主题鲜明，保证节目特色。如何运用和把握画面细节，采用哪一种画面细节，运用多少个画面细节，都不能随意确定，而要根据电视节目的主题来定夺。在选择画面细节时，要选择其精华，但又不能喧宾夺主。在这些画面细节中，如果是必要的典型，也要去掉它们的枝蔓，提取出关键的画面和真正典型的内容，使电视节目具有鲜明的主题，凸显出其画龙点睛的作用。

3.2.3.2 提高画面细节意识

一个出色的电视编导必须具备良好的画面细节意识，要善于精准地用固定镜头将生动形象的画面细节拍摄出来，并在电视节目的制作中加以利用。在捕捉典型的画面细节的过程中，电视编导需要具有极强的预见性，具体来说，可以从以下几个方面着手：

第一，电视编导选取的画面细节要足够生动形象，要具备极强的感染力和表现力，要真正走进观众的内心，打动观众。然而，要捕捉到这些重要的细节画面，就要求编导能够精准地把握住事物的规律性，能够用敏锐的洞察力来确定这些细节画面。

第二，电视编导选取的画面细节要能打动观众，首先必须能打动编导自身。这就要求编导在制作节目的过程中要增加自己的真情实感，要真正深入地了解事件的背景和情境，在身临其境的过程中捕捉每一个感人的瞬间，找到最具表现力的画面细节。

第三，在新闻类的电视节目中，要求能给观众留下深刻的印象，将想要传达的信息准确地传递给观众。这就需要电视编导能够选取精炼的画面细节，充分发挥自己的组织和创造力，运用不同的画面构图技巧呈现出不同的视觉焦点，从而有效地引导观众视线。

3.3 电视节目的镜头运用

在影视行业中，镜头具有多重含义。它既可以表示一种光学镜头组件，又可以指一次拍摄的影像内容，在后期中，镜头还代表着两个剪辑点间的视频影像，是组成影视作品的基本单位。在电视节目的拍摄过程中，镜头不仅是一个节目元素，它同时也能建立起一种叙事的风格，例如一些节目以安静唯美的固定画面为主，与之相对应的节目风格优美、富有诗意；有的节目以节奏较快的动感的镜头为主，整体风格则呈现为紧张激烈、愉快活泼，富有现代气息；还有一些节目在镜头运用方面喜欢采用大量的两极镜头，以推动情感的深入发展，营造一种特殊的意境。摄像意识是节目拍摄的重要的思维方式，也是节目拍摄的灵魂。因而，电视节目编导要善于从镜头上树立自己节目的风格，除了前期策划，在拍摄过程中也要根据现场情况完成自己的构思，完成对总体镜头的风格把握。

一档节目如何呈现出更好的观赏效果，对镜头的理解和运用至关重要。本节将围绕着固定镜头、运动镜头的拍摄，镜头语言的表达方式，运用镜头讲故事的技巧等方面详细介绍电视节目的镜头运用。

3.3.1 固定镜头的拍摄

3.3.1.1 固定镜头的含义

广义上来讲，镜头的拍摄方法可以分为固定和运动两种。具体选择哪种方法需要根据一档节目具体的主题观念而定，要结合画面需要把各种不同的拍摄方法有序融合在一起，使每个镜头都成为时空的艺术品。

首先，固定镜头是在摄像机机位、镜头光轴、镜头焦距均固定不变的条件下进行拍摄。虽然摄像机不动，但画面内容可以运动，比如用固定镜头拍摄人物，人物可以运动；拍摄风光，光影可以变化。所以，当我们用固定镜头拍摄时，虽然画面构图的框架是固定的，但并不妨碍它对运动对象的记录和呈现。

如果将摄像机的固定与运动情况，结合画面内对象的静止与运动情况，就会出现四种情况，分别是固定摄像机拍摄静止对象、固定摄像机拍摄运动对象、运动摄像机拍摄静止对象、运动摄像机拍摄运动对象。但为了便于理解，避免混淆，我们把上述情况简化为两种情况，仅以摄像机作为标准，把画面分为固定画面和运动画面，即摄像机在拍摄过程中发生了运动变化，则成为运动画面；而摄像机如果机位、光轴、焦距都未改变，则不论被摄对象是否运动，都成为固定画面。

3.3.1.2 固定镜头的特点

由于在拍摄固定镜头时画面的外框是不变的，在拍摄时怎样体现出固定镜头的意义呢？这里首先要了解固定镜头的特点。

（1）固定镜头能让观众将注意力集中在画面中的内容　固定镜头在拍摄的时候由于画面相对稳定，人物与画面外框、背景、陪体三者之间相对固定，观众的视线会比较自然地停留在人物身上，关注细节或语言内容。比如人物采访，很适合用固定镜头拍摄，一方面能更好地表现人物的细节和环境关系，另一方面让观众把注意力集中在人物语言内容上，而不易被其他运动因素干扰。

固定镜头比较适合表现静态的场景。例如用于交代环境、人物与环境的关系等，经常用固定镜头拍摄会议、演讲以及一些比较正式庄严的活动。因而，在访谈类节目、电视公开课节目、新闻类节目中，编导会较多使用固定镜头。

（2）固定镜头也可以表现运动　固定镜头拍摄运动的画面，可以通过后期剪辑的手段使观众看到连续的画面效果。比如拍摄跑步的镜头，可以使用固定镜头拍摄运动员由画框内走出，再用一个固定镜头拍摄该运动员走入画框，这样剪辑在一起表现出连续跑步的感觉。虽然固定镜头难以表现运动对象的整个运动过程，但能表现更有细节感的画面，可以较为清晰地展现出运动对象的速度变化和节奏变化，如冲刺时用固定镜头特写运动员，以体现出他激动、兴奋的表情。如何运用固定镜头来表现画面运动关系，需要摄像师在实践中不断钻研感悟。

固定镜头画面相对稳定，观众在关注画面内容的同时，要求摄像师对构图、用光、环境等方面有一定的考究。所以，可以将固定镜头作为电视节目拍摄的基本镜头表现之一，在拍摄时不仅要熟练掌握摄像技巧和画面构图，还要求从业人员了解剪辑方法和造型艺术，为拍摄运动镜头打下基础。

3.3.1.3 固定镜头的局限性

固定镜头拍摄虽然有其必要性，但总使用固定镜头拍摄也容易产生呆板、单一等问题。局限性主要体现在以下几个方面：

（1）画面风格和节奏缺乏变化　总使用一种拍摄手法，容易使观众感到疲惫无趣，在电视节目的拍摄过程中，要“动静结合”，综合运用各种拍摄手段，使拍摄手法丰富多样。

（2）画面构图单一　固定镜头一般都是定向拍摄对象，画面元素稳定，整体构图不会出现大的变化，很难像运动镜头那样通过构图的变化实现场景的转换和视觉形象的动态蒙太奇造型。

（3）难以记录复杂、完整的运动情况　这是固定镜头最明显的短板，在拍摄较为复杂的场景，以及需要表现完整、流畅的运动情况时，固定镜头是无法通过一个镜头呈现多角度、多景别的画面的，如果用多个固定镜头组合，又容易产生切割感、跳跃感，使镜头不流畅，可以结合运动镜头拍摄，通过改变摄像机的角度、景别，连续完整地通过一个长镜头将故事和画面呈现出来。

3.3.2　运动镜头的拍摄

运动摄影可以更好地体现时间的变化、空间的转换，这突破了固定镜头的一些局限，更加丰富了画面造型，还能平衡画面构图，产生时空上的联系。具体来说，运动镜头有以下特征：

（1）拍摄画面运动　摄像机机位、光轴、焦距的改变可以使画面产生动态的感受，画面中的主体对象、环境、陪体的位置关系的改变会使观众在观看节目时产生视觉上、心理上、节奏上的运动。

（2）时空呈现更加完整、连贯　采用运动镜头在拍摄的过程中，表现的时间和空间是完整连贯的，能够表现出被摄主体连续的运动状态，观众的视觉中心会随着画面的运动而改变，在一个镜头中呈现更加丰富的造型内容。

（3）观众体验更加真实、有代入感　运动镜头的表现更符合人们的视觉习惯，使观众有更强的视觉认同感，调动了观众的视觉感受和共鸣，使画面更加真实。运动镜头产生的节奏感能有效刺激观众内心，有利于将观众带入故事情节中，引起观众不同的心理感受。

3.3.3　镜头语言的表达方式

镜头是影视创作的基本单位，一个完整的电视节目作品，是由一个一个的镜头完成的，离开独立的镜头也就没有了电视作品。通过多个镜头的组合和设计的表现，完成整个影视作品镜头的制作，所以说镜头的应用技巧也直接影响影视作品的最终效果。那么在影视拍摄中，常用镜头是如何表现的呢？下面来详细讲解常用镜头的表达方式。

3.3.3.1　推镜头

推镜头主要是将摄像机向前移动，或变动焦距（由短焦到长焦方向的变化）来完成，会使观众感觉逐步走近要观察的事物，它可以表现同一个对象从远到近的变化，也可以表现一个对象到另一个对象的变化。这种镜头的运用，主要突出要拍摄的对象的某个部位，从而更清楚地看到细节的变化。

（1）推镜头的画面特点　推镜头具有逐渐接近被摄主体的特点。在推摄的过程中，画框向前运动，视觉点向前移动，景别由大变小，可以实现从远景逐渐到全景、中景、近景、特写的连续的景别变化，由此，观众可以更清晰地看清主体对象，但视角范围也会随之变小。无论是摄像机向前运动还是焦距变化，推摄的过程都可以分为起幅、推近、落幅三部分，落幅处是所表现的最终目标，所以在推镜头拍摄前，首先要找到合适的起幅和落幅，然后控制推摄速度。

（2）推镜头的表现力　推镜头能够突出拍摄主体，展示更多细节。推镜头的最直接的作用就是通过将摄像机沿光轴方向移动，使观众的视觉重点落在主体对象身上，此外还可以通过从大环境到局部内容的变化，使观众建立起整体与局部的联系。

推镜头还能调整和影响画面节奏，如果推进速度平和缓慢，能表现出安宁、稳定的气氛，而如果推进速度急促，则多用于表现紧张、焦虑等情绪。

（3）推镜头的拍摄要求　推镜头首先要有明确的目的性，无论是突出主体、建立空间联系，还是调整节奏，都需要有目的，不能盲目地毫无意义地推镜头；推进的过程中要确保拍摄主体在画面中心且焦点清晰，如果被摄对象推摄后远离视觉中心或焦点不实，那么就失去了推镜头的意义了；在推摄的整个过程中，落幅才是画面重点，这是因为观众在观看时往往更注意最后出现的画面对象，所以摄影师在推摄的时候要着重考虑落幅的位置，并确保运动过程匀速、节奏符合剧情需要。

3.3.3.2　拉镜头

拉镜头与推镜头刚好相反，是摄像机逐渐远离被摄主体，或变动镜头焦距（由长焦到广角方向的变化）使画面框架由近至远与主体拉开距离的拍摄方法。

（1）拉镜头的画面特点　拉镜头形成视觉远离效果，在拉摄的过程中，画框向后运动，逐渐远离被摄主体，景别由小变大，可以实现从特写、近景、中景逐渐到全景、远景的连续的景别变化。在拉摄的过程中，环境信息逐渐增加，观众可更多关注到被摄主体与环境之间的空间关系。

（2）拉镜头的表现力　拉镜头有利于表现主体和主体与所处环境的关系，落幅作为画面的视觉重点，拉镜头最终常会落在较大的景别处，能够表现出被摄对象与主体周围的空间关系。

拉镜头画面的取景范围和表现空间是从小到大不断扩展的，使画面构图形成多结构变化，拉摄过程中，新的视觉元素会逐渐进入，构成新的构图关系，更加丰富了画面内容，呈现出多元化方向，有利于表现画面的立体空间感和纵深感。而且由于背景空间的未知性，拉摄过程中会带给观众好奇的或恐怖的心理感受，也可以通过纵向空间和纵向方位上的画面形象形成对比、衬托或比喻等效果。此外，由于拉镜头会产生缩小和远离感，也比较适合用于结束镜头。

（3）拉镜头的拍摄要求　使用拉镜头拍摄除了要具有之前讲过的推镜头的稳定性、节奏性之外，还应注意，落幅仍是画面构图的重点，所以摄影师应该更加注意落幅所在的较大景别处的构图。

需要补充一点的是推拉镜头可以通过变焦实现，也可以通过移动摄像机机位实现，在电视节目的实际拍摄过程中，两者的效果是不同的，移动摄像机带给观众的感受更真实，这是由于机位在推拉的过程中视角未改变，是视距前后改变了，这与人们日常生活的运动体验一致，但变焦实现的景别改变是通过视角的变化而非视距，所以观众的共鸣感弱些。

3.3.3.3 摇镜头

摇镜头是一种摄像机的位置不动，只改变镜头的拍摄方向的拍摄技巧。

（1）摇镜头的画面特点 摇镜头犹如人们转动头部环顾四周或将视线由一点移向另一点的视觉效果。与移镜头的区别在于摇镜头机位固定，只改变拍摄方向。一个完整的摇镜头包括起幅、摇动、落幅三个相互贯连的部分。在拍摄过程中，由于摇镜头的摄像机位置并未改变，因此画面空间透视和被摄对象之间的位置关系基本不变，这也是和移镜头的一个区别。

（2）摇镜头的表现力 摇镜头可以打破画面边框的限制来展示空间，扩大拍摄视野，摇镜头常用于介绍事件发生的环境，侧重于介绍性，不便呈现更多细节。摇镜头还可以表现出一定的空间深度，交代被摄主体与环境的关系，传达更多的画面信息。

跟摇是摄像机拍摄的方向、速度与主体对象运动方向一致，使观众的视线能较长时间的停留在主体对象上。利用长焦镜头摇摄时，通过大光圈虚化背景还能展现小景深、夸大运动速度。

此外，摇镜头的速度还能影响到观众的情绪，慢速摇镜头能带给人平静感，快速摇镜头则产生紧张感。在摇镜头的起幅和落幅上设计具有联系的画面，可以使画面内容增加寓意，比如从节约用水的标志摇到滴水的龙头，形成了对比与讽刺。

（3）摇镜头的拍摄要求 首先要控制好速度和节奏，根据情节需要，使用合适的速度进行摇摄，例如展示空旷的房间，适合较缓慢的速度，而表现一个人紧张的情绪，速度可以快些。其次，摇摄的过程要稳、平、匀，不要突然地变速或改变运动轨迹；另外，摇镜头要有目的性，为什么摇摄？起幅落幅在什么位置？不要盲目地摇摄，这是初学者容易犯的错误。

3.3.3.4 移镜头

移镜头是将摄像机架在活动物体上，沿水平面做各方向移动拍摄的一种操作方式。移镜头拍摄多为动态构图，当被摄对象是静态时，移镜头能使景物从画面中划过，带来画面展示感；被摄对象为运动状态时，摄像机可以随着同向移动拍摄，形成跟随的视觉效果，也可逆向移动拍摄，造成紧张的情绪和气氛。由于移镜头能很好地展示环境和人物，且画面感强，因此移镜头是电影拍摄中一种重要的造型手段，可以更加丰富画面表现，我们在拍摄电视节目时可以尝试运用。依据移动方向的不同，移镜头可分为横移、纵移、曲线移等三种。

一般会将摄像机三脚架放置在运动的物体上，如车辆、滑轨，或者利用稳定设备，手持摄像机移动拍摄。

（1）移镜头的画面特点 摄像机的运动使得画面框架始终处于运动之中，画面内的物体不论是处于运动状态还是静止状态，都会呈现出位置不断移动的态势。摄像机的运动还能直接调动观众的视觉感受，比如可以使人联系到在车上观看窗外景色的视觉体验，从而产生身临其境的感受。移动镜头表现的画面空间是完整而连贯的，摄像机不停地运动，每时每刻都在改变观众的视点，在一个镜头中构成一种多景别多构图的造型效果，这就起到一种与蒙太奇相似的作用，最后使镜头有了它自身的节奏。

（2）**移镜头的表现力** 通过镜头的移动，使画面造型空间更广阔，艺术感染力更强。特别是在表现场面较大、纵深感强、层次变化多的复杂场景时，移镜头具有气势恢宏的造型效果；在表现运动主体时，也能形成更有画面冲击力的视觉感受。横向移镜头，能突破画面框架的左右限制，开拓横向空间；纵向移动镜头，能展示纵深方向更好的立体空间。例如，拍摄图书馆，可以把轨道放在书架间，横向移动镜头，展现出图书馆的空间感。

此外，移动摄像还能够表现某种主观倾向，通过主观色彩的镜头表现出更为自然生动的真实感和现场感。例如，拍摄街道中追逐的场景，可以将摄像机置于移动的车内拍摄，跟踪主人公一起移动，能显示出追逐的真实感和激烈感。

（3）**移镜头的拍摄要求** 在拍摄时应力求画面平稳、保持画面的水平。在实际拍摄时可以利用摄像机相对较广的一端镜头，因为镜头视角越广，画面稳定性相对越好。如果有条件，尽量选择轨道、摇臂、稳定器等专业设备保障稳定，也可以利用身边的生活器材，如三轮车、汽车。

注意移镜头的起幅、落幅和运动过程。在拍摄中，起幅引起画面的运动，落幅是视线最终停留的位置，而运动过程需要以稳定、最佳的构图效果安排在落幅上，落幅是画面表现的重点。

3.3.3.5 升降镜头

摄像机借助升降装置等一边升降一边拍摄的方式叫升降拍摄。用这种方法拍摄到的画面叫升降镜头。升降镜头主要能使画面产生高度上的变化，从而形成视点的变化。

升镜头是画面从较低处连续的升高位置，通常可以从仰摄或平摄变为俯摄或平摄的视觉效果，展现出高度感、宽广感；降镜头是从高处宽广的视野逐渐降低表现低处的对象和环境，能体现出进入感和力量感。

在实际拍摄时，有条件可以采用专业设备，如升降机、摇臂、无人机，也可以就地取材，如利用观光电梯、跷跷板，或肩扛、手持采用蹲立方式进行升降拍摄。

（1）**升降镜头的画面特点** 升降镜头的升降运动带来了画面视域的扩展和收缩。升降镜头具有强烈的视觉表现力，因为对于这种运动形式的视觉效果，观众在一般生活中鲜有体验，画面纵深度的空间变化，带来了很直观的画面空间调整，所以视觉感染力很强。

升降镜头视点的连续变化形成了多角度、多方位的多构图效果。升降镜头最主要的特点就是在垂直方向上进行摄像机的调度。在运动的过程中，摄像机高度发生明显变化，画面内部各物体间的空间位置产生了连续变化，特别是主体与背景间的空间关系发生了强烈的改变，能给观众带来丰富的视觉体验。

（2）**升降镜头的表现力** 升降镜头有利于表现高大的对象。与固定镜头和上下摇镜头相比，升降镜头在拍摄的过程中不会产生变形，而且可以更好地体现出细节。

升降镜头常用以展示事件或场面的规模、气势和氛围。升镜头可以夸大画面的表现空间，使画面可以容纳更多的内容，使观众建立起起幅和落幅画面之间的空间关系，而且，随着位置的升高，重叠在地面上的物体在纵深方向得以延伸，更加强化了视觉深度，非常适合体现大场面的规模。

利用镜头的升降可以实现一个镜头内的内容转换与调度。在影视作品中，导演经常用升降镜头来进行转场。比如说升镜头，由于被摄主体有远离感、退出感，所以常用升镜头用于一个场景或影片的结束；降镜头有接近主体的感觉，用于影片或段落开始时，让观众有进入感。

（3）升降镜头的拍摄要求 升降镜头同摇移镜头一样，要求画面平稳，一般在拍摄时，在升降的同时可以配合上下摇镜头以使拍摄主体保持在画面中，升降镜头也分为起幅、落幅和运动过程，落幅是画面表现的重心，要更加注意落幅的构图和运动的平稳性。

3.3.3.6 跟镜头

跟摄是摄像机始终跟随运动的被摄主体一起运动而进行的拍摄，能够很好地表现运动状态。跟镜头根据跟摄的位置，分为前跟、后跟、侧跟。前跟是摄影师在被摄主体前方从正面拍摄，后跟是摄影师在被摄主体后方从背面拍摄，侧跟是从侧面跟踪拍摄。

（1）跟镜头的画面特点 画面始终跟随运动的主体。跟镜头的目的就是表现被摄主体，并通过跟踪拍摄凸显环境和气氛。所以在跟镜头中一定要有具体的对象，并根据其速度调整摄像机的跟拍速度。

被摄对象在画框中的位置相对稳定。这里的位置，包括在画框中的位置、拍摄景别，都不要做太大的或突然的改变。尽可能连贯地展示出主体在运动中的动态。

（2）跟镜头的表现力 跟镜头能够连续而详尽地表现运动中的被摄主体，它既能突出主体，又能交待主体运动方向、速度、体态及其与环境的关系。被摄主体在画面中是相对稳定的，形成一种运动的主体不变、而背景移动的画面造型对比。

跟镜头呈现第一人称视角，引导观众视线，例如从人物背后跟随拍摄的跟镜头，由于观众与被摄人物视点的统一，可以表现出一种主观性镜头，使观众有很强的参与感和现场感。

跟镜头对人物、事件、场面的跟随记录的表现方式，在纪实性节目和新闻的拍摄中有着重要的纪实性意义。例如拍摄一位北京老人的一天，早晨起来遛鸟，可以用跟镜头的方式，跟随主人翁的运动拍摄，从而增强了纪实感。

（3）跟镜头的拍摄要求 跟镜头在拍摄难度上要大于前面介绍的几种运动镜头的拍摄，比如在跟镜头拍摄时，要确保拍摄对象焦点清晰、不跑焦；速度要与拍摄对象保持一致；摄像机跟拍移动的过程中要避免晃动；光线的变化不能干扰画面的曝光；拍摄过程中要避免穿帮等。

3.3.3.7 甩镜头

甩镜头是快速地将镜头摇动，极快地转移到另一个景物，从而将画面切换到另一个内容，而中间的过程则产生模糊一片的效果，这种拍摄可以表现一种内容的突然转换。

甩镜头与人们的视觉习惯是十分类似的，这就非常类似于我们观察事物时突然将头转向另一个事物，可以强调空间的转换和同一时间内在不同场景中所发生的并列情景，这种拍摄手法用于表现内容的突然转换。

甩镜头的另一种方法是专门拍摄一段向所需方向甩出的流动影像镜头，再剪辑到前后两个镜头之间。

甩镜头所产生的效果是极快速度的节奏，可以造成突然的转换。剪辑的时候，对于甩的方向、速度和快慢、过程的长度，应该与前后镜头的人物的动作以及其方向、速度相适应。

3.3.3.8 晃镜头

晃镜头相对于前面介绍的几种镜头语言的表达方式，应用要少一些，主要是针对一些特殊的场景需求，让画面产生上下、左右或前后方向的摇晃感，可以用于表现精神恍惚、头晕目眩或增强纪实感等，也用于主观镜头的表现，能使观众产生身临其境、感同身受的效果，进而使观众和人物进行情绪交流，获得共同的感受。

（1）变焦镜头　指摄像机机位、景别、拍摄方向都不动，通过镜头焦点的变化，使远景和前景的虚实发生变化的一种拍摄手法，一般应用于小景深的镜头构图。这种画面构图能转移观众的视觉中心，画面的构图由于采用小景深，虚实感强，也增强了艺术表现力。

（2）综合镜头　它是将推、拉、摇、移、升降、跟等拍摄方法中的几种结合在一个镜头里进行拍摄。在拍摄时，要注意以下几个问题：除特殊的剧情要求外，镜头的运动应尽量保持平稳；镜头运动的每次转换应力求与人物动作、方向转换一致，与情节中心和情绪发展的转换相一致，形成画面外部的变化与画面内部的变化完美结合；机位运动时注意焦点的变化，始终将主体形态处理在景深范围之内。

3.4 电视节目轴线运用技巧

轴线是指被拍摄对象的视线方向、运动方向和对象之间相互关系所形成的一条假想的直线。在电视节目的拍摄过程中，轴线的运用也是重要的技巧点之一。

3.4.1 轴线的原则

电视节目拍摄中的轴线是虚拟的，并非真正存在的线，但是观众在观赏时能感受到这条虚拟的线。虽然现代影视中随着运动镜头、长镜头的应用，轴线原则已不再像以前那样不可逾越，但对于一般情况，为保证叙事的连续性、便于观众理解空间关系，我们在拍摄时仍然要注意轴线的存在。

在拍摄时，不论是表现两人的对话还是一个人的运动，都会有一条便于识别的轴线存在，它是连接对话人物之间的一条想象线，或是跑步的方向形成的线。在实际拍摄中，为保证观众理解被摄对象在画面中的正确位置，确保运动方向的统一，摄像机需要在轴线一侧180°内的区域选定位置、安排角度，这就是轴线的原则。

如果在拍摄过程中摄像机在轴线两侧拍摄，后期剪辑时就会出现人物动作、方向、位置的偏移，我们称其“越轴”。越轴的画面容易导致观众视觉空间上的错乱，是摄像师和导演需要注意和避免的。

例如，在真人秀的拍摄中去展现一个人向前跑步，如果我们从不同的侧面去拍摄他，在画面中就会出现他朝左右两个不同的方向跑去，这样直接把两个镜头剪辑在一起，就会使观众产生方向混乱。造成这种混乱的原因是观众感受的方向不是由真正的被摄对象的方向决定，而是由摄像机的位置、角度决定的，它代表着观众的视线，所以在拍摄过程中，要保持画面的连贯性，使画面统一，就需要掌握轴线的规则。

轴线的原则就是，在轴线一侧拍摄的镜头画面，无论摄像机放在什么位置、什么方向、角度、景别，也无论切换多少镜头，各对象在画框中的空间位置、方向、关系都是统一的，剪辑在一起都不会产生方向混乱；而在轴线两侧拍摄的镜头画面，直接组接就会产生错乱。轴线的局限性就是所有连续的镜头都只能在一个区域内拍摄，轴线的两侧区域不能跳拍，虽然这为拍摄带来的一些限制，但即使在轴线一侧，也有多样的机位选择和景别变化，仍然可以创造出丰富的画面效果。

3.4.2 轴线的运用

在电视节目的拍摄中，表现人物之间关系或人物与道具之间关系时，会遇到轴线的问题，在日常生活中，观众是以第一视角观察周围环境的，所以得到的空间关系信息也是连续而统一的，但在拍摄过程中，这些信息是通过镜头传递的，而且是被分镜头切成了零碎的画面，要使这些画面的人物关系不被打乱，就必须注意构成的法则和轴线的运用。轴线分为关系轴线、运动轴线和方向轴线三种。

3.4.2.1 关系轴线

影片中两个或两个以上人物角色之间进行交流时，产生的轴线叫作关系轴线。例如两个人对视交谈，或者人物观察物体时，视线的方向就是关系轴线的方向，一般不能超过关系轴线在两侧去拍摄。

以两个人面对面谈话这种最典型的场景为例，所有机位的位置和方向如图3-1所示：

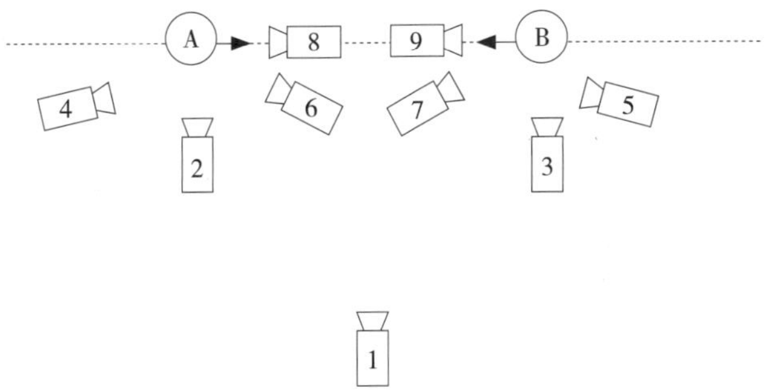

图3-1　两人对话中关系轴线的9个机位

图中人物A和B面对面站立交谈，A和B之间形成一条假想虚线，这条关系线就是轴线，轴线上方为背景区，下方为摄像机调度区，通常会在下方出现9个典型机位（图3-2）。

图3-2　对话场景中的9个典型机位

图中镜头1为全景镜头，用于交代整个人物关系和环境关系，这类镜头一般都是用于拍摄全景景别，并在镜头调度中起到重要作用；

2、3为平行镜头，摄像机平行于人物进行拍摄，此时拍摄的画面为人物的侧面，从拍摄方向看和镜头1基本一致，只是景别相比要小，一般多以中近景为主；

4、5为外反拍角度，又称过肩拍摄，前景的人物背对镜头，后景的人物面对镜头，一般以中近景甚至特写为主，后景为主要表现对象。镜头画框内有两个人物，且他们在镜头中的位置是固定不变的，如A始终在左，B始终在右，这便于观众始终清楚人物的空间关系，因此在实际拍摄中使用频率很高。

6、7为内反拍角度，内反拍角度只拍摄一个人物，一般以中近景或特写为主，将摄像机放于两对象之间。这组镜头的特点是演员之间处于对应角度，相比外反拍镜头，内反拍由于拍摄的是单人画面，主体更清晰突出，但无法单独表现出人物间的位置关系，需要借助其他关系镜头使观众产生画面联系；

8、9为齐轴镜头，齐轴镜头属于一种特殊的极端内反拍角度，将摄像机放于轴线上，人物正对镜头，以近景和特写为主，画面交流感和叙事感强，但这种镜头人物空间关系不明显，可用于越轴的过渡镜头。

电视节目中常见的人物对话场面中，轴线表现的难度在于角色并非总是面对面谈话，由于剧情要求，人物之间可以是面对面站着，或者身体平行坐着，或者边移动边交谈，在这些复杂的情况下可以利用“眼神和面向原理”，即无论身体位置怎样，最终产生交流的关键信息是头部的方向和眼神的方向，所以关系轴线，其实是彼此交流的视线连接线，因此身体的位置不是问题，主要在于头部和眼神的方向。

例如两个人并排交谈时，如表现一对情侣肩并肩坐着聊天，多以外反拍表现为主，可以清楚地呈现两个人的位置关系；两个人一前一后交谈时，如表现两个人前后骑在摩托车上，通常在前进的轴线一侧拍摄，可拍摄双人镜头，也可以拍摄单人镜头；两人电话交谈时，这种情况虽然不直接涉及到关系轴线，但为了清晰地表现出两者间的交流关系，一般会让人物面朝相对的方向，这样可以加强人物之间的交流感。

对于三人或三人以上的人物对话场景，一般我们可以把对话拆分为两个人对话，然后按照前面所讲的关系轴线进行拍摄。或者增加一个全景镜头，在外围拍摄一个大全景，然后再在人物间的中心点进行单独拍摄。

3.4.2.2 运动轴线

运动轴线是人物角色和目标方向之间的假想线，由被摄对象和其运动方向所形成的轴线叫运动轴线（图3-3）。实际拍摄中，常将一个连贯的动作分切成若干片段，为了保持运动的连续性，在进行画面构图时，人物角色必须始终在运动轴线的一侧，如果把其中一个摄像机摆在运动轴线的另一侧拍摄，两个镜头剪在一起就容易令观众感觉运动方向相反，造成角色人物运动的方向混乱。

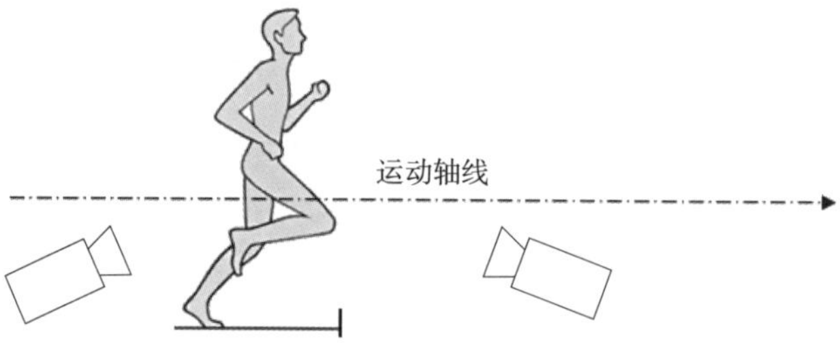

图3-3　运动轴线示意图

当然，这并非表示拍摄过程中运动轴线不可逾越，有时改变轴线可以产生更好的效果，但是越过轴线需要一些方法和技巧，不能让观众产生误会。

3.4.2.3 方向轴线

当人物不动时，其目光观察的位置与人物之间形成的一条虚拟线就是方向轴线（图3-4）。在拍摄时，要按照轴线规律，在方向轴线的同一侧拍摄，连接起来就不会改变观众的视线。如果前一个镜头在轴线一侧拍，后一个镜头在轴线另一侧拍，就会形成两个画面中的人物朝相反的方向前进，造成越轴，连接起来的画面就会产生混乱。

图3-4 方向轴线示意图

3.4.3 越轴的处理

在一般拍摄时，需要遵循轴线规则，但有时为了获得更好的画面构图和角度，需要打破轴线的禁锢，但越轴要讲究方式，下面介绍几种常用的越轴方法。

（1）运动镜头越轴　在拍摄中利用摄像机的运动使其从轴线一侧过渡到另一侧，让观众直接感受到摄像机越过轴线的过程，从而适应轴线的变化。

（2）利用空镜头越轴　例如在拍摄对话的过程中，穿插入某个空镜，此时轴线暂时消失了，再次跳转回对话场景时，摄像机可改变轴线，观众不会觉得画面过于跳跃。注意这里的空镜头要与谈话场景有一定关联性，比如谈话时间的钟表、谈话的环境、谈话内容的具体事件等。

（3）利用中性镜头越轴　例如可以在准备越轴的位置插入几个两人谈话中的齐轴镜头，就是演员的正面镜头，这样可以使轴线不明朗，从而为接下来的越轴做好铺垫。

（4）介入新对象越轴　当拍摄对象需要越轴时，可以先运用客观视角拍摄某演员突然转头，接一个主观镜头表现该演员看到的新对象，再接下去的镜头就可以自然越轴了。例如拍摄两人交谈的过程中，画外传来了第三个人的声音，演员转头看去，然后镜头切到第三人向他们打招呼的画面，此时镜头再度切回原来谈话的两个人时，就可以完成越轴了，由于新对象的介入这一变化，使越轴非常自然，不会使观众产生空间上的困惑。

越轴作为一种手段在运用时是为了突出人物、情节重点，要避免无目的性越轴，在电视节目的拍摄时要有意识进行机位和场景的调度。越轴要慎用，须考虑镜头排列的合理性，不要造成不必要的视觉阻断。如果在两个相近的时间出现两次越轴，那么越轴的方式最好不要重复。

3.5 拍摄机位的选择

3.5.1 拍摄距离的选择

拍摄距离，指的是摄像机与被摄物之间的距离，拍摄距离的选择，往往和拍摄者的主题思想、拍摄现场的客观状况以及拍摄者所用的镜头焦段有关。

距离的远近，体现在画面上就是景别的变化，随着拍摄距离远近的变化，被摄体在画面上呈现大小的变化。景别的选择是电视节目拍摄中的重要因素，无论是风景还是人物，景别定好之后，画面的构图以及所要表现的侧重点，画面中各因素的组合和画面风格也就随之确定了，景别的使用，是拍摄者立意想法的表现。

电视节目画面中的景别，是拍摄对象在画面中的大小比例，也就是拍摄范围的大小，一般分为远景、全景、中景、近景和特写五个景别。

（1）远景　远景是从远距离拍摄对象，表现的是对象的总体氛围和整体全貌，如大海、山川、河流、建筑、草原等场面，远景是表现空间最大的一种景别，但在电视节目拍摄中，被摄对象虽然空间范围大，但是主体只占据画面很小的面积，画面大幅面积是景物，主要的被摄人或物处于画面远处或者深处，为了反映一个完整的事件，要交代时间、地点、人物以及人物活动的环境，这个事件一般就由远景来完成。

（2）全景　全景是为了表现对象的全貌，兼顾部分环境，拍人物要拍全身，拍建筑要拍整体，主要交代完整的对象，全景的画面要丰满。在电视节目拍摄中，拍人物的全景，要能完整的表现人物的全身和形体动作，同时又要兼顾部分人所处的环境气氛。远景和全景的视野开阔，常用在开头或结尾。但是远景和全景缺乏对主体细节活动的描写，不能满足观众深入观察的需求，一部电视节目中不会太多地采用远景或者全景，在拍摄中常采用广角镜头拍摄，目的是为了展示整个活动场景的人物和位置关系，交代真实的对象。

（3）中景　中景以表现拍摄对象及其主要活动区域为主，摄像机与被摄对象之间的距离较近，主要是用来表达人与人、人与物、物与物之间的情节交流以及相互之间的关系，在人物拍摄中通常是表现膝盖以上的范围，反映人物的动作、姿态、手势等，中景的拍摄距离对比远景和全景要近，因此对景物不可能完整地框住，只能选择主要部分，主要是揭示人或物最富表现力之处。例如在拍人物时，就要舍弃不重要和没有表现力的东西，重点抓住人物的动作、手势、姿态以及人与人之间的交流，画面以人物为主，景物为辅。

（4）近景　近景是拍摄景物中最精彩的部分，摄像机与被摄对象之间的距离非常近，主要表现被摄体局部的对比关系，在拍摄时，显示的是人物胸部以上的画面，突出刻画人物面部表情和神态，同时取其神态细节特征；从视觉效果来看，近景能使观者高度集中注意主体的主要特点与质感；中景虽对景物做了取舍，但舍去的是画面中比较次要的部分，基本能忽略环境与主体的关系，让主体在观者的眼中有一个鲜明的、视觉强烈的深刻印象。近景的画面简洁明确，比较适合电视等小屏幕播放，要求摄影者更要准确把握画面中各元素的协调统一，符合观众的距离习惯，让观众可以轻松欣赏。在电视节目拍摄中，中近景是使用最多的镜头景别。

（5）特写　特写镜头呈现给观众的是近距离观看被摄体的局部，放大突出人和物的细节，主要从细微之处揭示被摄对象的内部特征和关键之处，摄像机与被摄对象的距离较近，能够突出表现被摄人或物的一个“点”。另外，由于距离近，画面清晰度高，鲜明突出，景物比较单一，舍弃繁琐，直奔主题，最能表现人的感情和物的材质细节。当为了进一步缩小景别，如在画面中只拍摄一只手或一只眼睛等，就要采用“大特写”景别，通常这些大特写的画面都能以小见大，表现力是非常震撼的。在电视节目拍摄中，特写的拍摄，常采用长焦镜头远距离的方式和标准镜头近距离两种方式，因为被拍对象高度放大，要尽量使用三脚架等固定摄像机，避免镜头抖动现象的发生。

3.5.2　拍摄方向选择

我们在观看自然界的各类事物时，有不同的观看角度，同样，当摄像机固定机位时，也是以一个视点透视画面，也有各种拍摄角度，它决定了观众从哪个视点去看对象、认识主体以及领悟拍摄意图。拍摄方向指的就是在拍摄过程中，以被摄对象为中心，在同一水平面上改变拍摄角度，形成不同的构图形式。面对被摄物，我们一般会选择正面、正侧面、斜侧面（后侧和前侧）和背面几种拍摄方向。

（1）正面拍摄　正面拍摄是摄像机镜头正对着被摄物拍摄，通常人物主体处于画面的中心，观众看到的所拍摄的画面是被摄主体的正面形象，也叫正面构图。

正面拍摄的特点是易于表现被摄对象正面的基本特征，当被摄主体是人物时有利于与观众产生面对面交流的亲切感，当被摄主体是景物时善于表现景物的横线结构，给人一种平衡、安定、庄重的感觉。

正面拍摄的缺点是拍摄画面物体立体感差，透视效果不明显；如果画面布局不合理，被摄对象就会显得无主次之分，呆板而无生气，不利于表现动势和运动的题材。

（2）正侧面拍摄　正侧面拍摄是摄像机从侧面对人或物进行拍摄，摄像机镜头与被摄主体的正面成90°角时所拍画面，观众看到的是被摄主体的侧面形象，是一种比较常用的拍摄角度。

正侧面拍摄的特点是有利于表现动势题材，正侧面的跟摄或摇摄，能很好地展现人或物体的运动；当被摄物是物体时，可以表现物体的层次和轮廓；当被摄物是人物时，有利于表现轮廓线条和姿态，有利于画面中人物之间的交流，如采用逆光拍摄，更可造成剪影式的效果。

正侧面拍摄的缺点是拍摄的物体或人的侧面，不具有代表性的正面表达，过多地采用侧面镜头，会带给观众“不识庐山真面目”的感觉，尤其拍摄对话场景，看不到拍摄对象的眼神，缺少与观众的交流，只能作为正面拍摄的补充。

（3）**斜侧面拍摄** 斜侧面拍摄是摄像机在被摄对象前侧或后侧面拍摄，即在人或物前方或后方左右两面30°～60°的角度拍摄，斜侧面拍摄是电视节目中运用最多的一种拍摄角度。

斜侧面拍摄的特点是能使被摄体本身的横线在画面上变为与边框相交的斜线，物体产生明显的形体透视效果，有较强的立体感，尤其是采用侧逆光拍摄时，被摄的人或物更显得棱角分明，有利于表现被摄对象的空间深度；在人物对话拍摄中，斜侧方向拍摄在画面中可以起到突出两者之一、分出主次关系、把主体放在突出位置上的作用，既有利于主体和陪体，又有利于调度和取景。

（4）**背面拍摄** 背面拍摄是摄像机对着被摄对象的背后面拍摄，使观众有与被摄对象相同的主观视角效果，有时可通过背面拍摄改变主体和陪体的位置关系，有人认为背面拍摄是比较新的表现手法，其实在戏剧表演中很早就知道背面的艺术魅力，如在舞台戏剧中，演员背对观众出场，以袖掩面，以抽搐耸肩来表现哭泣的场面。

背面拍摄的特点是能够展示被摄对象的背面特征，能将主体所关注的对象同时表现出来，突出了陪体与环境，既能表现出强烈的主观感受，又能含蓄地表达人物的内心活动。

背面拍摄缺点是不能多用，因为不管采用什么方向拍摄，都是为了让观众能够看得更多、更清楚，背面拍摄显然不能达到这一目的。

3.5.3 拍摄高度选择

拍摄高度，是指在距离方向不变的条件下，镜头平摄、仰摄或俯摄被摄物体进行拍摄，拍摄高度在塑造不同人物形象方面有着非常重要的造型效果。如电视节目《共和国一百人物志》其中的一集《海拔最高的爱》，在创作上的统一理念是寻求一种全新的视角，把英雄人物平民化，还原其人性的一面。要达到这一目的，在拍摄过程中必须把这一理念作为指导思想，让其贯穿整个拍摄过程，而摄影高度与人物形象塑造有着非常紧密的联系，如果说这一百部人物片的创作风格是英模人物平民化，那么，对于摄影高度的把握是其技术上非常有特点的一大特色。

从拍摄高度出发，摄影高度我们可以分为三种：平角度（平摄）、仰角度（低角度、仰拍）、俯角度（高角度、俯拍）。这三种摄影高度各自具有不同的造型效果和感情色彩。

（1）平角度（平摄） 由于镜头与被摄对象在同一水平线上，这个角度符合或者接近于平常人们观察事物的正常情况，所得到的画面与人眼看到的大致相同。被摄对象不易变形，使人感到平等、客观、公正、冷静、亲切。平角度拍摄得不偏不倚使画面结构稳定、安定，形象主体平凡、和谐。平角度拍摄对人物形象的表现十分忠实客观，不变形，不走样。平拍镜头是人类正常的视点关系，利用平拍镜头的目的大致有三个：第一，追求画面本身的平稳，视觉端正与平衡；第二，形成一种叙事风格、视点风格、画面风格，将画面效果融入导演的创作之中；第三，平角度拍摄的镜头画面能够充分体现镜头的客观性。

（2）仰角度（仰摄） 仰角度拍摄是摄像机低于被摄主体的水平线向上进行的拍摄，由于镜头低于对象，产生从下往上、由低向高的仰视效果。仰角度拍摄能将垂直方向伸展的被摄对象在画面上展开，有利于强调其高度和气势。仰摄画面中形象主体显得高大、挺拔、具有权威性，其视觉重量感要比平视要大，具有潜在意义和暗喻色彩，能给人们象征性的联想。画面中的被摄主体，无论是人还是物，都因其重要性而被强调，形成一种高大、强壮的形象或具有力量感、雄伟感。另外，由于视点原因，形成在画面视线上方汇聚、高耸而压迫人们的视觉。

（3）俯角度（俯摄） 俯摄是一种自上往下、由高向低的俯视效果。此时的摄像机镜头高于被摄主体水平线。俯角拍摄在表现人物活动时，易于展示人物的方位和阵势、事件的发生，俯角可表现其整体气势，矛盾双方的力量对比和相互关系。然而俯角不适于表现人物的神情和人与人之间细致的情感交流，特别是在俯拍人物时使对象显得猥琐、低矮，画面往往带有贬低蔑视的意味。这时的画面主体呈现出受压抑的感觉，显现不出其人物的高大，反而会因为景别的原因而使人物显得弱小。

在过去典型的英雄人物题材的纪录片中，为了表现英雄人物的高大与完美人格，大多采用仰视角的拍摄高度，从而让观众对人物产生一种崇拜之情。然而，这种拍摄高度却存在着无法让观众看到英雄人物真实一面的缺陷。过多地强调完美与崇拜，会让观众感到压迫与距离感，无法将英雄人物真正的精神内涵传达给观众，实现共鸣。

而在《海拔最高的爱》中，为了让观众看到一个个真实、亲切而又不平凡的英雄人物，在还原人性视角创作理念的指导下，编导大多采用了平角度（平摄）的拍摄高度。不仅能够让观众感觉更为客观地重新认识英雄人物，而不是传统意义上纯粹盲目的崇拜；而且也能通过画面实现编导力求通过细节的小事，真实表现人物内心的创作目的。观众以一种与自己平等的高度，透过画面，了解英雄人物内心的矛盾冲突，客观地看待事件的发生，从而达到与英雄人物的心灵对话与共鸣。如《海拔最高的爱》中编导对于潘多的拍摄高度的选择便是采用了能够真实反映人物本身的平视角，让观众不再仅仅看到过去片子中所展现的那个伟大的登山运动员，更看到了一个慈祥的老人，一个内心怀着纯真情感的老人，一个为了实现登高目的，坚持不懈的女运动员。

3.6 《十二道锋味》节目摄制案例分析

《十二道锋味》是由浙江卫视、英皇娱乐、蓝天下传媒联合出品、“80后”影帝谢霆锋的专属美食节目，每一季拍摄12集，推荐十二道“锋味”。

《十二道锋味》包括《十二道锋味第一季》《十二道锋味第二季》《十二道锋味第三季》。《十二道锋味第一季》于2014年7月12日至9月27日每周六21:10在浙江卫视播出，本季以世界美食为主，在环球之旅的过程中，谢霆锋邀请了陈奕迅、赵薇、张家辉、范冰冰、Angelababy，以及自己的父亲谢贤，一同和他寻找世界各地美食，体味美食背后的故事。《十二道锋味第二季》于2015年8月1日至10月24日每周六22:00在浙江卫视播出，本季在寻遍世界美食后回归中华美食，“锋味大厨”谢霆锋带领新晋“锋味家族”成员羽泉、马苏、陈伟霆联合众多嘉宾一起，共同探寻十二道神秘且独特的中华美食。《十二道锋味第三季》于2016年9月10日至11月27日每周六22:00在浙江卫视播出，本季节目中，谢霆锋继续邀请舒淇、杨紫琼、蔡依林、张曼玉等好友，去往南非、芬兰、泰国等地搜寻美食食材，汲取美食灵感，并在盛大开幕的“锋味餐厅”中为客人独家定制“锋味美食”。2018年11月24日，《十二道锋味》更名为《锋味》，之后在浙江卫视首播。

尽管《十二道锋味》是一档制播分离的节目，但一直以来对电视节目严把品质的浙江卫视在此次创作中的参与度极高。无论是厨房展示、海外探索真人秀等多种元素的融合，还是每一集的剧本策划、每一站外景拍摄，甚至每一期中一个故事结尾加另一个故事开头这种借鉴美剧的剪辑模式，浙江卫视团队均在创意和形式上进行了细致入微的把关。从观看三四十档美食节目到研究出表现模式，直至剪辑成符合大众欣赏口味的叙事节目，浙江卫视战略发展中心的模式研究部都参与了全程的工作——所谓的要在节目中体现出浙江卫视“中国蓝”的格局和气质。

3.6.1 文化层面——美食是线索，情感是内核

从整体上而言，《十二道锋味》之所以能够在众多节目中成功突围，一定程度上也是搭了《舌尖上的中国》系列纪录片的顺风车，大众在“舌尖系列”问世之后，开始从不同层面去注

重生活的品质以及美食的追求，因而，美食节目的“余温尚在”为其火爆奠定了一定的基础。

类似于《十二道锋味》题材的美食节目在英美早有先例，例如BBC的《保罗教你做面包》系列，Channel4制作的《戈登·拉姆齐的世界美食之旅》等，均以一个焦点人物作为单人叙事的主线，由叙事主体确定每集的拍摄主题，并邀请嘉宾带动叙事逻辑的发展。“保罗教你做系列”主持人——保罗是英国著名的烘焙师，具有30年的烘焙经验，拥有连锁面包房；戈登·拉姆齐堪称英国乃至世界的顶级厨神，是米其林三星厨师，拥有28间餐厅，著有烹饪书籍数十部。

3.6.2 节目摄制的创新——电影级别的画面呈现

一直以来，电视节目的镜头呈现总是明显区别于电影镜头，也正是因为电视画面观感方面的不足与缺失，给予了《十二道锋味》节目在摄制方面最大的创新——努力为观众呈现电影级别的画面，营造为“打开电视看电影”的视觉效果。为此，英皇娱乐公司直接动用了香港业界最顶尖的拍摄团队之一，从各个细节精心打磨呈现画面。每一集节目中的每一帧画面都可谓都充分调动声、光、摄的技巧，极尽所能地呈现画面的美感。

现如今，随着4K技术高度普及，《十二道锋味》力争将时下先进的摄像技术融合在电视创作中。传统的真人秀节目普遍在画面精美度上略有缺失，机位单一、画面与构图均不够考究，整体的拍摄手法更偏向于纪实题材的形式。而以“完美主义”著称的谢霆锋在《十二道锋味》的摄制过程中直接启用了具备香港金像奖级别的拍摄班底，所用的美术设计、摄影布光等均是在电影领域有着不俗表现的佼佼者。在拍摄中，充分引入了航拍等新兴的技术手段，大量使用陆海结合的模式，仅是摄像人员就达四五十人。每集的摄制制作费也因为高标准、严要求而价格不菲。节目组曾经在采访中披露，《十二道锋味》每集制作费用超过 100万元，耗片比高达 400：1（即每分钟镜头由 400 分钟素材剪辑所得），一般类型普通国产电影耗片比仅为10：1。

将电影拍摄手法运用到电视节目《十二道锋味》的制作中，不论在理念还是技术上都进行了极大的突破与创新。在拍摄的过程中，能够充分运用不同类型的景别、准确把握固定镜头与运动镜头的使用比例，画面构图严谨考究、镜头布光美感十足等特点让“电影级别的真人秀”这一美誉当之无愧。除此之外，节目中很少出现类似其他国内真人秀中惯用的跟拍、边追边跑地拍摄手法，保证了明星嘉宾的美态，也符合主角谢霆锋的“完美主义”形象。为了节目的拍摄质感，节目组更远赴瑞士、法国、澳大利亚等国家实地取景，最大程度地契合节目中故事发展的原本面貌。

《十二道锋味》系列节目的成功，一方面契合当下观众的审美倾向与喜好，同时也源自于编导与摄像对于画面镜头的精益求精的把握，不论是人物采访的地点、人物采访的角度、主要场景拍摄的选择、特殊镜头的运用等也都与编导在策划创作中强烈的拍摄意识息息相关。因而，一档好的节目，在拍摄环节中如何最大限度地呈现出画面的叙事美感与情节张力，也是一名优秀编导在日常工作中需要思索与锤炼的。

第4章

电视节目的场景设计

4.1 电视节目场景设计概况

电视节目类型的多样化决定了场景设计的多样化，同时也左右着观众的审美，优秀的制作与精美的包装对节目的收视率有非常大的影响。一档优秀的电视节目需要各制作部门共同合作，才能更有效地完成整个栏目的运营，其中场景设计是非常重要的一个组成部分，也是一档节目被观众认可的先决条件。

电视场景设计是一种立体的空间艺术和视觉艺术，它从传统戏曲、戏剧舞台中广泛吸收营养，艺术语言和表现手段非常丰富，包括空间、形体、比例、均衡、节奏、色彩、装饰、材料等许多因素共同构筑了电视场景艺术的造型美。电视场景是构成电视图像造型的基础之一，是组成电视节目不可或缺的表现手段，是节目内容得以进行和展开的基本条件。电视场景设计不应该简单地理解为设计景片或背景，它所体现的不仅是审美价值，还需完成诸多功能上的需求，在电视节目的录制空间中场景是承载人物活动的视觉基础，具有把握节目整体视觉形式及风格的作用。

在电视节目的创作和制作中，场景与其他电视美术造型手段如灯光、化妆、服装、道具等，互相影响，相辅相成，共同完成节目所赋予的任务，创造内容所需的内在的和外部的视觉传达，场景设计的职责就是创造一个符合节目内容、体现节目主题的视觉空间载体，通过其造型形式感产生的视觉感染力来确定一个节目的视觉基调，解释这个节目的主题。一个好的、成功的电视场景设计绝不可能脱离节目本身而存在，而是紧紧围绕节目内容，提炼出最具有代表性的图形、造型符号、色彩基调等元素，然后再通过艺术手段有机地组合在一起。随着科技手段的日趋进步，电视节目的场景设计具有很大的提升空间，在以往的电视节目场景设计中，总是把演员作为场景设计的核心乃至唯一要素来考量。随着电视节目样式的拓展和观众参与感的不断增强，嘉宾、主持人、演员、观众都成为参与“表演”的重要环节——打破了以往的场景设计模式。

近几年，东方卫视制作的几档综艺节目，如《笑林大会》《欢乐喜剧人》（图4-1）《笑傲江湖》等在制作的过程中借助鲜明的色彩和舞台效果，通过美术设计对节目剧情进行整体的包装，实现了整体效果的提升，促进了节目收视率的提升。

图4-1 东方卫视《欢乐喜剧人》节目现场

4.1.1 电视美术的发展

20世纪90年代以来，电视美术的发展历程可分为5个阶段，分别为简单平面或半立体相结合的美术制作阶段、立体实景背景制作阶段、自发光材料的应用阶段、LED大屏幕的应用阶段、虚拟植入技术和全息技术的时代。

4.1.1.1 简单平面或半立体相结合的美术制作阶段

20世纪90年代初期，电视节目的背景要求相对简单，只要突出画面主题就行。一般由美工在拼装好的板材上直接用水粉颜料画出需要的图像景物，或者在磨砂玻璃上呈现一些想要的图案背景（图4-2）。

图4-2 1993年《经济信息联播》节目

4.1.1.2 立体实景背景制作阶段

随着电视美术材料的创新发展，其表现手法逐渐多样化而丰富多彩。电视美术的空间构建更加适合电视摄像的多机位、多景别、多视点和多视角的特点。此阶段立体实景背景制作流行，特别是自发光材料在电视美术应用中也开始初显功效，灯箱、射灯、日光灯、霓虹灯的运用在背景里经常出现（图4-3）。

图4-3 嘉兴电视台《今晚8点》录制现场

4.1.1.3 自发光材料的应用阶段

随着舞美观念变化和材料上的进步，越

来越多的自发光部件在电视节目的舞美中得以应用，比如霓虹灯、跑灯带、LED广告灯箱等（图4-4）。通常，这些发光体无法由灯光师统一调节亮暗，自发光材料出现在某个机位的构图中，其直射亮度往往大大超过靠反射光被摄像机感知的主要拍摄对象人脸的亮度，人物与背景间过大的亮度比成为影响画面质量的主要隐患。

4.1.1.4 LED大屏幕的应用阶段

LED大屏幕在电视美术中的出现，带来了革命性的新技术、新手段，主要的作用有以下三个方面：a. 使原本单一氛围、固定风格的舞美场景，可以通过不同视频画面的展示，营造不同意境效果；b. 使舞美场景对主体表演的背景配合更准确；c. 使舞美场景的信息传达更丰富、更具动感。视频背景不仅仅是歌舞表演的画面陪衬，更多地成为节目编排的重要表现环节（图4-5）。此阶段的舞美背景，往往因为LED的高色温与人物照明光源的色温不平衡而导致人物肤色不准确，画面背景色彩饱和度太高，直接导致画面录制质量不佳。

图4-4 央视《新闻联播》演播室

图4-5 东方卫视《中国达人秀》节目

4.1.1.5 虚拟植入技术和全息技术的时代

现如今，电视美术和电视灯光进入了全新的时代：舞台应用了多媒体技术，场景的切换方便自如，先进的舞台机械技术令舞台空间构成变化多样，高效美妙；虚拟植入技术（图4-6）、全息技术，令观众真假难辨；多媒体投影灯、视频矩阵灯、各类LED灯具等，也全方位扑面而来。

图4-6 湖南卫视2018年跨年晚会虚拟植入技术

4.1.2 电视节目场景设计的表现因素

以前布景设计师用手绘图的方式来表现创意方案，自从电脑绘图开始推行与普及，几乎所有手绘的设计表现方式均被Auto CAD、3DMAX、MAYA、SKETCHUP等绘图软件取代，有助于施工更加准确以及设计资料的储存与调配。利用3D电脑动画软件的模型制作的功能，更具有真实感，有利于和相关工作人员的沟通。在场景设计中必须考虑的表现因素有以下几点：

4.1.2.1 空间结构

布景设计必须考虑原始空间即演播室与节目性质的相互关系，布景与真实空间的相互结合表现，还要考虑到摄影机位置的需要，如节目制作过程中经常将摄影画面拍到梁以上，包括吸顶灯、分离式冷气等元素都会在电视画面中出现，因此要处理好景片与实际空间之间的关系。湖南卫视的《天天向上》（图4-7）节目就是把整个背景都设计成教室空间的样子，利用窗户、黑板以及上方的“好好学习、天天向上”标语等视觉元素让视线与节目内容联系，产生想象的空间，避免封闭式的布景出现。

4.1.2.2 摄影取景

摄影机位的拍摄使电视节目场景空间视觉设计得以再现，并将现场空间进行画面重构，在场景设计表现中不仅要考虑现场空间的整体视觉效果，局部的取景对于传出的电视画面是否美观也起着非常重要的作用。比如人物特写镜头和大全景镜头通常比较固定，因此主持人和嘉宾背后的布景就需要精致设计，避免出现太明显的线条。例如《鲁豫有约》（图4-8）节目的场景设计，利用场景灯光的反射、半透明的透射作用，以及装饰性的图案作为背景，使得中、近景以及特写画面除了人物以外还有很丰富的背景填充，画面看起来更有层次、更有细节。

图4-7 湖南卫视《天天向上》节目

图4-8 凤凰卫视《鲁豫有约》节目现场

4.1.2.3 色彩元素

色彩作为构成电视节目设计的重要元素之一，将对观众产生较为深刻的视觉印象及观感影响。从场景整体的色彩基调到细部的调和搭配，形成了一档节目独自个性的面貌特征。例如《欢乐喜剧人》节目的布景设计以红色调为主，配合各种传统文化元素的画面，呈现了喜剧色彩和复古风格。

4.1.2.4 材质表现

电视节目场景设计中还必须按照节目的不同性质和定位选用不同的材质表现，如不锈钢材质具现代感，大理石材质具豪华感，木质则富有朴素的感觉，而激光和LED屏幕的运用和表现则更具时尚和现代感，再与细腻的装饰物及道具搭配，表现出精致的美感。例如2018年江苏卫视跨年晚会的舞美设计运用机械灯臂组成变形空间站（图4-9），LED天幕地屏配合犹如浩瀚空间，声、光、电等新材料、新技术的综合运用，使画面视觉异常丰富，频频制造视觉奇观。

图4-9 2018年江苏卫视跨年晚会

4.1.2.5 点、线、面的运用和从设计绘画吸取养分

点、线、面的不同大小、长短、方向、形状与点、线、面的相互结合产生不同的感觉，传达不一样的讯息，再搭配有关美学理念如平衡、对比、调和等，可以使节目整个场景既有整体感又不失细节处理。而从绘画、建筑、设计的风格观念中吸取营养运用到布景设计之上也是进行场景设计中常用的方法，例如后现代主义的特点便是将不同时代的设计风格放置在一起，产生出一种近乎戏剧的趣味，产生出一种突破传统的表现方式，这样的表现方式我们在电视上时常看到。

4.1.2.6 实景与虚拟场景的结合使用

虚拟摄影棚、虚拟演播室概念经过近些年的发展，其表现技术和手段都已经成熟，电脑虚拟场景（图4-10）不受现实空间的限制，其表现方式更加丰富，更能适应多层次、多视角的变化，再加上LED和视频技术的进一步推进和广泛使用，可以弥补传统绘画式布景的不足，使有限的场景空间呈现出更有层次感的景深效果，有助于整体视觉效果的呈现，也使得布景设计制作更加富有想象、更加精致，近景时主持人背景是较细密的视频图像，实物和图像处理更为调和。

图4-10 CCTV4《我的太空梦》虚拟演播室现场

4.2
电视节目场景设计的样式

4.2.1 娱乐资讯类节目

娱乐资讯类节目侧重于轻松的娱乐氛围，信息庞杂，图片视频丰富。此类节目易于操作，制作周期短平快，容易被众多媒体效仿。因此，娱乐资讯节目的场景设计就变成了增强节目观众辨识度的重要方面。此类节目非常注重流行元素的呈现，道具的时尚化，服饰的新潮化，都是需要考量的因素。近几年来，背景不再是单一的布景，而变成了根据节目内容可以不断翻新的“资讯墙”（图4-11）。从主持人身后大屏幕到虚拟背景墙的大量运用，都凸显了此类节目信息化、开放化、速食化的需求。其中主持人通常需要居于画面的主导，因此在场景布局上，节目的Logo、广告商的标示安放，都需要考虑主持人不同景别中是否会相互遮挡以及画面的整体美感。

图4-11　东方卫视《娱乐新天地》节目

4.2.2 访谈类节目

近年来，访谈类节目受到观众的喜爱，这一类节目的演播室场景设计目的是将主持人、嘉宾和观众放在同一个开放的空间里，让更多的观众融入、参与到节目中，如凤凰卫视的《鲁豫有约》、央视的《实话实说》等节目。另外，一些娱乐综艺类节目中也会加入访谈类的板块，如东方卫视的《金星脱口秀》、上海新娱乐频道《陈蓉博客》(图4-12)等。

图4-12　上海电视台《陈蓉博客》节目

4.2.3 真人秀节目

在传统真人秀娱乐节目的场景设计中，侧重烘托演员表演区的气氛和给摄像机以较宽松的运动空间。2010年，相亲类节目《非诚勿扰》(图4-13)让观众耳目一新;《中国达人秀》担起后选秀时代的大旗，意外地闯出新天地。此类节目突出个人，营造众星捧月般的平民偶像，非常注重“登场感”，即演员出场时气氛的营造，运用灯光、烟火、摇臂来烘托氛围。

图4-13　江苏卫视《非诚勿扰》节目

在真人秀类型的娱乐节目场景设计中，评委席的设置是不得不考量的因素，镜头是给选手的，毫无疑问也是给明星评委的。嘉宾席的设置通常有以下三种：a. 嵌入观众席，在舞台之中，单独区域设置，嵌入观众席的，通常是较为亲民和大众化的选秀节目，嘉宾代表观众的意志，场景也刻意地设计成嘉宾与观众“亲密无间”的样式；b. 在舞台之中的设计，通常评委是被追捧的明星，同时作为值得展示的因素，放置在“被观看”的视角上，在评委身后的背板，通常设计栏目名称以及广告Logo；c. 单独区域设置评委席，通常应用于场地较宽松的演播厅，便于安置电子化的评分系统，比较适用于无观众席或者较为大型的选秀节目。当然，还需考量娱乐节目的风格和实际演播厅的结构布局。

4.2.4 综艺舞台类节目

此类节目以凸显演员表演、烘托现场气氛为主，特别要求考量节目本身的内容，并根据每个节目的内容和特点变化背景和灯光。比如浙江卫视综艺节目《王牌对王牌》(图4-14)

在节目形式上是典型的棚内综艺，但是在内容样式上包含歌舞、游戏、情景剧、真人秀的成分，整体舞美的视觉效果会随着节目内容的变化而变化。因此，在节目录制过程中就需要通过视频素材、现场道具来完成特定情境时空转变。辉煌的宫殿、灯火通明的百乐门、神秘幽静的丛林伴随着视频素材和道具的变换为观众呈现视觉的饕餮盛宴。多媒体艺术、机械技术、道具换景让《王牌对王牌》的舞美视觉效果从静态变为动态，并贯穿始终。

图4-14 浙江卫视《王牌对王牌》节目

4.3 电视节目场景设计的具体流程

4.3.1 节目定位

导演要与美术设计师、制作单位进行充分的沟通交流，实现对节目的风格定位，从而对电视节目的制作设计与效果进行配色与场地选择。比如《欢乐喜剧人》（图4-15）的场景设计，从艺术角度考虑将其定位为喜剧，并对整体舞台的场景布置运用欢快的红色幕帘搭配金色的舞台装饰，营造喜剧风格。而对于如《梦想的声音》（图4-16）等歌唱类综艺节目则对灯光的要求非常高，其场景设计必须与灯光、多媒体进行配合，突出音乐元素。

图4-15　东方卫视《欢乐喜剧人》节目现场

图4-16　浙江卫视《梦想的声音》节目现场

4.3.2　绘制设计草图

在了解了节目的类型和定位后，设计师以手绘草图（图4-17）的形式勾勒出场景的初步方案，并与制作方、导演进行深入沟通，对主持人、嘉宾所处的位置以及场景设置等诸多细节进行安排，从而有效地形成一种视觉艺术风格，并要考虑镜头之间的切换，从而更好地将节目的艺术表现发挥到极致，全方位突出舞台主体效果。

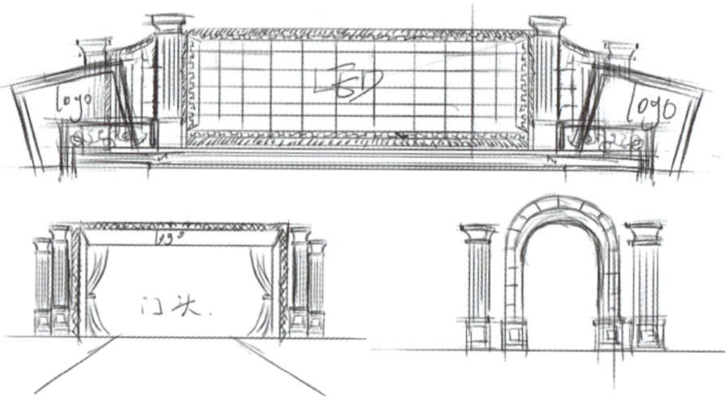

图4-17　设计草图

4.3.3　制作模型

在形成了初步的场景设计想法后，设计师应进一步细化设计方案，绘制平面图、制作舞台模型或电脑三维效果图（图4-18、图4-19），充分实现对场景与造型的体现，从色彩与材质上突出舞台效果，可借助电脑软件直观地展示电视节目的场景设计，确定尺寸和样式，这样可以减少许多不必要的成本支出。

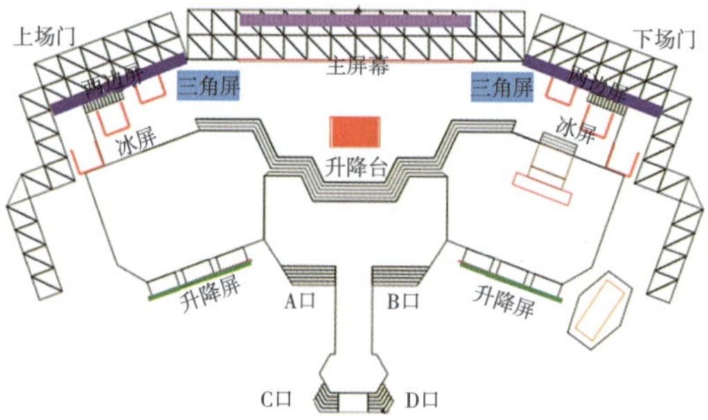

图4-18　舞台平面图

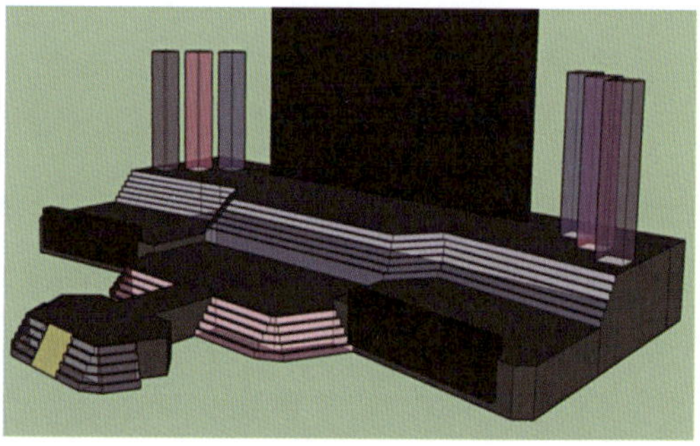

图4-19　舞台三维效果图

4.3.4 优化效果图

在节目编导确定舞台模型后，设计师可借助电脑软件对制作图进行更深入的优化，不断提高作品在某方面的特效，也可以选取合适的软件对节目的现场进行系统的灯光模拟，根据实际所需不断调整色彩比例以及灯光等细节，最终达到理想的节目效果。如3D MAX、Wysiwyg等软件都可以实现对灯光效果的模拟（图4-20）。

图4-20 Wysiwyg灯光模拟效果图

4.3.5 装台与现场执行

舞台效果图确定后，通常舞美制作工厂会根据设计师提供的制作图进行布景的制作，之后设计师要进行现场指导，完成场景的搭建，这个过程我们称之为装台。在设计师指导的过程中，要基于视觉角度实现对电视节目场景的调整，避免某些节目特效的展示露出破绽。

此外，很多电视节目的场景在录制过程中有丰富的变换，这就需要专门的舞台技术人员配合节目录制的要求进行迁换，包括机械平台、景片、道具等。

4.4 《王牌对王牌》节目场景设计案例分析

浙江卫视棚内明星成长类综艺节目《王牌对王牌》凭借抢眼的热门明星阵容和爆笑的竞技游戏深受观众喜爱，同时也掀起了棚内综艺的回归热潮。节目内容主打明星对决、两队人员游戏对抗以及才艺与互动的展现。整个舞台在空间形态上提供了丰富的表演区域，在空间样式上突出了“王牌”符号化的节目内涵，在空间表现上融合了多媒体艺术，为观众呈现绚丽的视觉盛宴。

《王牌对王牌》的舞台空间形态为标准的盒状长方形（图4-21），在这个方盒里不仅要解决舞台呈现要求的表演区、出场区、观众区、符号化的舞台装饰，同时还要充分考虑电视录制的摄像机机位布置、镜头视角等要素。多媒体艺术、机械技术、道具换景的综合运用让《王牌对王牌》的舞美视觉效果从静态变为动态，贯穿始终。整个场景设计中包含了不同尺寸、不同造型的LED显示屏，为了营造特定的情境氛围，为每一块LED屏幕量身打造动态视频内容素材。道具的制作紧扣主题、细致美观。

图4-21　浙江卫视《王牌对王牌》节目

4.4.1　符号设计

电视综艺的场景设计通常以最能体现节目内涵的符号化元素为核心，其他结构依次展开。这种符号化核心也是整个场景设计的主视觉，它通常体现为一块较大的舞台元素，如《梦想的声音》节目舞台正中一双巨大的“手”（图4-22），或由一块完整的LED 大屏幕和大屏周围的装饰组成。主屏在近年来的综艺节目场景设计中运用得非常广泛，主屏以面积较大的 LED 显示屏为主，占据了主舞台大部分区域，它的大面积也决定了其功能的重要性：一方面满足节目主题视觉画面的呈现，突出节目的内容、形式；另一方面，为内容呈现铺垫起到决定性作用，比如歌舞类节目背景渲染、语言类节目情景的营造、文字类节目的内容呈现等。《王牌对王牌》舞美的核心为最具符号化的“手持扑克”造型，LED屏在造型设计上打破传统，巧妙地融入扑克造型之中（图4-23），突出王牌对决的节目主题。

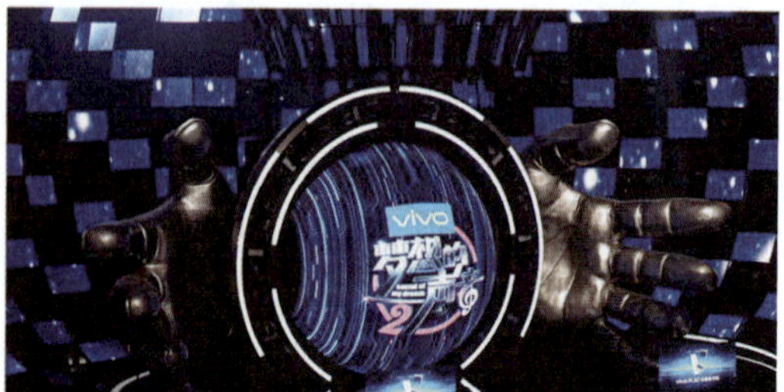
图4-22　浙江卫视《梦想的声音》舞台元素

图4-23　浙江卫视《王牌对王牌》LED屏设计

4.4.2 机械装置设计

在整个场景造型中装入机械结构使得舞台打破呆板印象，变得灵活多变，机械结构装置的使用通常在节目开场和高潮环节。主持人、嘉宾的出场设定是电视综艺重要环节之一，具有强烈的仪式感。重要人物的登场通常会被作为节目环节的划分过渡，比如《我是歌手》节目中每位歌手的出场方式的设计都是从舞台后区的光帘中走出，在光帘打开前，观众会对光帘后的歌手充满期待，光帘的运用也给歌手增添了神秘感，光帘的打开也给歌手的出场营造了一种很强的仪式感。《王牌对王牌》的舞台功能性设计充分考虑了综艺节目中常见的主持人、嘉宾出场环节，不论单人、多人还是团队整体亮相，有动有静、层次丰富、造型多变。中间主屏的开合设计，左右两侧装置的升降设计，以及舞台中部神秘出场口的旋转门设计，三种不同样式的出场设计满足了节目的主要需求。

4.4.3 嘉宾席设计

嘉宾导师席位作为当今综艺节目必备的组成部分，不仅对节目表演进行扩充，而且导师嘉宾间的互动也成为节目的看点。导师席位是为演员在舞台上长时间的表演提供支点，他们通常位于观众席一侧，与主舞台相对。好的嘉宾席设计令节目呈现出更优的视觉效果，也给灯光、摄像等其他工作人员提供更广阔的发挥空间。嘉宾席位别具一格会让节目效果焕然一新，不同形式的嘉宾席会使节目形式成为一种特色，如《中国好声音》的旋转座椅、《中国新歌声》的滑行座椅等。《王牌对王牌》的嘉宾席位在设计上充分考虑到嘉宾数量众多、现场互动频繁等要素，采用了开放式的“八”字造型，嘉宾席与表演区紧密相连，演员可以随时在表演区与嘉宾席之间游走；相对于主舞台，略带倾斜角度的设计令在场嘉宾都面向中心表演区，摄像师在抓拍演员细节时也避免了演员之间的遮挡。

4.4.4 观众席设计

观众席设计同样在电视综艺中不可或缺。早期的观众席位基本上以演播室现有为主，或者采用临时座椅的方式围绕在舞台四周。而如今的观众席不仅仅是烘托精彩热烈的氛围，观众参与度和现场感受也越来越受到重视，现场投票激烈角逐成为节目必不可少的一个环节。观众席的设计作为舞美的一部分，是嘉宾席的补充和延伸。优秀的观众席锦上添花，而设计欠佳的观众席则会画蛇添足，比如观众席高度控制不合理，容易导致摄像机穿帮；在近距离拍摄导师特写时，画面中在导师头部背景里出现观众的腿或者脚，毫无美感。《王牌对王牌》的观众席容量需要承载300名现场观众，节目环节设定上，需要进行对节目结局产生影响的观众投票。样式设计上，在保留观众座椅的同时，每个座位的前端都放置了投票箱（图4-24），节目主题 LOGO 作为投票按钮，300张主题卡片从正面望去如同整齐有序的士兵，展现出物体阵列后的秩序美。观众席上方则被灯箱和弧形 LED 屏装置结构环绕，同主舞台区相衔接，使得整体舞美具有统一性。

图4-24　浙江卫视《王牌对王牌》观众席设计

第5章

电视节目的布光创作

随着摄像技术的发展，从模拟转入数字，从标清发展到高清再到 4K，电视摄像机的性能日趋完善，拍摄技术呈现多元化发展趋势，电视节目的画面质量得到极大程度的提高。电视灯光作为荧屏视觉呈现的重要一环，是电视节目编导在创作构思中不可或缺的元素。如何将电视灯光服务于电视节目，呈现于电视荧屏，并在节目制作环节中保持较高的品质，是电视编导无法回避的问题。

我们通常把摄像机比作人的眼睛，其实摄像机就是人眼的仿生机器。眼睛看到的东西是经过大脑处理后给人的印象，所以是极易产生错觉的，而摄像机却不能。但是，摄像机和眼睛一样所接受的光通量是由光圈的大小控制的，图像通过镜头聚焦成像在感光表面上。摄像机把景物的光信号变成电信号，电视机再把电信号变成光信号。目前的摄像机对光的“适应能力”还远不如人的眼睛，因此，作为电视节目编导需要认识和了解摄像机与光线之间的关系，从而更好地掌握画面效果。

5.1 电视灯光基本元素

灯光是电视艺术的灵魂。如果说，画家用画笔作画，那么，光线就是灯光师的“画笔”。光位、光质、光色、光束、光比等就是电视灯光的基本元素和语言。电视节目编导与灯光设计师们就是用这些基本元素，通过灯光特殊的语言画出一幅幅绚丽多彩、生动活泼的电视画面。

艺术创作离不开人的思想、情感、参与和审美意识，人是一切艺术创造的主导因素。电视灯光艺术的创作和其他艺术一样来源于生活，生活是这门艺术创作的依据，电视灯光塑造表现的一切气氛，其效果都是来自于现实生活，是对生活中各种光线的模拟和在模拟的基础上进行的艺术创作。

电视节目编导在了解灯光的基本常识和掌握灯光设备使用技巧的前提下，通过丰富的想象力和创作才能，巧妙地运用灯光手段，描写人物情节和场景空间，恰当地表现光影视觉效果，塑造特定的剧情环境画面，制作出高质量的优美电视画面。就好像一个作家生活积累越多，他的文学作品也就越丰富多彩一样。作为一名电视创作人员，要不断积累生活中各种光线的模拟和在模拟的基础上进行的艺术创作，提高自身的艺术修养，才能用光的语言，光的色彩渲染电视节目的不同场景气氛。

5.1.1 光位

顾名思义，光位是指光源所在位置与角度，是指电视节目录制空间中灯具所处的具体投射位置和方向，是以被拍摄者朝向为基点划分的。光位可根据空间位置的不同划分为水平分布光位和垂直分布光位。水平光位与垂直光位是形成布光造型的直接因素（图5-1、图5-2）。

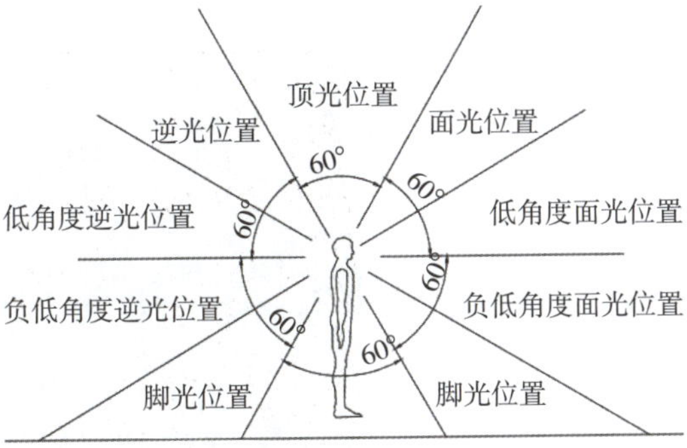

图5-1　垂直分布光位

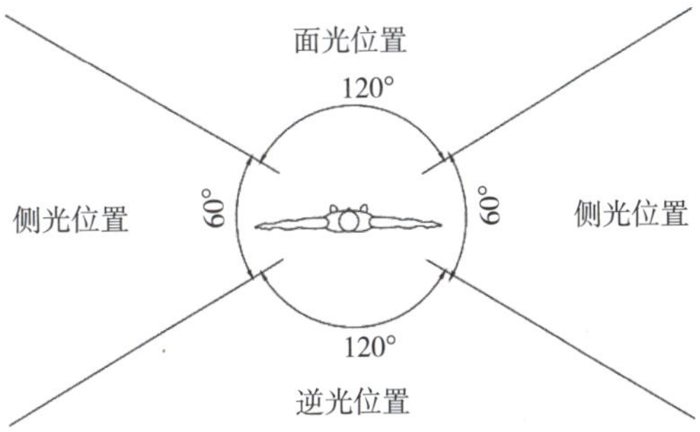

图5-2　水平分布光位

在电视节目拍摄中，常用的七种光位分为正面光、斜侧光、侧光、侧逆光、逆光、顶光、脚光。

5.1.1.1　正面光

正面光是指灯位设置在被拍摄人物和演区正前方的位置上，如图5-3所示，人物、灯位、摄像机基本上在一条轴线上。在这种灯位布光下，人物正面均匀受光，光比小，主要表现为脸部前面很亮，产生平淡的照明效果，造成没有光影、缺乏纵深感、整个头部立体感较差的感觉。

正面光位投射的光线，在物体表面上的均匀性，常被用来为表现大面积的背景布光。如演播室的天幕，人物抠像背景等。

5.1.1.2　斜侧光

光源、被摄体和摄影机在水平面上约成45°角叫作斜侧光（图5-4）。被摄体具有较大的受光面和较小的背光面，既能看清全貌，又具有一定的

图5-3　正面光

图5-4　斜侧光

立体感，有显著的明暗差别，能较好地表现质感和形态感。斜侧光是摄影艺术中运用较多的光线。

5.1.1.3　侧光

光源、被摄体和摄影机在水平面上成90°角时叫作侧光（图5-5）。在侧光照明下，被摄体受光面、背光面各占一半，投影在一侧，就是我们常说的“阴阳脸”光线。虽然物体看不清全貌，但亮面、次亮面、暗面、次暗面和明暗交界线等五种影调显著，层次丰富，立体感较强。如果被摄体有粗糙的表面，在侧光下可获得鲜明的质感。有时它能夸大表面粗糙不平的结构，造成强烈的造型效果。

图5-5　侧光

对侧光的运用，要注意受光面和背光面的亮度比值，即处理好光比。

5.1.1.4　侧逆光

侧逆光又叫后侧光，光线来自对象后侧方向（图5-6）。光源、被摄体和摄影机约成135°角。被摄体大部分背向光源，受光面呈现为一个较小的亮斑，或勾画出对象的轮廓和形态，使其与背景分离，画面具有一定的空间感和立体感。

侧逆光在造型上能使画面增加一块亮斑，加大景物亮度范围，使画面生动活泼。

图5-6　侧逆光

5.1.1.5　逆光

逆光是从摄影机相对方向投射的光线，光源、被摄体和摄影机约成180°角（图5-7）。在逆光条件下，只能看到物体背光面，而看不见受光面，缺乏立体感和质感表现，但物体具有明亮的轮廓光照明，轮廓形态鲜明。逆光能再现出透明体的质地感觉。

在造型中，逆光能使主体与背景分离，从而突出主体。在环境造型上，逆光能加强大气透视效果，使画面空间感加强。

在现实生活中，逆光条件下的景物背光面主要受蓝色的天空散射光和彩色的环境反（透）射光照明。在现代的影视技术条件下，可以充分地再现出背光面的色彩，所以逆光条件下拍摄能使画面色彩丰富。

图5-7　逆光

5.1.1.6　顶光

顶光是来自被摄体顶部的光线，当光源的高度超过60°角时，就形成顶光效果（图5-8）。顶光照明下，水平面照度较大，垂直面照度较小，反差较大，缺乏中间过渡层次。照明人物时，使头顶、眉弓骨、鼻梁、颚骨、上颧骨等部分明亮，而眼窝、鼻下、两颊处等较暗，形成骷髅形象，丑化人物。顶光是反常的光线，但是在自然光效法中，只要把光比处理得合适，不一定形成反常效果，有时也能表现出自然光的真实感觉。

图5-8　顶光

图5-9　脚光

5.1.1.7　脚光

脚光是来自被摄体下方的光线，光源低于视线（图5-9）。光影结构与顶光相反，同样是反常光线，在传统光线处理中，脚光丑化人物形象，造成恐怖、怪异的视觉效果，也可以用来表现特定光源光线特征，如夜晚在地面上的灯光、篝火光效等。

5.1.2　光质

光质就是指光线的性质，不同类型的电视节目对光质的要求不一。由于光源种类不同，光照路径不同，或者同一光源光照条件不同，就产生了不同性质的光。从光的投射方式来区分，把光的性质分为直射光、散射光、反射光。

直射光：照射到物体上时能产生清晰投影的光线被称为直射光。自然光如太阳光、月光、闪电等，人工光如聚光灯、高亮度反光板、蜡烛、点状家用钨丝灯等的光。

散射光：经过漫反射产生的光线，称为散射光。散射光的特点是光质柔和，光线方向性不明显，投影被虚化，明暗光比小。如自然光中的天光、阴天中的散射光、人工光中的散光灯灯光等。

反射光：经过反射后照射到被照目标上或反射在视觉感官的光线，称为反射光。光源通过反射面反射出的照明光效可以称之为间接照明，反射面的平滑程度决定了反射光光质效果。

从艺术造型的角度，从光的光质特性上来区分，分为硬光和软光。

5.1.2.1　硬光

硬光为光线方向性强，照射范围容易受到严格控制的光线。其特性为：光照强烈，光线的聚集性好，阴影有边缘（图5-10）。

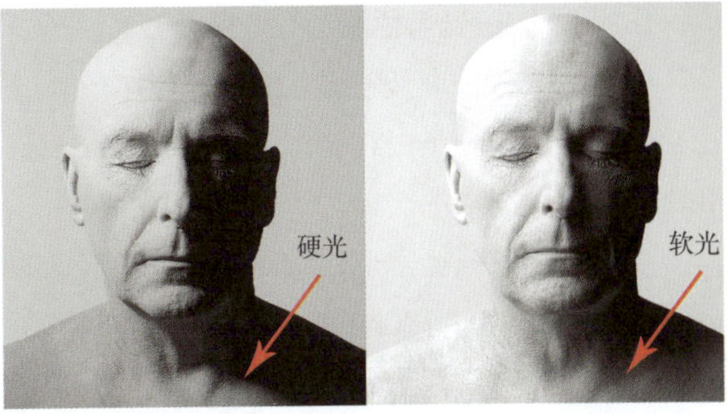

图5-10　硬光与软光

硬光在布光造型过程中是常用光线，常作为主光。它具有鲜明的造型性能，可显示仪态和形状，揭示被摄目标的线条和表面特征，质感清晰。

从画面造型效果上看，直射光光质很硬，鲜明有力，被照射目标的光比很大。这些造型特点如果用在人物布光上，可以表现人物刚毅的性格，能刻画出人物皮肤质感，塑造出“性格人像”；如果用在环境布光上，可以充分显示景物立体感、纵深感和质感，使景物层次分明。因此，为了勾画物体的轮廓而大面积的采用硬光，特别是在以深色为背景时，硬光在烟雾的作用下可充分显示“光束环境”效果。

5.1.2.2 软光

软光又叫柔光（图5-10）。能形成柔光的光源有很多，可以是光源通过具有一定密度的介质柔化后照在目标上形成一种散射光，可以是人工光源中通过柔光纸发散聚光灯形成的光线，可以是提供漫射性无影光的柔光灯光线，也可以是打在表面粗糙的反光板上或者墙壁上形成的反射光等。

软光照明范围宽广，光照强度均匀。其特性为：它造成一个中间格调的区域，照明的主要部位向远处逐渐变暗。软光在布光范围内形成的杂散光不易受到控制。

软光在布光造型过程中主要被用作基本光和辅助光。基本光就是用柔光在布光面积内全面铺光，它可以防止布光不均匀而出现的暗区，降低画面总体对比度，使明暗对比度的范围保持在视频的宽容度之内。柔和的基本光有助于对比出硬质主光的造型。软光作为辅助光时可缓和硬光所固有的生硬度，冲淡阴影。

软光也是一种图像布光造型形式，可以利用散射光描写细腻质感的高调人像。柔光用在环境光上容易产生平淡的无立体感又无生气的图像，景物的透视感、立体感和纵深感受到削弱。在实际工作中应该有目的地控制使用。

5.1.3 光色

光色就是指光线的颜色。光色的运用为我们产生了丰富多彩的电视画面。多彩的LED光源，为电视节目编导的画面创作提供了无限的色彩空间。

根据物理学，物体的色彩由两部分构成：首先来自光线。色彩是光波的表现，不同的光波，色彩感觉不同。其次是物体表面对光波吸收、反射功能的特征。若白光照在不透明物体上，物体将红色光发射，将其他颜色的光全部吸收，则它是红色的。若用红光照射在一个白色物体上，则白色物体就变成了红色。物体颜色的不同，会给人不同的视觉感受。

5.1.3.1 白光与色温

一般认为光线是无色透明的，称为白光。然而1666年，科学家牛顿把一束光线通过三棱镜分解成为一条由红、橙、黄、绿、青、蓝、紫等色光构成的光带，证明了白光是由各种不同色光组成的。

今天科学家已经发现，激发人眼色彩感觉的是光的波长，不同波长的光线色彩感觉不同。如，波长640～760nm的光产生红色的感觉，而波长492～565nm的光产生绿色的感觉。

每种色光范围内都有不同程度的色彩变化，如在波长640～760nm范围内的红光，也不是同一种红色，而是有着微妙差异的不同的红色光。同样，在两种色光之间（如黄光与绿光之间），也存在着逐渐过渡的色彩。因此光谱中的色彩非常丰富，远远大于划分的七种色彩。

人的眼睛对色彩感受是非常敏锐的，光谱中每相差1nm波长的变化，视觉几乎都能分辨出色彩的差异。

太阳光的光谱成分是很稳定的，但是它到达地面之前，经过大气层的折射和透射，已改变了原有的光谱成分。大气层像一个变化着的滤色镜，晴天的阳光被天空大气层“滤掉”得少些，阴天某些光波被云层阻挡而减弱，另一些光波则很少被吸收，因此阳光的“色彩”成分被改变了。

人工光由于光源种类的不同（油灯和电灯），发光原理和方式不同，因此光谱成分各不相同，并有较大的差异。不同光谱成分的白光，说明白光是相对的，具有一定的“色度”。

长期以来人们白天在阳光下生活，晚间在油灯或电灯下生活，并没有感觉到光线（色彩）有何差异，都把他们感受为白光，这是由于人眼具有色彩的适应性的缘故。但是电视摄像管却没有这种色彩的适应能力，它对白光的色度是非常敏感的。因此了解白光色度特性，对电视工作者是十分必要的。

表示光线冷暖特征（即色度）的概念，便是色温。色温是利用绝对黑体辐射光的色度与温度关系来标志白光色度的一种方法。

我们所处的环境色温差异很大，如阳光的色温是5500K，烛光的色温是1800K，而一般家庭使用的白炽灯色温为2800K。如图5-11所示，不同色温的光线照在同一物体上，会改变物体色彩的表象。在电视节目的拍摄中，编导可以根据不同的拍摄主题和要求来调整色温的高低，例如在拍摄怀旧纪实类节目中可以故意降低灯具的色温。

白光拍摄　　高色温拍摄　　低色温拍摄

图5-11　不同色温拍摄

当摄像机与照明光线色温不匹配时，色彩发生变化，为了使色彩正确还原，可采用下列方法解决：①改变光源色温（调节灯具色温参数，或者在灯具上面安装滤色纸）。②更换光源，使之相匹配。③调节摄像机白平衡。④在摄像机镜头前放置一块校正色温的滤色镜。

5.1.3.2　色彩的三属性

如图5-12所示，色光像色彩一样具有三种属性：

（1）色相　即色光的种类，在自然光光谱中是红、橙、黄、绿、青、蓝、紫。相当于一条狭窄的光谱频带或主波长。

（2）饱和度　在色彩学中是指色彩纯度，即色彩的含灰量，含灰量越大，色彩饱和度越低。在色光中，饱和度同样是指色光的纯度。它是由色光与白光的混合程度决定的，白光含量越少，饱和度越高。

（3）亮度　亮度的含义比较广泛，在不同场合有不同的意义。在照明中，亮度有时是指光源发光的强度；有时是指物体表面反射光的强度（如雪是亮的、煤是黑的）；在曝光表上，亮度是指光线强度的绝对值；在画面构成中，物体的亮度是指物体之间亮度的对比关系。

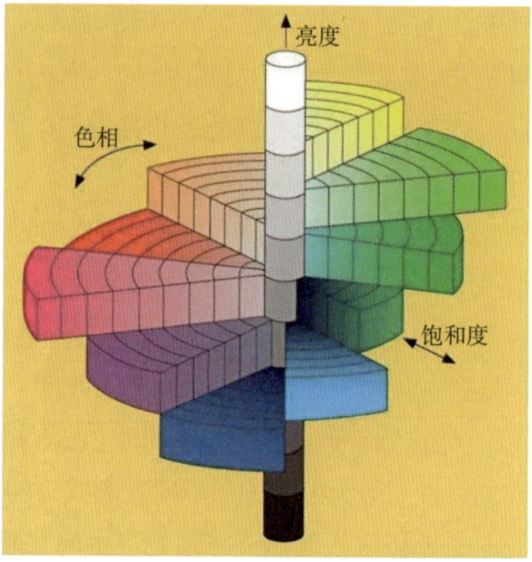

图5-12　色光的三属性

5.1.3.3　光色的物理特性

光色的物理特性主要表现于冷暖感觉、大小感觉、远近感觉和轻重感觉等诸方面，电视节目编导可以巧妙地运用光色的物理特性表现特定的视觉画面。

（1）冷暖感　不同的可见光谱波长、不同的颜色刺激人眼，会产生不同的冷暖感觉。在可见光谱中，长波波段的颜色产生暖的感觉，短波波段的颜色引发冷的感觉。一般而言，红、橙、黄颜色称为暖色，蓝、青等颜色称为冷色。白、黑系列介于两者之间，是中性色。冷暖是相对的，冷暖的程度还与明度、饱和度的大小有关系。

（2）大小感　几个尺寸一样、不同颜色的块面看起来大小感觉也并不相同，它与颜色的明度和色调有关。一般来说，明度大的块面看起来比明度小的块面显得更大些，暖色物体要比冷色物体看起来大一些。

（3）远近感　不同颜色还会产生远近的感觉，它也与颜色的色调、明暗相关。一般而言，在相同视距上观看不同的颜色，暖色看起来近些，而冷色感觉远些；明度高的显得近些，而明度低的显得远些。

（4）轻重感　人眼对不同颜色又会产生轻重的感觉，它主要取决于颜色的明度值。一般说来，明度高的有轻的感觉，明度低的有重的感觉。色调的不同也会对颜色轻重感有不同程度的影响。

5.1.3.4　光色的心理特性

灯光色彩包含了物体色彩和灯光的色彩以及心理和生理因素的影响，反映在观众视觉中虽然是一种物理现象，但在电视画面的构成因素中是最具表现力和感染力的，可以起到渲染环境、烘托气氛、表达情感等方面的作用，电视编导可以根据节目的变化要求对场景和嘉宾的服装、化妆及演播室空间的整体色彩气氛进行调节，使灯光色彩变化和场景色彩和谐统一。

不同的色彩、色调展现出不同的场景、不同的节气、不同的时间等，还使人产生不同的情绪反应。一个画面色彩效果的体现必须在不同色彩的相互搭配和对比中产生。灯光色彩设计与布景、服装、化妆的关系密切，节目编导要协调好各部门的工作关系。

表5-1列出颜色的情感性和联想象征性的一般表现，供参考。

表5-1　光色的心理特性

颜色	情感	联想
红	热情、火热、活跃、激怒、革命、勇敢、警觉、危险	血、太阳、日出、火、战争、格斗、火拼
橙	诱惑、威武、权势、愉悦	日落、火焰、秋、甜橙
黄	光明、快乐、希望、高贵、嫉妒	皇袍、水仙、柠檬、佛光
绿	和平、平静、理想、悠闲、青春、新鲜、安全、希望	草原、植物、树林、海洋
蓝	宁静、神秘、冷静、优雅、悲哀、追忆	天空、海洋、远山、月夜
紫	高贵、优雅、华美、庄重、神秘、宗教、幻想	梦、仪式、死亡
白	洁白、光明、神圣、快活、纯洁、悲伤	雪、白云、日光
灰	不鲜明、不安、忧郁、不明朗	阴天、灰烬
黑	寂静、沉默、恐怖、罪恶、悲哀、失望、伤感	黑夜、黑洞、墨、墨汁、黑幕、黑纱

5.1.4　光束

光束效果是现代电视节目舞台上最常用的手法之一。特别是电脑效果灯所产生的光束能够在烟雾器产生的烟雾中，编织出无限变化的空间光束造型（图5-13）。

发挥灯光的多变特性，打破时空、丰富时空、随情转换、利用灯光的色彩、光束的构图、电脑灯的动感及图案选择、丰富合理的变化节奏，使一幅幅有主观思想、有明确情感倾向、极具震撼力的生动画面展现给观众，就是电视灯光光束的目的。

图5-13　浙江卫视《梦想的声音》光束效果

5.1.4.1 光束造型

利用现代化灯具把灯光和景物融为一体，通过动感的灯光效果和变化的光束造型，创造不断变化的流动的舞台气氛、意境及画面。可以说，灯光就是运用色彩的旋律、节奏的变化、光束的舞动，在真实的立体空间中，为电视节目、为舞台动作做着无声交响乐的伴奏。

随着电脑效果灯功能的不断强大，在演播室电视节目制作过程中，使用了大量的电脑效果灯。电脑效果灯丰富的光束变化效果为布光设计开辟了丰富的创作空间。尤其是光束的运动变化，为灯光的变化增添了新的活力。空间的光束构图及电脑灯恰如其分、画龙点睛地使用及节奏的变换，使灯光运用获得令人震撼的效果。

5.1.4.2 光束扫描

电脑灯与普通灯具的最大区别就是它的光束能够在使用空间内做全方位的扫描运动。这种运动变化的效果，能够使灯光的变化更加多样化，使布光设计更加简单化，使灯光的操作更加程式化、智能化，能够做到一灯多用，可大大减少灯具的使用数量，从而更进一步增加灯光师的创作空间。

5.1.4.3 光束旋转

电脑灯的光束在特定装置的驱动下转动，能够产生一种遥远的宇宙空间的效果，给人一种更加空阔的空间感觉。转动的光束与静态的光束配合使用，在演出空间内造成动中看静、静中有动的空间环境，产生一种热烈祥和的氛围。光束旋转在录制综艺晚会和歌舞节目中经常使用。

5.1.4.4 光束图案

光束的图案千变万化，再加上图案的转动和翻滚，增加了光束的技术内涵。变化多端的电脑灯图案不仅能够做自身转动，还能够产生连续滚动的艺术效果，滚动的图案能产生不断变化的空间感觉。

5.1.4.5 光束颜色

颜色本身就是舞台上变化最丰富的灯光效果之一，如果再加上滚动和渐变效果，灯光的语言就变得更加丰富多彩。

5.1.5 光比

在了解光比之前，我们先来了解一下光的计量单位。在影视照明中，我们主要用到光的两种计量单位：照度和亮度。

照度：指被摄体表面的受光程度，以单位面积上所接受的光通量来表示。单位为勒克斯（Lux）或尺·烛光（fc）。

接下来，我们再来了解电视照明中的常用术语——光比，它是指投射光在被摄对象上形成的亮与暗之间的亮度值或照度值对比。光比的大小决定着画面的明暗反差，形成不同的影调、色调效果，表现出不同的造型效果和艺术气氛（图5-14）。

图5-14　光比

标清摄像机容许的对比度一般为30：1，高清摄像机的容许值能达到250：1。也就是说，只有当对比度在这一动态范围内时，景物亮度才能正确地按正比例关系重现。布光设计的任务，就是要在摄像机的动态范围内，控制景物的亮度范围，使其恰好容纳在重现的画面之中，使得景物的层次、质感、色彩等获得良好再现，使画面在技术和艺术上都达到最佳效果。根据摄像机图像的对比度要求，标清演播室照明光比要控制在2：1之内为宜，高清摄像机却能达到更高的光比显示。

恰当地运用光比，可使所拍画面的影调、影像层次和色彩与色调层次都具有良好甚至美妙的效果，从而增强画面的艺术表现力和感染力。

5.1.5.1　光比的测量

照度的测定是为了给摄像机的正常工作建立一个基准照度。测量时，应把测光表靠近被摄景物的前面并对着摄像机的方向。这样做是应对该景物有效的所有光源，包括面光、辅助光和逆光等。为了测量某种光型的准确性，测量时要关闭不必要的其他光源。

常用的照度（亮度）计量仪器是测光表（图5-15）。利用测光表进行测光时，一般为照度测量和亮度测量两种。

测光表可分为两大类，一类是用于测量被摄景物接受的入射光，称为入射式测光表，也叫照度式测光表。测光时，测光表直接朝向照明光源或摄像机方向。另一类是用来测量被摄景物的反射光，称为反射式测光表，又叫亮度式测光表。使用时，必须把测光表朝向被摄景物，测出该景物各个部位的平均亮度。入射式测光表和反射式测光表在使用上各有优点和缺点，大多数的手持测光表都合二为一，同时兼有两种以上的测光方式。

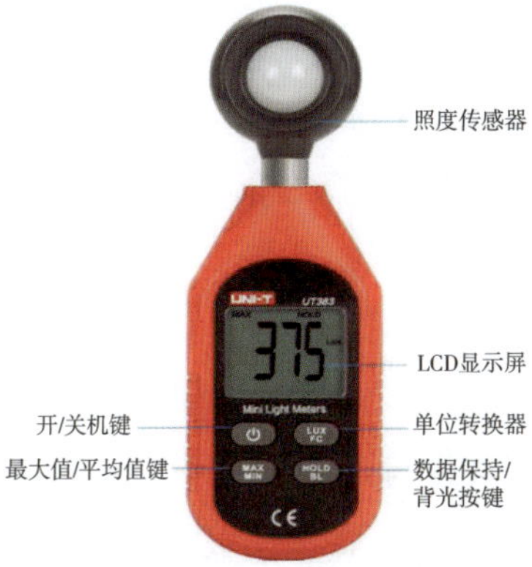

图5-15　照度计外形结构图

若要检查场景中光线的分布情况，例如是否均匀，拿着测光表在场景中走动，测光表指向主要的摄像机，根据测光表读数变化的大小、便可了解光线的分布情况。为了获得准确的测量结果，应注意测光表的位置和测量方向。

5.1.5.2　光比的控制

在为电视节目布光时，要适当控制被摄物体的照明对比度。通常情况下，控制光比的规律有：

①对于高反射系数的景物，如浅色物体、光亮表面等，因其对光线的反射较多，所以要相应地降低其上的照度。

②尽量不要将两个反射系数相差较大的景物放在相邻位置上，以免造成过大的对比度。例如人物应避免同时穿白上衣和黑裤子。

③对反射系数小的景物，即场景的暗部，可适当增加照度，以降低亮部与暗部的对比度。

在电视节目照明的实际工作中，我们还要充分利用即时电视画面的情况，对照明光比进行适度调整，要以拍摄出高质量的画面为目的，不能被传统的光比概念所束缚。特别是在为高清电视节目布光时，更要灵活掌握。

5.2 摄像机特点及对照明的要求

没有光线的参与，没有照明条件，摄像机是拍摄不到任何东西的，是无法完成拍摄任务的。有了光线，有了照明也不一定能很好地完成拍摄，摄像机对拍摄环境的照明条件也是有一定要求的。

在摄像机的性能参数中，灵敏度是一个极其重要的参数。它不仅在很大程度上确定了电视画面景深、图像的色饱和度，还影响着演区照度的大小。而演区照度的大小对演播室使用性能及建设成本影响非常之大。因此，这个问题是一个应该重点讨论的问题。

其次，摄像机的感光器件远远不能和人眼相媲美。资料显示人眼可以造应25倍的光量变化，再加上人的视神经的调节作用，它可以适应50万倍的光量变化。但摄像机却做不到，这就需要我们为被拍摄对象实施照明条件的改变，以适应拍摄，这就是通常所说的光比控制。

另外，人眼对于光的颜色也有极强的适应能力，只要光线中包括大部分光谱，眼睛就会把异常广泛的变化视为白光，这就是所谓的“同色异谱”现象。但摄像机却做不到这一点，它需要人为地进行干预和调整，才能把不同色温的白光进行正确的还原，这就是所谓的白平衡调整。

5.2.1 照度要求

不同灵敏度的摄像机，对照度的要求是不同的。灵敏度高的，要求的照度低一些；灵敏度低的，要求的照度就要高一些。只有满足了摄像机的照度要求，才能保证摄像机处于最佳工作状态，获得高质量的画面。例如JVC KYD29E的灵敏度是$f1=11$，最低照度为4 lux（$f1.4$，+18dB），索尼BVP-300A的灵敏度只有$f1=4.7$，最低照度为20 lux（$f1.4$，+18dB）。

摄像机的曝光量与被摄对象的平均亮度成正比，与曝光时间成正比，与光圈开度（面积值）成正比。摄像机灵敏度的高低，主要取决于光靶的材料和性质。

根据实验，现代高清摄像机在演播室拍摄时，人物面部照度在750～1500 lux，光圈F在5～8时，画面还原效果最佳。

在外景自然光照明的条件下，通常的问题是照度过高。此时若不做调整就会使画面曝光过度，影响图像质量。一个解决的办法是用中性滤色片（中性灰度镜，简称ND镜）来调节进入摄像机的光通量（图5-16）。这种滤光作用是非选择性的，也就是说，ND镜对各种不同波长的光线的减少能力是同等的、均匀的，只起到减弱光线的作用，而对原物体的颜色不会产生任何影响，因此可以真实再现景物的反差。表5-2列出了常见的三种规格的中性滤色片。

图5-16 中性滤色片

表5-2 三种常用规格中性滤色片参数

规格	曝光倍数	透光率/%	光圈变化/档
1/4ND	1/4	25	2
1/8ND	1/8	12.5	3
1/16ND	1/16	6.25	4

5.2.2　光比要求

电视摄像机的CCD或CMOS的曝光曲线是有限制的。在其最高和最低曝光曲线范围内，再现色调总是与被摄物体的色调成正比，当达到它的极限值时，所有的色调再现成一片空白或漆黑。

摄像机容许的对比度也可以称为宽容度，是1∶30。也就是说，只有当对比度在这一动态范围内时（即对比度小于1∶30，如1∶20），景物亮度才能正确地按正比例关系重现。资料显示，现代摄像机的动态范围能达到600%，好的摄像机能够在很大的照度范围内都能够完美还原成像。现代摄像机的灵敏度有了很大的提高，容许的对比度能达到1∶250。但是毕竟这还是有限的，也就是说，只有当对比度在这一动态范围内时（即对比度小于1∶250，如1∶200），景物亮度才能正确地按正比例关系重现。

电视照明的任务，就是要在摄像机的动态范围内，控制景物的亮度范围，使其恰好容纳在重现的画面之中，使得景物的层次、质感、色彩等获得良好再现，使画面在技术和艺术上都达到最佳效果。

运用不同的光比，可使景物表现出不同造型效果和艺术氛围。在艺术纪录片《局部》每一集的片头画面中（图5-17），我们看到讲述者陈丹青先生身后的书桌、雕塑、绘画作品从后往前依次亮起，不同的光比展现了丰富的层次感和具有感染力的艺术效果。

图5-17　纪录片《局部》片头

5.2.3　色温要求

物体呈现给我们的颜色除了与其反射特性有关，还与照明光源的光谱成分有关。为了使所拍摄物体的色彩还原正确，光源间的色温要一致，光源与摄像机的要求要一致。

随着LED光源的大量使用，不同批次不同品牌光源的色温相差很大，在使用时要进行色温平衡，要通过一定的技术手段使得照明环境中多光源之间要达到平衡一致。在拍摄前应对摄像机进行白平衡调整，以达到照明光源与摄像机之间的色温平衡。

白平衡调整的基本原理是：将不同光源条件下白色物体的入射光在摄像机内部进行色温变换，等效为3200K色温的光图像，即经过调整，使摄像机在不同光源条件下拍摄的白色物体在摄像管或CCD上输出的图像电信号与R、G、B三路预放器的额定输入相符合，使R、G、B三路处理放大器产生的R、G、B三基色信号幅度相等，以达到白平衡的目的。这一过程是通过变换摄像机前部的滤色轮和通过自动电路调整R、G、B通道的增益来实现的。

当景物光源为5600K（如户外日光）时，则使用5600K一挡滤色片；当景物光源为4700K时，则使用4700K一挡滤色片；当景物光源为3200K时，则使用3200K（CLEAR）一挡滤色片。总之，先要把入射光信号的光谱能量分布统一和变换成相当于3200K时的光谱分布，使到达CCD或摄像管靶面上的光图像能量相对均衡，使摄像机的R、G、B通道的预放电路、处理放大器电路、自动白平衡电路等都处于最佳的工作状态，以获取高杂比、色调正确的图像编码信号。

5.3 演播室布光的方法与技巧

5.3.1 演播室照明常用灯具

5.3.1.1 光源

电视节目拍摄中，我们主要运用到以下几种光源：白炽灯、卤钨灯、镝灯（金属卤化物灯）、荧光灯、发光二极管LED灯。

图5-18是常用的低色温光源钨丝灯，是热辐射连续光源，发光效率相对较低，点燃时产生大量的热量，无频闪效应，点燃不需要镇流器。

图5-19是常用的高色温光源镝灯，为气体放电光源，发光效率高（比白炽光源要高2～3倍），发热量不大，相对钨丝灯不怕振动，牢固可靠，需要镇流器，如需去频闪效应，则需要特殊的电子镇流器。

图5-20是三基色荧光灯，俗称Kino管灯，这得名于美国的Kino Flo公司研发并大力推广的通过灯内颜料配比调和制作的荧光灯，它既有低色温，也有高色温。

如今各大器材商生产出了很多以LED为发光材料的电影灯具，图5-21为发光二极管LED光源。因为目前大型LED照明灯具的成本较高，所以小型LED照明灯具在拍摄中应用相当普遍，它往往设计轻巧，携带方便，无需镇流器，适配电池的LED更可以摆脱对电源的依赖。

其中白炽灯和卤钨灯的发光较低，镝灯、荧光灯、发光二极管的发光效率则比较高。

图5-18 低色温光源钨丝灯泡

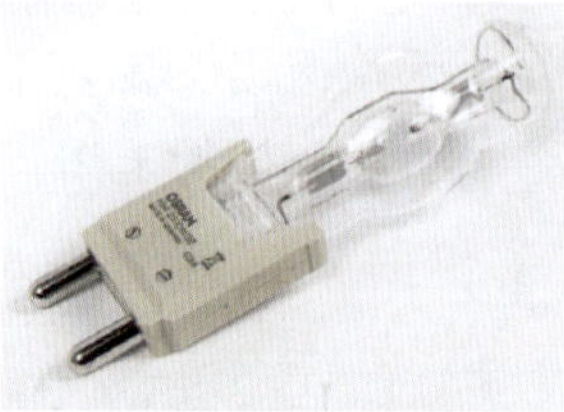
图5-19 高色温光源镝灯泡

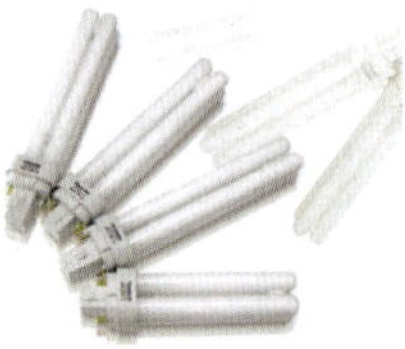
图5-20 三基色荧光灯泡

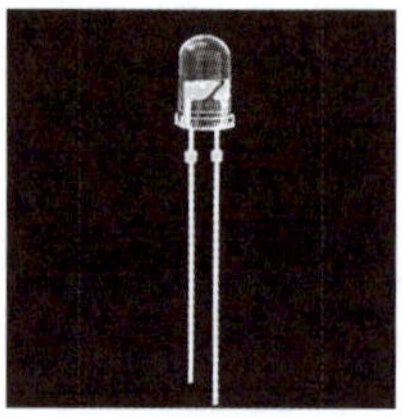
图5-21 发光二极管LED光源

当光源色温与感光材料的平衡色温一致时拍摄色彩正常还原；当光源色温高于感光材料的平衡色温时画面色调偏蓝青；而当光源色温低于感光材料的平衡色温时画面色调则偏橙红。

在实际拍摄中，利用色温控制影像效果是很常用的技巧：拍夕阳的时候，可以使用较高色温值，如5600K，这样拍出来的色调会较红润，颜色较饱和。

5.3.1.2 灯具

（1）三基色日光灯 如图5-22，这是一种摄影日光灯，轻便省电，主要用于调整环境亮度，光质良好。这类三基色柔光灯的输出光通量大、照射范围宽、整个照射区域内的光线均匀柔和。在影视布光中，主要用于基础和辅助照明。在没有更好的主光源的情况下，也可将该类灯具用于主光源，如光比控制得好，效果会很理想，但难满足强烈造型效果的要求。

（2）LED平板柔光灯 随着LED光源发光效率大幅提升，以及灯具制作水平的提高，今天已经进入LED灯时代，LED平板柔光灯（图5-23）一般采用高显色指数小功率LED作为发光元件，形成大面积矩阵发光形式。该灯具具有光效高、显色性好、眩光值低和寿命长等诸多优点。

（3）影视聚光灯 也称为菲涅尔聚光灯（图5-24），采用的是点状光源，投光范围较窄，光的方向性很强，能调节投光范围和光线强度。光的质量高、照度均匀，是理想的局部投光效果的照明器具。主要分为钨丝低色温聚光灯和HMI高色温聚光灯。

图5-22　三基色日光灯

图5-23　LED平板柔光灯

图5-24　影视聚光灯

（4）红头灯　如图5-25所示，这是一种调焦柔光灯，主要用于人物照明，光束范围可以调整，操作轻便。

大部分的摄影用灯具都可以微调灯光的焦距，使其聚光或散光些。

图5-25　红头灯

5.3.1.3　常用附件

（1）遮光板（图5-26）　使用这种附件的目的，在于防止灯具射出的照明光束到达布景的某部分。要想得到界限分明的轮廓线，就得划定照明区域与未照明区域边界。

（2）漫射器（图5-27）　这些缝在各种不同类型和大小的铁丝框架上的漫射体，能使人工光和自然光产生漫射。它们通常是些半透明的材料（如各种纺织物等）。

（3）反光板（图5-28）　反光板被广泛地用于改变阳光的照射方向及特征，以使之适用于布景照明。常用的反光板有各种各样的尺寸和结构，经过不同表面处理的材料，可制成各种反光面。

图5-26　遮光板

图5-27　漫射器

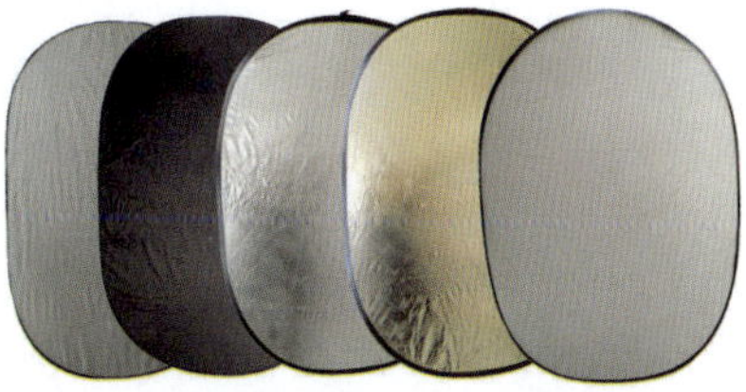
图5-28　反光板

5.3.2　人物布光的基本方法——三点布光法

三点布光法，是人物摄影照明中的基本布光方法，它用主光、辅助光、轮廓光对被摄者进行布光，有意识地在被摄者的面部造成阴影，使之有明暗变化，但整体影调并不超出摄像机的动态范围，而且还能使被摄者与背景明显区别开来。这种布光方法在具体使用中并没有把三种光固定在某个位置，它是按被摄者的脸型来确定主、辅光的位置，而且实际上在三种光之外还使用一些修饰光来掩饰或突出某种特点。这种布光法适合电视新闻类节目给播音员布光，对多人的大场面也可以参考这种方法进行布光设计。

三点布光法起源于荷兰画家伦布朗，他的人物肖像画中，对人物面部的光影处理采用了明暗对比较强的效果（图5-29）。图5-30这种布光方法在人物正脸部分形成一个三角形的光斑，故也称作“三角光”。

我们来对比一下，在摄影棚中，运用普通正面光（图5-31）和伦布朗式布光法（图5-32）分别对被拍摄者进行布光的效果。我们可以感受到，斜侧方向的投光角度使人物立体感更丰富，更具有表现力。

图5-29　伦布朗自画像

图5-30　三角光

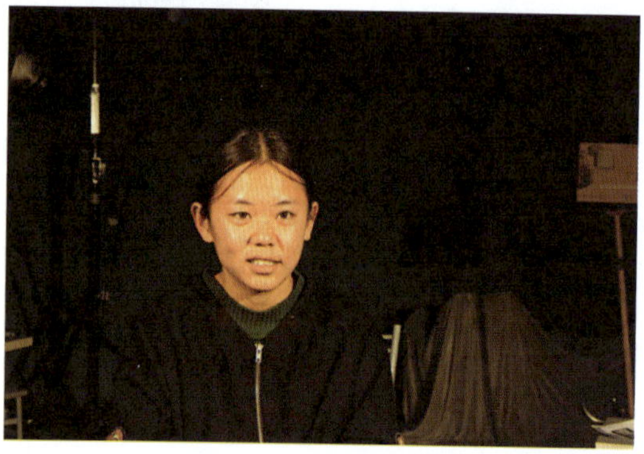

图5-31　普通正面光拍摄

图5-32　伦布朗式布光法拍摄

5.3.2.1　三点布光的概念

静态布光中以三点布光法为蓝本，对人物进行三点布光造型。如新闻演播室对播音员的布光造型，专题访谈、人物采访等的布光，就连人像摄影也要遵循三点布光才能美化人物。所谓三点布光法，主要是指主光源、辅光源、轮廓光，以及之后为了照亮人物身后的背景而加入的第四种光源——环境光。

（1）主光源　主光源是画面中较明亮的光线，最容易引起人们的注意，因此它是画面造型、构图的重要因素（图5-33）。主光是塑造环境和刻画人物的主要光源，它决定环境光效的特征、光影结构和人物形体的塑造。

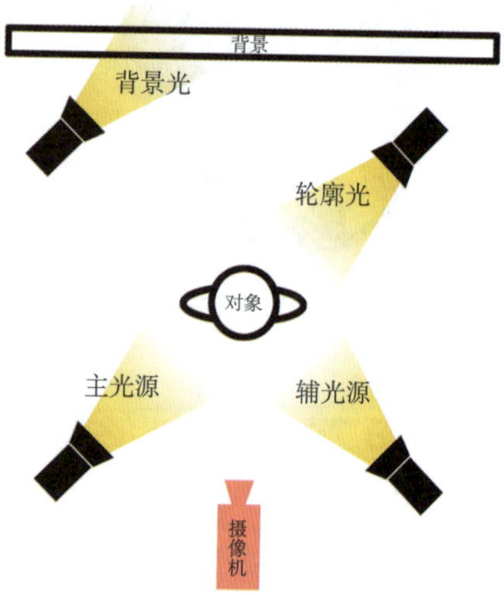

图5-33　三点布光法平面图

主光源的光位一般是：水平光位为15°～45°，垂直光位为15°～45°。水平光位越趋近正面，即0°位置，光影减少，趋向平光化照明效果；反之，则能增加光影、增加造型、增大力度感。垂直光位也一样，越近水平0°，光影减少，趋向平光化照明效果；反之，则能增加光影、增加造型、增大力度感。

主光源必须有光源依据，它直接来自环境中的主要光源。主光源产生的影子，是画面中唯一允许存在的影子。主光是摄影师和照明人员处理光线时首先考虑的光源。当主光源确定之后，也就决定了画面光效和气氛。

（2）辅光源　辅光源也叫辅助光，是主光源所未照到的背光面的光线（图5-33）。它决定景物阴影部分的质感和层次，帮助主光塑造形体。

辅助光一般选择在主光水平光位的另一侧，但不能完全对称，垂直光位在15°～30°。要求均匀照亮，把握好高度和角度，一般采用柔光，主要目的就是为了消除阴影，控制光比。

辅光源一般用散射光照明，不能在物体上形成影子，辅光源形成的影子在画面中是“非法”的，会造成光的失真。辅光的强度低于主光，不能破坏主光的效果。辅光与主光形成的亮度差叫光比，光比是决定画面影调性质和光效气氛的重要因素。

在自然环境中录制节目时，如果阳光做主光，则天空光和地面环境反射光是辅光的依据；在室内，墙壁、家具等环境反射光是辅光的依据。辅光可以有色度，它由环境色彩所决定。

（3）轮廓光　轮廓光，又称为逆光。前两种光布置完成后，需要把物体与环境隔开，产生一种深度与层次。单逆光一般选择在水平光位180°或稍偏190°～195°的位置，垂直光位为50°～60°。逆光的位置选择不宜过高或过低，以能勾画脸颊两侧线条脸部轮廓光效果为佳，并要注意使用对象，不是所有的人都适合双逆光设置。

在主光源、辅光源、轮廓光的共同合作下，完成了三维物体与空间在二维图像中的立体形状。

这就是三点布光法，是最基本的布光法。但是，在电视节目的录制中，我们往往需要照亮人物身后的背景，因此会加入第四种光源——环境光。

（4）环境光　照明主体周围环境的光叫环境光。环境光由光源性质、方向、时间概念、建筑结构、门窗多少以及戏剧气氛等因素决定。它是电视节目画面光效的主要体现部分，决定画面影调、色调和环境气氛的构成。

5.3.2.2　三点布光法的布光步骤

（1）设定主光源　摄影机决定了拍摄环境之后，要考虑主要光源的设定位置和左右方向。“主光”的位置不同会生成正侧光、斜侧光、上侧光、前侧光、后侧光，这是没有限制的，是自由的。白天有太阳，室内有外部光线从窗户流入，晚上室内有电灯，这些自然光源的位置和方向成为各种各样电视场景的主要光源。

那么，在画面中没有光源依据的环境下，应该根据什么来确定新的“主光”位置呢?

第一，我们要考虑：a. 侧光产生影子；b. 受光面；c. 阴影面的明暗反差比例。第二，从物体的形态考虑从侧光的位置来打光，要考虑物体上的反光特点如何。为了很好地传达所拍影像的立体感和质量感，考虑明暗对比度是最重要的工作。

其实，主光的奥妙就是处理影子，然后处理明暗对比度。我们希望光线所达到的地方会产生明暗关系，并且自由处理明暗反差比例——这就是所谓控制明暗对比的技能。

设定好的主要光源，就叫作“主光”。它就成为打光最重要的基本光（Key light），这个基本设定的位置把握好了，即使一个灯光也可以创造出有表现力的好镜头。

（2）设定辅光源　布光的第二步是调节明暗：“主光”照到物体的右面，其左面的部分会过于阴暗，这时要在左面放置一块反光板来进行补偿。这种方法“一举两得”，能以一个灯做两种类别的光亮。但是，反光板必须放置在画面以外。如果“机位”设定为全景，反射光无力到达被摄体的位置，在这种情况下，为了处理阴暗的部分，必须另外增加一个灯光来辅助我们处理明暗关系。

在布光入门阶段，补偿明暗的光位，不能设置在“主光”相反的地方，应该放置到摄影机的正后方。这样正面投射光线，物体投影落到物体后面，可利用物体本身来掩盖其影子。因为多一盏灯，必然多一个影子，画面上应该避免产生两个影子。所以辅助灯光放到摄影机背后是理想的。对这个新增加的灯光，叫作“辅助光”，也叫“辅光”（Fill light）。

（3）设定轮廓光　给人物添加逆光，让头发的轮廓从背景中浮现出来。

作为支配地位的“主光”是必需的，如果能够处理明暗对比度，调节“辅助光”亮度就可以创造出更加有生活感的世界。

如果再增加一个灯光就可以让物体轮廓清楚，并且还可以提高表现力，创造物体的质感、量感及美妙的光泽。基于这样的考虑再增加一个灯光，称为“边光”，也有称“修饰光”“润色光”“神韵光”。

这些灯光，从摄像机方向看去，光位处于演员的背后。灯光师把从演员的背后照射过来的光线，叫作“后侧光”，俗称“逆光”。

布光的第三步是给演员添加逆光，其效果能让头发的轮廓从背景中浮现出来。

（4）设定环境光　设定人物照明的主光源、辅光源和轮廓光，在影视布光中被称为“三点布光法”，这是一种非常经典的布光方法，能够非常好地表现主体人物。除此以外，我们也不能忘记对画面中的背景进行布光，体现环境，营造气氛。环境光照明中，我们可以使用散光型的影视灯具，照亮整片背景，也可以利用灯光道具，例如台灯、蜡烛、壁灯等环境中原有的光源作为环境光照明的一部分。

在纪录片《局部》的这一拍摄画面中（图5-34）采用了典型的三点布光法，不仅对人物进行三维立体照明，同时也交代了拍摄环境。

图5-34 纪录片《局部》运用三点布光法拍摄

5.3.3 电视演播室灯光系统设计

演播室为电视节目编导提供了足够的创作空间，特别是录制综艺节目及大型专题节目的大中型演播室尤为重要。随着电视技术的不断发展，特别是摄像技术的发展，导致电视照明技术在理念上发生了变化。电视制作从黑白画面到彩色图像，从模拟显示到数字技术，从标清节目到数字高清再到超高清电视节目的制作，都需要电视灯光系统的不断改进和不断完善。电视演播室就是为电视节目制作提供一个方便的空间，以满足我们最初的单纯照明发展到今天对艺术效果的刻意追求。

电视制作技术的飞速发展，推动了电视演播室灯光技术的发展。信息化、数字化时代的今天，对电视演播室灯光系统设计提出了新的要求。电视演播室的灯光系统必须与时代相适应，必须为电视节目制作提供一个良好的创作空间。

5.3.3.1 演播室的功能和分类

（1）演播室的规模　演播室的规模指演播室建筑结构的长、宽、高。通常情况下，按照演播室的面积区分为：特大型演播室（1500m^2及以上），大型演播室（800～1200m^2），中型演播室（400～600m^2），小型演播室（250m^2及以下）。浙江电视台特大型演播厅如图5-35所示。

（2）演播室的功能　根据演播室功能类型不同，在设计时要区别考虑。按照功能不同，把演播室区分为：综艺类演播室、专题类演播室、新闻类演播室、访谈类演播室、虚拟演播室。

图5-35 浙江电视台特大型演播厅

5.3.3.2 演播室灯光系统的基本要求

在电视演播室的灯光系统设计中，归结起来有下述几个方面内容。

（1）艺术效果　随着人们对电视节目欣赏水平日益提高，节目编导和灯光设计师为了适应这种变化，要求电视节目和电视灯光艺术效果不断求新求变。电视灯光已从单纯的技术照明要求发展到对灯光艺术效果的刻意追求。因此，在现代电视演播室内留有足够的用于光效变化的艺术创作空间是非常必要的。

（2）高效性与实用性　随着电视频道的增加，电视节目播出量和制作量在不断地增加，这就要求现代电视演播室要以更高的使用效率来应对这种变化。我们必须充分考虑减少节目的搭景布光时间，要充分考虑新技术的应用。比如，考虑灯光系统的多层面交叉作业问题、灯光控制程序和效果的离线编辑等新技术的应用等，从而缩短节目的制作周期。因此，现代电视演播室在高效实用方面要充分考虑。

（3）兼容性和灵活性　现在的电视节目内容丰富多彩，包括新闻类节目、综艺类节目、专题类节目、访谈类节目，还有各种各样的竞赛节目、娱乐节目、互动节目、真人秀节目等。因此，在设计演播室灯光系统时，要考虑到“一室多用”，即演播室的节目制作兼容性问题，以增加电视演播室使用上的灵活性，提高演播室的利用率。

（4）满足摄像机的发展变化要求　摄像机技术的变化使得摄像机对被摄物体的照度要求由过去几千勒克斯降到几百勒克斯，最新的技术表明有的摄像机在不到1Lux的照度下就能获得可以接受的图像效果。因此，现代化的演播室所要求的普通照明灯具数量就要相对减少，同时也就给各种电脑效果灯具留有了充分发挥的空间。

（5）满足高清电视节目制作的要求　高清电视与标清电视比较，产生了较大的变化，主要是电视画面的清晰度的提高和电视画面尺寸的变化，由过去的4∶3变成了16∶9，电视画面明显变宽，从而对场景的照明细节和面积提出了新的要求。电视摄录系统已经步入高集成、高清晰、高灵敏的数字化时代，CCD数字摄像机开始得到广泛应用，摄像机对光强的灵敏度提高了很多，演播室的基本照度值可适当降低。随着高清电视节目的播出和技术的不断成熟和普及，高清电视节目的制作量会不断增加。

5.3.3.3　演播室灯光系统的设计内容

应该如何对现代电视演播室灯光系统进行设计，怎样使演播室最大限度地满足现代电视节目制作的需要呢？下面根据灯光系统的具体要求和设计指标，介绍现代电视演播室灯光系统的主要设计内容。

通常情况下，一般功能性电视演播室灯光系统的主要设计指标如下：

（1）演区照度　根据现代电视演播室通常配置，演区的垂直照度应达到1500 lux。但还应考虑演播室所配置的摄像机灵敏度以及制作节目的具体要求等因素，合理确定灯光照度指标。

（2）灯具选配　要选用性价比高、环保节能的灯具，LED灯可以作为首选灯具。灯具的光学特性和操作性能是考虑的重点，要使用高效节能便于操作维护的灯具。常规灯具选用国际国内先进产品，选型配置必须满足相应的电视节目制作要求。电脑效果灯具选配要合理，要考虑到其更新换代快的特点，以满足近几年的需求即可，绝不可贪多求全。

（3）光源色温　常规灯具（卤钨灯）色温要求为（3050±150）K；LED灯色温为

（3050±150）K或（5600±250）K；电脑效果灯（金属卤素灯）、追光灯（氙灯或金属卤素灯）色温要求为5600K、6000K。

（4）显色指数　考虑到电视图像的色彩还原情况和目前光源的基本特性，所选用的光源显色指数$Ra \geqslant 85$。

（5）噪声指标　所有设备开启时的噪声及外界噪声干扰应满足节目制作时的要求。所有设备噪声必须符合相关背景噪声的技术要求，空场时所有设备开启时的噪声及外界环境噪声的干扰不高于NR25，效果器材的噪声不能大于30dB（1m处为测试点）。

（6）控制网络　考虑到灯光控制系统的技术发展情况，演播室灯光信号分配系统应采用以标准TCP/IP为基础的以太网络，在以太网路上传送各种信号，包括以太网信号、DMX512、反馈信号及设定功能，控制接口使用国际上通用网络或DMX512标准接口。

（7）吊装设备　演播室机械吊挂系统应充分考虑系统的运行安全，满足连续使用要求，控制层、执行层的核心单元应当按照冗余结构设置。设备的选型和技术要求要以演播室结构作为基础。

（8）调光设备　合理选配调光控制台的型号，做到满足使用要求即可，不可贪大求全。调光立柜通常选用抽屉式结构方式，并具有控制信号双备份及信号的显示和返错报告功能，便于及时发现和处理故障。具有网络和DMX512接口的主流产品应该是首要考虑的。在不需要传统调光器的使用LED灯具的演播室，可以采用直通开关的形式为灯具供电，也可以适当考虑智能配电柜，以解决灯具的远程供电问题。

5.3.4　虚拟演播室布光

1978年，EugeneL提出了“电子布景”（Electro Studio Setting）的概念，指出未来的节目制作，可以在只有演员和摄像机的空演播室内完成，其余布景和道具都由电子系统产生。随着计算机技术与虚拟现实（Virtual Reality）技术的发展，在1992年以后虚拟演播室技术真正走向了实用。

虚拟演播室（图5-36）是通过虚拟的场景与真实的人或物合成电视画面的一种制作形式。其实质是将计算机制作的虚拟三维场景与电视摄像机现场拍摄的人物活动图像进行数字化的实时合成，使人物与虚拟背景能够同步变化，从而实现两者天衣无缝的融合，以获得完美的合成画面。

图5-36　虚拟演播室

虚拟演播室灯具是由柔光灯和聚光灯组成的，一般以柔光灯为基础配合适当的聚光灯，柔光灯发光均匀、阴影小、发热少、色温恒定而均匀，光在主持人脸上自然逼真。三基色柔光灯、LED柔光灯等能够满足虚拟演播室对光线的基本要求。

5.3.4.1 布光的特点

虚拟演播室要求的布光有其特殊的一面。为了保证色彩的效果，应重视灯光的布置。合理调配灯光，使前景与虚拟背景的照明亮度及方向匹配，实际和虚拟光源之间的同步变化非常重要。演播室灯光的控制电脑化，保证灯具的状态的精确调控和适时控制。理想情况下，实际光线的任何变化都可以被计算机产生的背景检测，来触发虚拟灯光随之变化，反之亦然。此时，色键控制器也会同步取出适合新的灯光状况的设置。演员及真实道具投下的影子也要随演员及道具一起进入虚拟空间。为了更好地拾取阴影，灯光的设置应使阴影处的蓝色与背景蓝幕布的蓝色照度有较大的区别。影子的方向也要和虚拟空间中的光源方向一致。

灯光的布置决定着虚拟背景的真实感，仔细观察会感觉到一些不“真实”的痕迹，有时实时制作一些灯光效果也是不可能的，必须要事先处理，如追光、地面光线的改变造成摄像机到光束方向上虚拟景物的光线变化，就很难实时地实现。

在蓝色背景区域内，不仅需要顶部悬挂灯具，沿墙面和地面还需要增加灯具。

一般来说，虚拟演播室的灯光技术能满足大多数节目制作的要求，但还有待于新技术的支持。

根据虚拟演播室视频技术对“蓝色箱体”照明的要求，活动区域内的灯光照度要均匀，光线要柔和，不能有明显的光斑和灯的影子，也就是说蓝箱四个面的照度值应基本一致。

对人物光的要求与传统演播室基本一致，一般依照三点布光的原则进行布光，所不同的是要注意人物的光影关系要与虚拟背景的一致性。

（1）区域布光　在虚拟演播室，为了增强节目的真实性、活泼性，主持人都会有一定的活动区域。因此，对前景（主持人）布光不能像新闻类节目那样只对定位的点布光，而必须进行区域布光，对整个活动范围布光。

（2）立体布光概念　传统的新闻类演播室一般运用三点布光原理就能满足电视灯光的要求，而虚拟演播室技术一般采用的是色键器消蓝（绿）技术进行抠蓝（绿）处理，要消除蓝色对前景（主持人）的影响，就必须要有立体布光，特别要注意人物与背景的处理关系。

（3）布光顺序　一般采用先前景、后蓝（绿）箱的布光顺序。采用柔光灯照射前景，由于其发光面积大，对前景（主持人）布光完成后，必将在蓝（绿）箱上产生一定的余光照明，在前景照度符合要求后，再对蓝（绿）箱进行适当补光就能满足计算机抠蓝（绿）的要求。前景与电子背景完美融合的关键在于前景与蓝（绿）箱的合理照度比。

5.3.4.2 照度的要求

虚拟演播室的照度不同于传统演播室，它要求前景与蓝（绿）背景照度相匹配，追求光照的一致性。另外，虚拟演播室栏目的灵活性、电子背景的多样性也要求照度必须满足不同栏目、不同电子背景的需要。

（1）面光　虚拟演播室的面光一般布得较低平，尽量避免产生主持人身上的初级投影。因为蓝（绿）箱反射光作用于阴影，通过计算机处理后，此阴影将会被色键器的蓝（绿）消除电路消除，从而影响输出的前景（主持人）的图像质量。除非特殊要求，虚拟演播室不主张加主光源，因为如果使用不当，可能出现投影环境的逻辑错误，而出现实际光源与虚拟光源的不一致性。另外，主光源在蓝箱上产生的次级投影也会影响计算机的图像处理。

（2）逆光　传统的布光原则是逆光强于主光，从而凸显主持人鲜明的轮廓，增强空间立体感。虚拟演播室必须注意逆光的合理使用。太强的逆光，使蓝（绿）箱地面显得亮白而破坏蓝箱色调的一致性，影响计算机抠蓝（绿）效果；前景在蓝（绿）箱地面上的次级投影也会影响计算机的图像处理。不用逆光或逆光太弱，则前景（主持人）像贴在电子背景上，很死板。因此，逆光的合理使用能很好地体现人与场景的关系，从而加强纵深感，增强三维立体效果。逆光的强弱一定要适度，否则就有可能出现不真实甚至影响画面的整体效果。

（3）侧光　虚拟演演播室的前景照明必须使用侧光。虚拟系统中的色键器采用蓝（绿）色消除电路，由蓝（绿）箱反射光作用于前景人物服装边缘上的蓝（绿）色调将被蓝（绿）色消除，造成主持人边缘变黑等问题。因此，必须使用侧光以消除前景人物服装边缘上的蓝（绿）色成分。

（4）杂散光　尽量避免主持人服饰的反射光、透明类道具所产生的投射光等杂散光对蓝（绿）箱的影响，以避免蓝（绿）箱上的高亮点造成合成图像背景部分出现雾状影像。

5.3.4.3　虚拟演播室灯光系统设计

在虚拟演播室系统中有两套灯光布置：蓝箱中的真实灯光布置及虚拟场景中的虚拟灯光布置（虚拟灯光是用计算机技术模拟真实的灯光效果，如同真实世界中产生真实感极强的模拟阴影、反射、折射等光影效果）。

实际应用时要注意：①蓝箱中的真实灯光要均匀照亮蓝箱，以得到良好的抠像效果；②调整真实灯光与虚拟灯光的强度和方向，使真实灯光与虚拟灯光的光照强度和方向一致，保证前景与背景具有一致的照明亮度和方向，这是增加合成图像效果真实感的一个重要因素。

对灯具的要求：工艺设计时，虚拟演播室与传统的演播室的灯具基本一致，但也存在一些差异，可以参照传统演播室灯光系统设计要点，但要适当增加柔光灯的比例。基本以三基色柔光灯为基础，这种灯发光均匀、阴影小，发热少，色温恒定而均匀，光布在主持人脸上自然而逼真。

5.4 综艺晚会类节目的灯光设计

5.4.1 综艺晚会类节目的灯光特点

综艺晚会是一种综合各类体裁的舞台艺术，也包含专题性节目的演出形式。它适合于广泛且众多的观众层面，具有娱乐性强、通俗易懂等特点，是深受观众喜爱的一种艺术形式。对于各种电视晚会来说，舞台灯光是极为重要的视觉渲染表现手段，特别是在有很多歌舞节目的跨年晚会中，灯光是提升节目档次和视觉效果最重要的手段之一。

中国的电视晚会最早诞生于1983年，即当年中央电视台的首届春节联欢晚会。80年代处于发展初期的电视晚会由于资金和技术的限制，往往只能停留在最基本的常规光上，即让观众看清楚台上人物的表演，特别是由于灯光技术水平的限制，大多晚会只能在室内举办。随着各地广电集团化建设的不断推进，各大电视台有更多的资金对舞台灯光设计进行科技化提升，为了营造华丽的视觉效果，在舞台灯光的设计上无不竭尽心思，将灯光为晚会带来的炫丽效果发挥到极致。同时各种新兴炫目的灯光手段得到应用，尤其是随着数字媒体技术的不断发展，各种数字特效技术不断被应用于电视晚会中。2018年江苏卫视跨年晚会中运用“蜘蛛臂”吊挂系统将灯光、屏幕融合其中，通过AR现实增强技术将真实的环境和虚拟的物体实时叠加，打造完美的视觉呈现（图5-37）。

图5-37 2018年江苏卫视跨年晚会

电视节目中特殊舞美效果的产生离不开“光”，可以说灯光是提升舞美效果的重要手段，它不仅能够渲染舞台基调、烘托表演的情感氛围，还能实现舞台空间及时间的完美转变，在控制舞台演出节奏、调节舞台整体色调等方面都发挥着重要的作用。同时，舞台灯光设计可以对晚会布景、服装、道具实现

"二次修饰"，使晚会舞台的整体画面色彩更显协调统一。

近年来，综艺晚会类节目形式按场地分为室内、室外（广场）两种；按时间组织分为跨年综艺晚会、中秋综艺晚会、国庆综艺晚会、春节综艺晚会、元宵综艺晚会等；按活动组织分为艺术节综艺晚会、运动会综艺晚会、开幕式综艺晚会、颁奖综艺晚会等；按专题组织分为教师节综艺晚会、建军节综艺晚会等。根据不同体裁和形式的区别，舞台灯光可以五光十色地表现夸张或抽象的效果，也可用完善的照明再现真实的表现效果。

电视节目编导要熟悉不同表演对灯光的要求以及光束的构成和变化节奏，注重舞台上演员的情绪和内心的情感表达；灯光师则要用摄像机的机位视角观察舞台，最终设计的灯光效果要综合摄像机镜头中呈现的颜色；注重光色渲染，保证电视中呈现的文艺晚会画面亮度平衡；主题和背景要有颜色的差别，使近景画面有层次感，分清主次；重视观众区灯光的处理，观众区已经成为综艺晚会的一部分，对观众区的拍摄可以衬托出观众与文艺晚会的互动，灯光师不仅要考虑观众区的光面，也要考虑逆光等问题，灯光的处理要与整个晚会的主题相适应，色彩和谐。

5.4.2 常用灯具

电视综艺晚会的灯光照明设备与舞台灯光较为相似，主要分为两大类：常规灯和电脑灯。常规灯是指接入调光硅后可控制亮度变化的普通灯具，其光源一般为钨丝卤素灯泡，色温较低，发光效率相对较低，点燃时产生大量的热量，无频闪效应，点燃不需要镇流器，常规灯用于舞台基本照明。电脑灯是指可接收信号控制、利用马达与机械构造制造各种灯光动态与变化的灯具，主要使用气体放电灯泡，电脑灯目前被广泛运用于电视综艺晚会中。

5.4.2.1 常规灯具

（1）聚光灯（图5-38） 是舞台照明上使用最广泛的主要灯种之一，目前市场有1kW、2kW，以2kW的聚光灯使用最广泛。聚光灯的照射光线集中，光斑轮廓边沿较为清晰，能突出一个局部，也可放大光斑照明一个区域。作为舞台主要光源，聚光灯常用于面光、耳光、侧光等光位。

（2）柔光灯（图5-39） 与聚光灯结构相似，螺纹透镜，光线柔和匀称，既能突出某一部分，又没有生硬的光斑，便于几个灯相衔接，常见的有0.3kW、1kW、2kW等，多用于柱光、流动光等近距离光位。

（3）PAR灯（图5-40） 又称筒灯，目前使用比较广泛，如PAR46、PAR64等型号。可用于人物和景物各方位照明，也可直

图5-38 聚光灯

图5-39 柔光灯

接安装于舞台上，暴露于观众，形成灯阵，具有舞台装饰和照明的双重作用。

（4）成像灯（图5-41） 又称为成像造型灯，可以在灯具的焦点位置安放投影金属片，光源通过椭圆反射器和聚光镜，可以投射出各种清晰的光影造型效果。

（5）泛光灯（图5-42） 光线漫散、匀称、投射面积大，分为天排泛光和地排泛光，常见的有0.5kW、1kW、1.25kW、2kW等，多用于天幕照射，也可用于观众席的普遍照明。

（6）追光灯（图5-43） 在综艺晚会节目中常用于主持人和演员的面光照明，特点是亮度高、运用透镜成像，可呈现清晰光斑，通过调节焦距又可以改变光斑虚实，有活动光栏，可以方便地改换色彩，灯体可以自由运转。

图5-40 PAR灯

图5-41 成像灯

图5-42 泛光灯

图5-43 追光灯

5.4.2.2 电脑灯类

（1）电脑摇头灯（图5-44） 这是一种由DMX512信号控制的智能灯具，其光色、光斑、照度均优于以上常规灯具，是近年发展起来的一种智能灯具，常安装在面光、顶光、舞台后台阶等位置，其色、形、图等均可编制运行程序，分为图案电脑灯、染色电脑灯、光束电脑灯等。

（2）LED灯（图5-45） LED灯是近年开发的新型灯具，光源是高功率的发光二极管，可通过RGB色彩混合来改变光色。它具有体积小、温度低、较坚固、寿命长与消耗功率低等优点，演出中的应用已逐渐从特殊效果或装饰转为主要照明灯具，目前无论是常规灯还是电脑灯都有LED版本。通常一个灯具内包含多颗LED灯，如RGB、RGBW、RGBA、RGBAL。

图5-44 电脑摇头灯

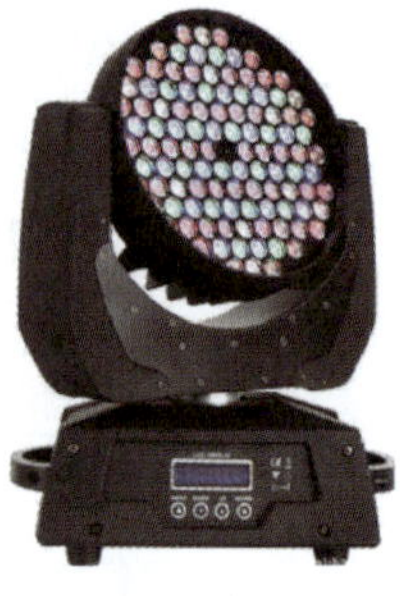
图5-45 LED灯

5.4.2.3 灯光控制台

由于综艺晚会节目中的灯光效果变化多、灯具数量庞大，因此需要专业化灯光控制设备对灯光进行控制、编程、执行。灯光控制台也称调光台，是控制调光硅和电脑灯的设备，一般设置在演播厅的灯光控制室和其他演出时控制人员可以观看到演出的最佳位置。调光台内应在各硅箱内存入各个光路的地址码，按演出的状态和灯光设计师的设计分组，各组按序列编入集控。演出时，操作人员可直接开启集控的调光杆进行灯光的调节；也可在正式演出前，将整台演出的全程变化程序进行编存，在演出中按需要逐一开启。

随着舞台灯光设备的日新月异，灯光控制台也变得更加专业化、智能化、便捷化，目前用于电视演播室和综艺晚会的灯光控制台主要有MA系列（图5-46）和Avolite系列（图5-47）。

图5-46　Grand MA2 full-size灯控台

图5-47　Avolite Pearl灯控台

5.4.3　常用光位

光位通常是指舞台演出空间中灯具所处的具体投射位置和方向，是以舞台中心面向观众的演员朝向为基点划分的，其中包括剧场的面光、耳光、脚光、顶光、侧光等，下面介绍几种在电视综艺晚会中常用的光位：

（1）逆光　通常由舞台后区上方向前表演区投射，在烟雾的配合下形成可视性的光束效果，同时可为演员勾画轮廓并表现一定的氛围。

（2）侧光　由舞台两侧向表演区投射，使人物和景物具有立体感，增强空间感和纵深感，其照明灯具的光束效果还可在舞台上形成侧面装饰。通常选择硬光照明灯具。

（3）顶光　从舞台的上方相对垂直的角度向下投射，目的在于使观众视线集中在被照区域内，常与正面或逆光照明相配合形成比较完善的视觉效果。也包括顶逆光。

（4）流动光　目的在于使舞台人物和景物具有立体感，包括高位灯架及低位灯架安装的侧投效果。流动光通常隐藏于舞台边侧幕之后，常采用聚光灯、成像灯、PAR64灯向舞台对侧方向投射，也可以避开舞台地板投向演员，使舞台地板保持无光状态。另外可对侧幕之间吊装的绘景幕、网幕、纱幕等幕布投光，通过换色还可获得丰富的立体造型及场景环境效果。

（5）脚光　由传统镜框舞台大幕前的低位泛光灯演化而来，通常起到补充正面人物照明并减弱阴影、减小光比等作用；另外也可采用聚光类灯具从台口中间或两侧向舞台人物投光，使角色的影像映照于天幕；还可采用频闪灯置于舞台前端，形成慢动作影像效果。如采用紫光灯还可以获得荧光效果，舞台色彩的渲染也可由脚光完成。

（6）耳光　指观众席两侧与舞台大幕的中心线形成45°角的前侧光，通常采用硬光照明聚光或成像灯具投射，配合舞台人物或景物造型的需要，与主光、辅助光、逆光形成适当光比的照明，并可根据需要设置色彩进行气氛转换。

（7）面光　通常自观众席上方45°角向舞台投射，可分组、分色排列组合，形成对舞台正面照明的覆盖或色彩渲染。也可选择单独回路形成正面定点光，根据演出需要安装电脑摇头灯具。

5.4.4 综艺晚会类节目灯光设计要求

5.4.4.1 符合晚会场景，合理设计灯光分布

在电视文艺晚会的灯光设计中，编导首先要了解文艺晚会的主题和节目类型，要求灯光设计人员对不同的节目进行相应的灯光设计，例如春节联欢晚会，主题应以团圆为主，灯光以暖色调为主，营造喜庆的氛围。此外，导演需要与灯光设计人员进行沟通，把设计的灯光方案变成现实，给观众们带来一场视觉盛宴。

5.4.4.2 现场布光要整体化、层次化、个别化方式并存

布光的整体化：光线在技术上满足每一台摄像机对光度的要求，并且不要对摄像机镜头造成炫光。

层次化：电视综艺晚会的舞台空间较大，灯光的布置范围较广，因此可以将舞台分为前、中、后、背景区四个区域，进行分层次布光，增加舞台整体的立体感。

个别化布光：例如对主持人、歌手、演奏者等有固定的位置进行细致的布光，以达到脸部光线自然的效果。

5.4.4.3 灯光设计的总体观念

一个电视综艺晚会的节目很多，而每个节目都有起始、进行、高潮、结束的表演过程，编导要巧妙地把握节目的节奏，明确每个表演过程在整个节目中的地位和作用，并要求灯光设计人员进行相应的灯光处理，如果最丰富的灯光效果被运用于整个节目，观众就会失去兴奋感，无法造成视觉冲击，灯光的运用起不到应有的视觉效果。

5.4.5 综艺晚会类节目灯光制作流程

作为一个演出项目，首先应该在具有相应条件和一定的可实施性的情况下进行策划，涉及资金来源、主办机构、主题内容及目的的确定、预算、策划人、策划方案、制片人、脚本编剧、导演、副导演、舞台监督、音乐设计、音响设计、舞美设计（包含美术设计、灯光设计、服装设计、化妆设计、道具、视频效果以及各专业工种制作团队等）、演员、制作周期、演出时间、地点（例如剧场、演播室、体育场馆、露天舞台等场地）。

舞台灯光的设计应根据主题的策划方案、导演意图、舞台设计方案以及具体的制作预

算来确定规模和制作方案，进而具体实施灯光设计的方案。确定舞台灯光的结构框架是否采用临时舞台的现场搭置，进行现场设备调查；是否利用现场可用的灯光设备，或者增加租赁或购置灯光设备；根据设计方案所制定的用电容量负荷申请用电量。

根据主题需要构思灯光设想方案，根据节目内容、音乐、情节、动作来设计灯光场景和画面程序，确定所使用的灯具种类、数量，绘制灯位图。灯位图应使用CAD、AI、Vectorwork等软件严格规划搭置结构，建立数字化灯光系统。舞台布光应兼顾不同风格、不同体裁的特点，在演出空间中采用全方位布光的方式来创造特定环境，表现特定人物，形成具有针对性的可实施的设计方案。形成演出需要的设备清单，在采用常规灯设备的情况时，还应出具所采用的彩色滤色片品牌、标号、规格、数量的清单。

按照规定时间进入现场实施装台，按照灯光设计方案安装、调试各类灯光设备，根据舞台调度和人物效果的需要对光、编程制作灯光画面程序。进行演出合成、合景、合光、合音响效果、合服装化妆效果、合表演地位及台词等；进行分场连排、技术连排、彩排、正式演出等过程。

首场演出后应做好例行演出的管理工作，演出前应提前进行灯具的系统检查，确认灯光程序是否正常，演出开始前灯光各部门工作人员提前就位，静等开场；演出中灯光操作人员保持注意力高度集中，根据主题内容和灯光设计程序实时操作；演出结束后拆台时应按照装台的倒序拆台，并清点灯光器材后装车运输入库；之后应对全部演出资料进行记录、整理、存档。

5.4.5.1 与主创团队的沟通

导演的创意构思是舞台调度和舞美设计的依据，所有舞台职能部门，包括艺术的再度创作，都必须围绕导演的主题构思进行。在这一点上，无论任何剧种、任何表演形式，还是超大型演出活动都是一致的。在大型电视晚会的活动中，灯光设计必须做好前期准备工作，把握导演意图，确定灯光设计的基本思路。电视晚会的照明创作不是简单地为舞台提供照明，重要的是渲染舞台气氛、勾画人物。为了做到与晚会的总体方案保持一致，灯光设计人员必须要听取导演对整台晚会的总体阐述和对灯光设计的概括性要求。灯光设计的创作从把握大色块的运用到与情绪节奏的配合、宏观与微观的处理，都应遵循导演的艺术构思，使灯光与之交融，达到和谐统一。

灯光师与导演的沟通应主要从以下几个方面进行：

①了解导演对整台节目及各场段篇章基本气氛的设定。

②了解导演对灯光效果的特殊要求。

③与导演交流基本段落的灯光效果构思。

④听取舞美设计讲解舞台方案，并说明场景气氛图、平面图、剖面图等，介绍有关数据，如舞台的尺寸、面积、表演区域的划分、景物的尺寸等。

⑤了解舞美设计对演出上下场设置的各个通道的位置和对不同场景的色彩要求，了解舞美制景的材料、颜色、舞台景物是否发光及用电负荷。

⑥在灯光用电总负荷方面，应考虑其他各部门的用电负荷，统一规划，纳入将来的配电计划（配电计划非常重要）。

⑦在灯光设计上应特别关注演出服装的颜色与样式，与服装设计探讨每个场景的服装使用情况及要达到的效果，制定灯光色彩变化方案。

⑧制定总体灯光设计方案，包括灯光总体平面图、对光图、灯架搭建制作图、灯光配电图等，图样上所标明的数据如使用的灯具种类、数量、用电负荷等，都需要经过反复核算确定。

图5-48为2018年上海科技周电视转播现场灯位图。

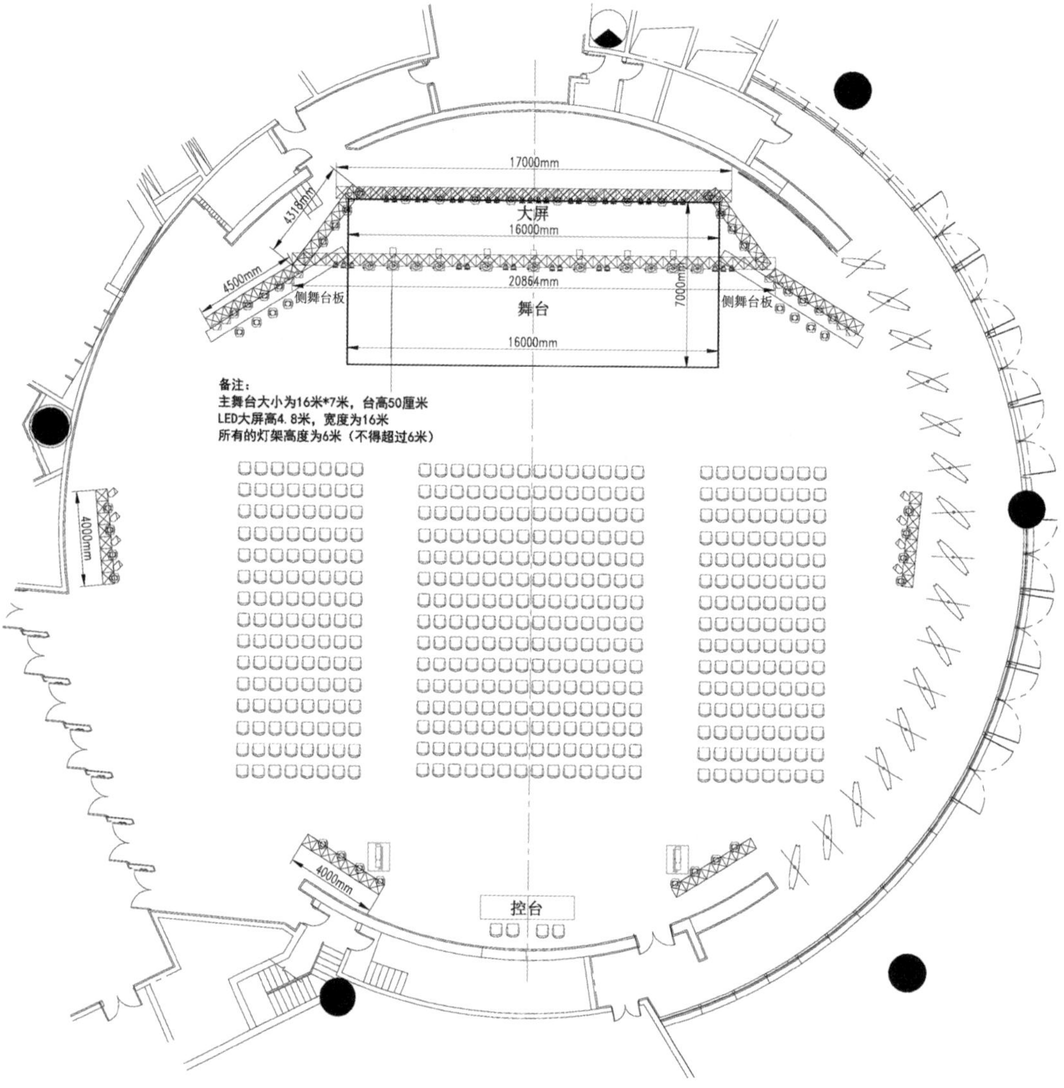

图5-48　2018年上海科技周电视转播现场灯位图

5.4.5.2 布光要点

综艺晚会的布光颜色不能多，否则就会出现“灯越多越不亮、色越多越没色”的现象，反而让人觉得杂乱无章。综艺晚会灯光的颜色和照度是互相矛盾的，这个问题在表演区尤为突出。在露天环境中，多数综艺演出不可能提供舞台顶光位置，灯具的位置均在表演区四周。颜色光主要有逆光、侧光。由于距离远，表演前区色光的力度较小，前区由于有正面白光照明为主的冲击，光的颜色更弱，整体上在表演区前部会出现色光弱的现象。

为了保持整场的色彩平衡，布光时应注意以下几个方面：

①将带有色光的侧光、侧逆光这些位置的光量加大比例，使前区色彩饱和度高，以加强对正面白光的冲击。

②在侧面光或正面光的位置，适当增加一组可换色的光铺满前部表演区，加强前区的色彩，使全部演区的色彩前后平衡。

③由于电视摄像的介入，在照度方面应兼顾电视与现场观众的观看效果。电视画面质量的关键是正确使用色温，调整好光比，因此，应随时控制正面光与后区光、逆光的配光比例。

④利用布光时有意划分的演区层次，根据表演的区域调整其照度，保持电视画面有清晰的层次感。

⑤电视的摄像设备对某些颜色的反应比较敏感，如红色、蓝色。由于色温的原因，某些高色温灯具的白光投射出来后却呈蓝色，对于这种特殊问题，要根据电视监视器画面的具体情形，适当控制色光的饱和度。

⑥追光灯在晚会中担负着照亮主要演员的功能，经常处于电视特写镜头之中。由于追光灯的色温很高，近5500K，在按3200K调整白平衡的摄像设备中，追光的光色呈青蓝色，因此，必须在灯前加雷登85色温片进行校正，校正到演员肤色正常为止。

⑦逆光铺匀台面的色彩渲染是舞台气氛和屏幕画面色调的基础。所以舞台的布光要大色块、浓颜色，强侧逆线条光，并结合电脑的定位造型。

电视文艺晚会灯光设计只有从节目内涵中找到感情色彩的依据，以此来处理光色，使光色对观众产生精神上的辐射作用，才能达到以光写情、光随意转的最终目的。

5.5 《我是歌手》节目灯光设计案例分析

《我是歌手》是湖南卫视从韩国MBC电视台引进推出的歌唱真人秀节目。湖南卫视综艺团队在2012年引进此档节目，并进行了中国本土化的改编和创新，目前已经完成了第四季的节目录制，受到观众的一致好评，收视率极佳。该节目为实力派歌者提供了展现自我的平台。

综艺节目必须满足人们在视觉、听觉等感官上的愉悦和震撼，尤其是音乐类节目，而这依赖于舞台灯光的设计与配合。《我是歌手》节目的灯光设计打破了传统电视节目以照明为主的灯光设计理念，呈现了出色的视觉效果，观众通过电视分享激情荡漾的音乐，并被唯美的画面构图、绚烂多彩的灯光意境所折服。节目中，除了歌手精湛的唱功和震撼人心的音响效果外，绚丽的舞台灯光效果也同样成为一大亮点。

《我是歌手》节目是一档重点表现歌手唱功的节目，7位歌手是整个节目的主角，7位歌手的歌声更是节目的重中之重。以往很多节目的展现依赖于大屏幕，而《我是歌手》节目在这一点大胆创新，不再一味迎合大屏幕，而以整个舞台叙事进行灯光的搭配和设计。它主要采用明与暗的灯光对比来完成舞台中心的展示，更能突出舞台中心的表演者，将观众的视线吸引到表演者的演出上，加之演唱者都是实力唱将，其精彩演出因为灯光的聚拢和突出作用更能吸引观众，引起观众的共鸣。《我是歌手》致力于音乐正能量的传递，其灯光的设计也紧紧围绕节目的理念展开。

5.5.1 色彩的搭配

在综艺类节目中，灯光对于舞台空间感和环境气氛的塑造在于两点：灯光色彩和灯光线条的运用。

灯光的色彩是渲染舞台整体氛围的一个重要手段，不同的色彩可以给观众带来不同的情绪，通过对视觉感官的刺激产生不同的心理变化。在《我是歌手》的舞台上，除了灯光以外没有任何其他发光源，因此灯光完全掌控和主导了舞台上的色彩，而其他很多综艺晚会和节目中色彩的使用要经常迁就大屏幕素材颜色或景片颜色来进行色彩搭配。

因此，在该节目中对于灯光颜色的使用和搭配变得更加大胆和有新意，以往因为顾及大屏幕对灯光的影响而慎用的深色系，在《我是歌手》的舞台上变得比较常用，包括很多深色和浅色的撞色搭配也同样运用到很多比较有冲击力的歌曲演出中。灯光色彩的运用主要是需根据不同歌曲所表达的意境来进行有针对性的设计，色彩配合音乐给观众带来视听的完美融合。

5.5.1.1　用纯色灯光营造意境之美

在《我是歌手》的舞台上，灯具设备类型多样，设计效果空间非常大。但在很多音乐作品的灯光设计上，设计师依然用了极其简洁的表现手法，仅用一种颜色来营造需要的意境表达，视觉画面纯粹自然，灯光与音乐传递的意境完美贴合（图5-49）。

5.5.1.2　两种色光搭配使用制造氛围

经过巧妙搭配，两种色光和灯具的光束、图案、色彩等功能结合后，舞台上变换出许多不同的氛围和效果，为音乐情感和歌手心境提供了恰如其分的表达方式（图5-50）。

图5-49　用纯色灯光营造意境之美

图5-50　两种色光搭配使用制造氛围

5.5.1.3　多种光线效果和光的运动同音乐一起冲上高潮

在歌曲的高潮部分，灯光师结合音乐的节奏起伏变换，融合多种光线效果和光的运动（图5-51），与音乐一起冲向高潮，带给观众震撼极致的视听感受。

图5-51　多种光线效果和光的运动

5.5.2　线条的运用

灯光对于舞台空间感和立体感的塑造，更多地依赖灯光线条的运用。灯光的线条大致分为两种：一种是灯具排列所呈现的线条感（图5-52），另一种是灯光本身光束的线条感。灯具呈线条状的排列，无论是直线形还是弧线形或是圆形，都会形成不同的空间感，不同线条的搭配使用可以使舞台灯光造型更加丰富，这是灯光在舞台上造型的基础。因此，在灯位设计的考虑上，既要保证舞台某些区域中灯光造型的统一性，又要尽量使用不同的灯位线条来丰富舞台造型。

此外，灯光的光束线条是营造舞台纵深感的一个手段，近几年小型光束灯已经成为舞台灯光设计中必不可少的一种灯具。舞台上大量光束的交错或光束的汇聚和展开，使整个舞台的空间感和纵深感大大增强。

图5-52　线条的运用

5.5.3　灯光设备的选用

为丰富视觉空间效果，光束电脑灯和图案电脑灯是《我是歌手》节目舞台上主要运用的灯具类型，这两种灯具在舞台上方和舞台两侧的交错布置，增加了舞台灯光的造型层次，也丰富了灯光变化效果。

《我是歌手》，选用Varilite3500图案灯、百奇Alpha1500图案灯以及百奇Sharpy光束灯，并在国内首次使用了Ayrton magicpanel R矩阵摇头灯（图5-53）。Ayrton magicpanel R矩阵摇头灯是由25个15W欧司朗RGBW LED光源组成，每个光源都可以单独编程，可在三维空间组合投射出动态的图形，该产品能在俯仰和水平轴上旋转变化，并产生边缘锐利的15000lm的多向光束，中心光束的光强为1350000cd，采用通用的DMX 512协议（该协议是Digital Multiplex的缩写，是灯光行业数字化设备的通用信号控制协议）。

图5-53　Ayrton magicpanel R矩阵摇头灯

Ayrton magicpanel R 矩阵摇头灯有几大突出特点：一是灯体上每颗灯珠都可以单独控制，实现了灯光效果多样变化的最大化；二是该灯灯体的*X*、*Y*轴可360°无限连续旋转，这种设计使其可以实现很多其他摇头灯无法实现的流畅的灯光运动效果；三是光束效果明显，配合烟雾可以展现密集的光束效果。

《我是歌手》舞台灯光设计有充分施展的空间，并不意味着在灯位设计上可以肆无忌惮，而是要在保证突出歌手这一主体的基础上，根据舞台的需要，根据节目内容的需要，有针对性地进行布光。灯光设计人员首先要提前了解节目的整个流程，对节目的每个环节了然于心。节目中歌手的走位、乐队区的位置都要充分考虑，并以此作为灯光灯位设计的依据，比如，节目中每位歌手的出场方式都是从舞台后区的光帘中走出，在光帘打开前，观众会对光帘后的歌手充满期待，光帘的运用也给歌手增添了神秘感，光帘的打开也给歌手的出场营造了一种很强的仪式感（图5-54）。在这一点上，舞台后区拱门两侧的14只光束灯发挥了作用，而这一设计也是在充分了解节目形式与内容的

图5-54　光帘的运用

基础上做出的。

除了光束灯，《我是歌手》舞台上图案灯的使用也同样是一大亮点，尤其在第一季节目中，舞台后区的图案灯配合烟雾在歌手后方形成光幕效果，整个舞台仿佛被包裹在一片光晕中，使舞台背景变得简洁但又不单调空洞。

两个控制台互为热备份（即要备份的控台在不断写入数据的同时也在进行备份），能够同时控制灯光系统，以保证在直播时万一某个控台出现死机等故障就能立即切换另一个控台工作。系统总共使用了14路灯光信号口，共7168个通道。

5.5.4 节目的灯光编程

《我是歌手》与其他综艺晚会或娱乐节目的灯光设计相比较，除了舞台上灯光施展空间较大之外，灯光效果变化多、灯光与音乐歌曲的配合密切且细致也是一大特点。《我是歌手》节目每场都会有7首不同类型、不同曲风的歌曲，为了使灯光和音乐能够在这个舞台上达到完美的融合，灯光设计人员在每首歌曲编程前除了要反复听歌曲、熟悉音乐旋律外，有时甚至需要通过查阅许多和歌曲有关的资料，以便更深入地了解每首歌曲的创作思路和歌曲所要表达的思想，以此作为依据来进行灯光效果设计。在效果设计和编程中，要充分利用不同灯具的特点，营造不同的灯光效果，渲染舞台环境与气氛，配合节目中的音乐与表演，表达每首歌曲甚至每首歌曲不同段落的独特意境。因为每首歌曲中的灯光变化都比较多，在编程过程中灯光设计人员还专门根据每首歌曲制作了详细的歌词表，在歌词表上对歌曲中每个节点每个场景做出详细的标注，以确保在演出过程中程序的准确调用。

5.5.5 灯光与音乐的结合

成功的节目在灯光设计上必定是美轮美奂的，灯光是舞台用非语言符号完成与观众交流的载体，《我是歌手》在灯光配合上符合歌曲的高低变化。在曲风较为平静时，灯光没有太多变化而使观众静静聆听；在曲风较为激情时，灯光则是以多种色彩相结合，并不断变幻，以激起观众的热情。每一首歌曲，灯光的收缩与变化都随着音乐节奏进行，给观众以完美的视听享受。

《我是歌手》并不是一场灯光秀，其舞台主体是演唱者，因此，所有的灯光设计都是配合歌手及其歌曲进行的，以此完成视觉、听觉的双重震撼，为音乐的声音加上可视的表达和诠释，使演员完美地发挥自身特色和歌曲的魅力，带领观众进入音乐的殿堂。

第6章

电视节目的推广营销创新

尼葛洛庞帝曾经说过，理解未来电视的关键，是不再把电视当电视看，电视将变成一种可以随机获取的媒体。作为高技术载体的电视，必定会融入新的媒体技术之中，未来电视的内容生产、传播和播出方式将会产生巨大的转变。电视的优质内容为新媒体注入了资源，而电视也利用新媒体的特性，用一种“拟人化”的语态通过媒介渠道与受众直接沟通，而这种网台的互动形成了强有力的矩阵，利用社交平台的聚合效应，打通了舆论场，也提高了电视品牌的知名度。

当下电视媒体的确受到了新媒体的冲击，表现为观众分流和广告份额的下降。如果这个时候再讨论“内容为王”还是“渠道为王”是没有意义的。因为优质的内容会随着人力、财力的流失而逐渐被削弱，而强势的渠道也会因为缺乏优质的内容而沦为只有流量没有质量的平台。但从经营的理念上来说，新媒体平台经过多年的艰苦经营在中国站稳脚跟，他们通过多年的资本积累和技术发展，有的已经在国外资本市场挂牌上市。这意味着这些企业已经熟悉市场化的资源配置和传播机制，其经营理念和管理理念在市场里已磨炼成熟。如果传统的电视行业还只是把新媒体单单当作节目分发的渠道而没有改变理念的认识，那么在这场“新旧媒体”大战之中，必然会遭到重创。

电视节目的品牌推广营销是电视节目的经营者通过多渠道、多平台来吸引受众或者用户的眼球，以获得高收视率、高点击率的营销行为。由于二次销售关系在电视媒体营销中同样存在，电视节目首先要把自己的节目内容推介给消费者（目标受众），然后再通过广告时段把受众价值售卖给广告商。随着网络视频的放量，越来越多的电视节目受到了网络视频网站的追捧，电视台将网络播出权进行第三次售卖，不仅增加了经济收入的渠道，同时也完成了节目品牌影响力的多渠道传播。因此，电视节目营销分为两种形式：一种是广告推广营销，另一种是节目产品化的推广营销，这也是本章所要讨论的两个维度。在媒体融合的背景下，电视节目的营销策略就是最大化地利用和开发节目内容，提高收视率和点击率，增强节目的影响力，随后将受众的注意力再售卖给广告商，从而完成一个电视节目的品牌塑造和经济效益的转化。

6.1 电视节目的广告营销创新

电视节目在网络上开展营销活动已经是广泛的行为，但是初期在与网站进行嫁接时较为粗放，定位模糊，只注重覆盖面、流量和点击率的多少，而没有深刻认识电视节目用户的要求，陷入了用户黏性不强、实际效果不够理想的窘境。随着传统电视媒体和新媒体的深度合作以及互联网思维的加强，在Web 2.0时代，电视节目的网络整合、广告营销更加注重用户的观看体验和与用户的互动，使用户由被动变为更加积极主动的掌握、制造相关的信息，并参与传播。由于媒介的多样性，用户的媒介接触行为也越来越复杂，制造可以受到广泛关注的节目热点更加困难，大众媒体转变到一种分众媒体或是小众媒体的境况，市场更显示出一种利基化的态势，因此营销初期仅靠流量和点击率来扩大节目影响的营销方式显然需要升级换代了。

根据Pulsepoint和Digiday的最新研究，品牌互动已经成为内容营销的核心，66.8%的英美地区广告代理商及品牌专业人士都同意这一观点。互动性是网络媒体所具有的区别于单向交流传统媒体的一种特性，它改变了传统媒体信息不对等的现象，互动的程度、形式、深度都会影响了电视节目传播的效果。

2015年开始，季播的电视节目走向成熟，诸多一线卫视的电视节目从“招牌”变为了品牌。各家卫视和节目制作单位的竞争日益激烈，仅2015年第二季度推出的电视节目就超过30档。这些节目在网台互动的推动下，收视表现突出，网络指数更是让人咂舌（表6-1）。

表6-1　一些卫视台节目的网络指数

播出平台	节目名称	2015年播出的季数	微博阅读指数/万次
北京卫视	生命缘	2	6
	最美和声	3	945
东方卫视	巅峰拍档	2	124

续表

播出平台	节目名称	2015年播出的季数	微博阅读指数/万次
东方卫视	妈妈咪呀	3	425
	梦想改造家	2	58
	女神的新衣	2	835
湖南卫视	一年级	2	1123
	爸爸去哪儿	3	1832
	变形计	11、12	160
	我是歌手	3	1781
央视综合	喜乐街	2	246
	出彩中国人	2	985
浙江卫视	爸爸回来了	2	1781
	奔跑吧兄弟	2、3	2288
	十二道锋味	2	925
	我不是明星	6	53
	星星的密室	2	165
	中国好声音	4	1705
	中国梦想秀	8	49
深圳卫视	极速前进	2	1059

注：数据统计来源新浪微博指数，截至2015年12月31号23:00。

为了更好地理解媒体融合时代，我们需要更多的思考和讨论有关中国广播电视运营的背景以及节目编排的因素和消费者行为的变化。随着广电总局在2007年发布的不得采用手机投票、电话投票、网终投票等任何场外投票方式的通知之后，电视节目中的实时性、互动就被非同期性的互动所取代，而这些非同期性的互动可能会影响节目的编排和播出。因此，融合既是一个自上而下的媒体推动过程，也是一个自下而上的消费者推动过程。媒体加强内容承载渠道以扩大盈利的可能性，通过提高服务来增加观众的忠实程度；消费者也在不断利用媒体技术更加全面地将媒体内容嵌入他们的生活场景并与其他消费者进行互动，这种消费者是新型的消费者，他们具有流动性、社交性等消费特点（表6-2）。

表6-2　　旧型消费者和新型消费者特点的比较

特征	旧型消费者	新型消费者
积极性	被动	主动
稳定性	可预测	流动性强

续表

特征	旧型消费者	新型消费者
参与性	独立	社交
开放性	私密	公开

作为线性播出的电视节目，观众的忠实度成为决定节目成败的关键，忠实观众就成为优先群体，而节目编排、调整的战略反映了这些优先群体的品位和兴趣。相对于忠实观众，频繁换台的观众和临时观众也是电视节目和广告商需要争取留下的对象。因此，在一些电视节目的编排方式上，电视制作者也试图继续吸引忠实观众，降低频繁换台者的数量并把临时观众转化为长期观众。《中国达人秀》《中国好声音》等节目就是基于这样的目的进行编排的。他们的每一段节目长度只有十几分钟，其中包含选手简介、表演和评委点评，从时间线上分析其实整个节目都由几个包含情绪起伏的时间段组成。在网络平台播出时，可以做到顺序观看也可以无序观看。但每一期节目都会对上一期节目有一个简要的回顾，这是为了让临时观众了解基本的节目规则，或者让所有的观众了解当晚节目播出时产生的戏剧冲突背景。而连续性播出的电视节目主要抓取的是对忠实观众的控制。

竞立媒体的首席执行官乔恩·曼德尔说："我们观看一档自己关心的节目时，也会多看一些商业广告。遗憾的是，能够引起人们广泛观看的节目太少了"。当然最看重受众价值的并不是电视媒体而是广告商，广告商在电视节目中的广告投放就是为了将受众的关注度商品化。商品化是一种对受众的开发形式，被商品化的受众成了产品推销中被积极主动争取的目标。在广告商和电视媒体之间大都有个不约而同的认识，即通过个人的消费交易并不能增加商业品牌和电视节目的口碑，而是要通过受众（或称作消费者）的互动，通过多渠道的"接触点"来实现。这个实现的过程并不只是一次两次的购买行为而是要建立一种长期的联系。

6.1.1 电视节目广告营销的新范式

电视节目广告营销的新范式是寻求扩张消费者的情感、社会和智力方面的投资，以求达到塑造消费模式的目标。以前，在接触广告商的时候最常听到的词汇是"广告效果"，而现在，广告商把重点放在了"表达效果"上，他们思考的是受众会对什么内容产生反应、讨论和传播。因此很多商业品牌、广告商、电视网都关注着像《超级女声》《中国好声音》这样的品牌节目，他们将品牌融合进节目，重塑和推广其产品的价值。

媒体终端的多样化让多个屏幕涌入了家庭生活和个人生活，这是媒介技术的变迁所带给人们生活的影响。媒体终端的激增使整个电视生态有了巨大的改变，观众可以选择成百上千的、被细分过的、更加专业化的媒体平台或是渠道。当然在实际使用和选择时，根据个人的兴趣和习惯的不同，每个人的选择还是有限度的。但是，受众的碎片化和细分化日趋明显，因而电视媒体所占的市场份额也就日渐萎缩。20世纪60年代，一个广告客户在电视网环境时段投放一个广告就可以送达80%的受众，而今天，据估计相同时段的100个电视频道同时做广告才可以获得同样的到达率。因而，更多的广告客户选择将广告预算分散给多渠道、多平台来延伸其品牌产生的影响，其目的是为了补缺市场的多样化选择。加多宝品牌推广部调研员刘俊说过：“现在的这种媒体渠道的分化，想要让品牌一下子吸引住特别多数量的人群可能性已经不大了。相反，不断的受众细分和品牌互动才能建立起产品和消费者的联系。”

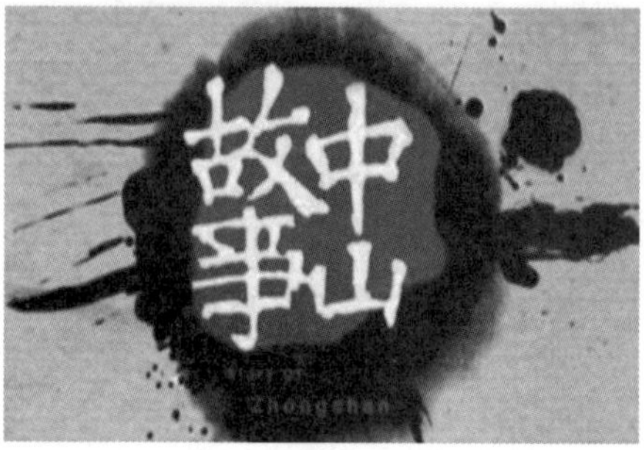

图6-1　中山公共频道播出的《中山故事》节目

对于品牌来说，在电视节目中投放广告后最糟糕的效果是，观众对品牌完全没有产生印象甚至是产生了坏印象。广告主若没有选择一个适合的节目和适合的投放方式，就很难收获预期的效果。如中山电视台《中山故事》(图6-1)，在2009年6月得到海利钢材的赞助，在节目之前播出海利钢材的赞助广告。虽然《中山故事》收视率不错，但主要收视人群是45岁以上的中老年人群，和海利钢材的目标人群——相对年轻的置业装修人群不太吻合，所以广告播出后并未对海利钢材的销售产生帮助。因此，电视节目制作和广告商都有着相同的目标——吸引忠实观众。忠实观众往往比一般看电视的人花费的时间更少，他们只是打开电视或者网络，选择他们喜欢的节目，之后就会沉迷进去，甚至利用电视录制功能或网络将喜爱的节目录制下来，反复观看。与此同时，还会将电视节目中的话题带入生活和社交圈中进行讨论。忠实观众对广告的关注度也是一般观众的2倍，他们记住赞助商的可能性要高5%~20%。广告商们也意识到，一个受欢迎程度高的电视节目将会带来投资的成倍回报。对于品牌的忠诚度，有经济学家称作80/20法则，即对于大多数消费品来说，80%的销售额是靠20%的消费者来完成的，维持这20%的消费者的忠诚度就可以稳固市场，从而有机会采取一系列其他方法来争取帮助他们完成剩下的20%的销售额的机会。

现如今，越来越多的人把培养电视节目忠实观众的落脚点放在了品牌社群。在社群里，可以观察广告商的目标群体是如何在产品之间和消费者之间产生联系的。市场营销学者奥吉恩断言：“品牌社群代表着品牌发挥着重要的作用，例如分享信息、保护品牌以及文化。品牌社群还对其成员施加压力以使得他们对集体和品牌保持忠诚。”当忠实观众这一群体进入互联网时，他们甚至会影响社群其他成员在购买时的决策。

在媒体融合的时代，电视节目的收视、广告和消费有着十分的密切关系。电视节目的收视率和点击率决定着广告的投放，而广告效果直接带动消费市场。这三者有着共同的目标人群，这些人群散落在不同的社群里。收视和消费的人群是同源的人群，这让广告在电视节目上的广告投放更加精准，从看电视到线上消费即TV到Online。由于微信摇一摇等即时互动技术的出现，搭建起了边看边买的新消费模式，其中的收视行为沉淀出了收视的数据，而购买互动行为也沉淀出了消费的数据，这些数据是同源数据，构建出了受众和消费者的同源用户画像，实现两者的统一。但是同源数据带来了一个新的问题，收视和消费形成了直线的链接，受众屏蔽了广告的推广行为，取而代之的是直接消费的卡券。因而广告推广与电视节目中嫁接出现了更多有特点的新的传播方式。

6.1.2 电视节目中的广告——从植入到融入

电视节目《美国偶像》的主要赞助商可口可乐公司总裁史蒂文·J·海尔（Steve J. Heyer）在一次演讲时曾说过，大众传媒碎片化的激增会引来媒体大规模的分拆运营和市场的瓦解。消费者现在拥有了无可匹敌的编辑、避免广告和改变收视的能力，因此，商业品牌要想做延伸就要与消费者建立起一系列的多样化的、长期有效的联系。这种体验不应该建立在单一的平台上，而是建立在受众对特定节目的内容兴趣上，让受众与品牌一次又一次不断地接触。这种情感的加强可以打破“噪声”的干扰，把多样的娱乐资源引入到人们内心深处，加速广告业和娱乐业的融合。

6.1.2.1 电视节目广告 2.0 时代——植入式营销

为了迎合消费者的兴趣，增加电视节目的认同感，电视节目中硬性广告的类型选取也会受到受众的影响，甚至在网络平台播出时，付费会员会直接屏蔽不感兴趣的贴片广告内容。如果说电视节目硬性广告的投放是1.0时代，那么植入式的广告营销就是进入了广告2.0时代。现在每一档电视节目从策划开始，就依托着节目脚本的框架，这一点对广告商具有较大的吸引力。通过脚本的设置可以直接与市场销售人员嫁接品牌的植入，国外很多品牌像可口可乐、家乐福等就长期与电视节目《美国偶像》合作，并进行其他环节的产品延伸。2004年，大热的电视节目《幸存者》和《学徒》的监制马克·耐伯特就一直用品牌整合的方式捆绑电视节目与商业产品，他利用商业赞助的方式弥补制作费用，吸引锐步等品牌出资，以每家400万美元的价格植入广告，所以我们在《学徒》中看到了商业品牌或潜在或突出的呈现。如《学徒》第二季中，会让选手推销反斗城公司的玩具，为百事可乐设计瓶子，为宝洁公司开发新款牙膏等。宝洁公司的发言人布莱恩评论说：“用整整一集来专门宣传新产品的好处，这种情节是非常感动的，观众到后来确实都在为该品牌的成功加油。我们从中可以看到的是电视节目与广告商合作方式的变化，这是一种从简单主持人口播到以用户体验为主，从而介入广告传播的变迁。”

赞助商和广告商迫切想把观众对电视节目的注意力转移到商业品牌上来，因此，植入式的广告在不唐突的情节设置中也是可以被观众所接受的。当然，一个节目一旦获得较为稳定的观众群体，电视台就会与制作公司进行再一次的谈判，用来平衡市场营销和电视广告之间的预算分配。综艺节目《爸爸去哪儿》的第1季至第4季中，999感冒灵、英菲尼迪和思念水饺的品牌的微博热度均有不同变化。这些品牌在社交网络几乎没有投放营销的情况下，因为在电视节目《爸爸去哪儿》进行了植入广告而获得了点击率的放量。5组家庭乘坐英菲尼迪轿车的画面从第三期节目开始频繁出现，思念水饺也打出了“爸爸吃神马”的线上线下互动话题。3个品牌均利用植入的方式做到了较好的营销和宣传。

植入广告也不是完全没有风险，因为赞助商的信誉与节目的播出完全捆绑在一起，当一些节目可能与“丑闻和黑幕”有联系时，消费群体就会产生怨恨感，这种负面情感成为集体声音时，也会形成一种压力。广告商连同节目制作者要一起响应来构建和找回消费者的忠诚度，一档好的电视节目也需要好的品牌的长线支持，因此，植入广告就是一把双刃剑，既提高了消费者的认知度也增强了消费者的监督意识。

6.1.2.2 电视节目广告 3.0 时代——融入式营销

在视频网站刚刚建立时，为了吸引用户，大多网站都采用了无广告的方式。可是随着经营的压力和巨额广告费用的吸引以及用户群的沉淀，视频网站的广告时长也在不断加长。但顾此失彼，在多植入、多硬性广告的观看环境下，用户的体验舒适度被大大减弱，同时也影响到了节目本身的效果。2018年，电视节目《中国新歌声》在优酷首次试水免广告的模式，也就是网站用户在观看节目时从头到尾无插播广告。《中国新歌声》在浙江卫视播出时并没有免除广告，因为毕竟电视台的部门架构和利益分配较为复杂，而节目在网站渠道播出时，向来懂得“深耕用户”的网站却开垦出了一个大胆的新方向。对于用户来说，免去广告使得观看节目更加流畅，增强了观看的意愿。《中国新歌声》首期CSM全国网收视率为2.24%，优酷视频24小时内视频放量超过9000万次。

作为《中国新歌声》节目的冠名商，RIO品牌一直在尝试不同的营销模式，从冠名到植入再到免广告的最新“打开方式”，提升了用户对播出平台和品牌的好感度。同时，RIO品牌联合阿里和优酷进行了整合营销，将会员绑定，展开赠饮等活动，打通线上线下，把品牌带入了3.0的融合营销。

6.1.3 广告与电视节目的整合营销创新

电视节目在2010年《中国达人秀》之后就呈现繁荣的趋势。越来越多的广告商愿意把资金投放在电视节目中。早在1991年，美国营销学家唐·舒尔茨就提出过整合营销的概念。他认为整合营销传播的核心理念就是通过整合企业内外部的所有资源，再造企业的生产与市场行为，充分调动一切可以利用的积极因素，以实现企业统一的传播目标。整合营销传播强调与顾客进行多方面的接触，并通过这些接触向消费者传播一致的、清晰的企业形象。当一个企业已经形成自己的企业文化并树立了品牌时，它就不再局限于购买和贩卖的模式，而是希望通过营销将品牌延伸。可口可乐公司把自己不单单看作是一个饮品企业而看作是一个在体育、音乐、电视、电影等各个方面积极引导大众的社会企业，因而它寻找到符合品牌意识的电视节目，如《美国偶像》，用电视节目的嫁接来引领大众的情感，传递其品牌文化。

中国凉茶的著名企业加多宝也有相同的理念，它常常将品牌文化和社会重大事件与热门节目相联系，通过借助事件和热点来赢得消费者对品牌的关注和认可。加多宝在2012年经历与王老吉的品牌纠纷，更名之后的加多宝立即冠名了多档电视节目，以提高品牌的认知度，其中最成功的是与浙江卫视《中国好声音》的合作。在品牌更名转型的关键时期，加多宝充分运用了整合营销的策略，凭借电视节目的热度迅速弥补了品牌损失。

2012年，加多宝在《中国好声音》第一季播出时就凭借前瞻性的眼光以6000万元的冠名费力拔头筹，接下来更是以2亿元和2.5亿元取得了《中国好声音》第二季和第三季独家冠名权。连续四年的冠名赞助，使加多宝和《中国好声音》成为捆绑在一起的品牌，而“正宗好凉茶，正宗好声音”的广告语也红遍了大江南北。主持人口播广告是传统广告的一种形式，《中国好声音》中以极快的语速口播了“正宗好凉茶，正宗好声音，欢迎您收看由凉茶领导品牌加多宝为您冠名的……”的广告，给观众留下了比较深刻的印象，同时观众也在用最高的频率接收着商品的信息。

在整合营销时线下营销也十分重要。加多宝结合《中国好声音》的热度，第一季在北京、上海等地都举行了推介会为节目造势。第二季开播前，加多宝结合品牌推出了“畅饮加多宝，直通好声音”的海选报名活动。在加多宝产品设计中还加入了《中国好声音》的特别促销装，消费者可以通过加多宝的购买促销装来报名《中国好声音》，同时，整个促销活动里还包含价值2000万元的奖品，线下的热炒进一步推动了电视节目的火爆。加多宝品牌管理部王月贵说过：“和《中国好声音》的合作，像是一种合伙人的概念，加多宝利用电视+微博+网络推广+终端的方式成就了加多宝和《中国好声音》完整的、立体式的推广模式。”

在整合营销时如何找到产品与节目的切入点是很重要的。加多宝之所以看中《中国好声音》，正是因为《中国好声音》正式购买了荷兰电视节目《The Voice》的版权，立意为“正宗版权”的卖点与“正宗好凉茶”一脉相承。经过推广之后，该话题也多次登上微博热门话题的榜单。

“向正宗致敬”的海报自推出后效果明显，引发了大量转载，海报中，选手认真的神态和对音乐执着的态度，值得致敬，同时也不难联想到加多宝的品牌广告语“正宗凉茶”。截至《中国好声音》第二季结束，该系列海报共计发布15期，总曝光量为1214万次，影响人群多达1.9亿人次。加多宝官方统计的数据显示，在整个活动期间，加多宝官微发布153张海报，覆盖人群17.8亿人次；加多宝官微及官网的活动总参与互动量为1.187亿次，总曝光量为40多亿次；《中国好声音》微博话题讨论量为1.3亿次；《加多宝中国好声音》话题讨论量为1084万次。加多宝捆绑《中国好声音》，将两者的品牌效应不断扩大，既创造了数量惊人的话题又带动了节目的热度。

加多宝在2013年时已经开始尝试与微信进行跨媒体的合作，在2017年相继推出了“你唱我评”的营销方式。网友在每周四和周五的18:00—22:00可以将自己录制的歌曲上传到加多宝的公众微信号上，就可以得到评委的点评。加多宝“好声音”与微信的合作是一个跨平台的尝试，调动了网友参与和关注的积极性，为节目的播出预热。在2017年加多宝冠名的《中国好声音》举办时，加多宝更是横向打开了多个品牌的合作，将时下流行的扫码送礼引入营销中，既扩大了广告效应的范围，拉动更多的产品终端合作，又增加了用户对活动的兴趣度。

依托大数据的专业技术支持，使得精准广告定位以大生产的方式成为广告营销的新态势。在广告行业，大量单纯的中介型广告平台正在消退，取而代之的是有互联网技术背景和数据管理规模的广告平台，因为这些平台可以精准地将现金变成流量，满足需求方广告的送达效果，从运作流程来看，大数据已经改变传统的广告传播的生产关系。而互联网互动性和实效性的特点，也可以使广告效果的评测由线后评测转变为线上评测，需求方多渠道投放广告形成了一个相互协同的效应。

6.2 媒体融合下的电视节目的创新推广

科特勒在《营销管理》(1994年)中曾经提出产品的五个层次，分别是核心产品、一般产品、期望产品、增值产品、潜在产品。核心产品在消费者购买时是最基本的一个诉求，而一般产品是消费者利益的物质表现形式，期望产品则体现了消费者个人喜好的需求，附加产品包括产品供应时的附加信息，潜在产品则是未来可能在产品基础做增量或者改变的部分。电视节目在做推广时，把它仅看作是一个节目来推广还是把它看作是一个产品来推广，其方式和途径是截然不同的。新媒体网络的优势使传统电视渠道优势和受众黏性都在下降。电视节目的营销是通过“内容+覆盖”的路径进行的，而新媒体则是“产品+渠道/终端”的模式，但是可以让用户产生消费行为的往往要通过个体终端链接。而电视媒体要想让观众也产生消费行为，就绕不过与新媒体合作这个环节。

新媒体的特点是具有强交互性和社交性，这弥补了传统媒体的不足。而针对这个特性，我们将科特勒的营销理论与电视节目的营销相互融合得知一个电视节目产品应该包含以下五个方面，见表6-3。

表6-3 媒体融合下电视节目的产品营销

产品层次	特点
核心产品	在新媒体平台上的社交性和交互性传播

续表

产品层次	特点
一般产品	新媒体接收传媒产品时的时移表现形式
期望产品	满足消费用户的个性化需求
增值产品	通过新媒体的消费场景的搭建，形成与用户个体的链接，实现附加价值
潜在产品	通过衍生品的开发，挖掘品牌的潜在价值

6.2.1 电视节目的社交性和交互性推广

清华大学彭兰教授认为，过去电视媒体的内容生产主要是将注意力放在产品的核心利益层面上，而对于其他四个层面的关注是欠缺的，即使有时传统媒体能意识到传媒产品的其他层次，但是由于运营思路的陈旧、运营手段的简单和粗糙，并不能达到应有的传播效果，而随着新媒体的诞生和发展，受众的社交诉求得到了满足，互联网的强交互性也在一定程度上弥补了传统电视媒体单向传播、缺乏互动的不足。一个电视节目的品牌价值挖掘不能仅仅通过电视自有平台，应进行网络化的推广，就是要利用各个渠道和平台的特点来打造电视节目的产品化属性。社交性和互动性为电视节目的产业链挖掘和产品附加值的提升提供了基础，而新媒体的特点就是建立电视产品和用户的双向连接，基于这种关系的产品的维护、开发、运营是维持核心内容产品的方法。无论十几年前在互联网技术下产生的邮箱、BBS、博客还是现在为大众所熟悉的微博、微信、B站、视频网站等，都是通过这种与用户建立社交场景、建立互动关系的方式，使产品附加值得到提升。我们在前几章也提到过电视节目的受众群体主要都是“网生一代”，他们具有较强的网络使用能力和社交需求，在观看电视节目时，伴随有多屏观看、跨屏使用等行为特征，同时很多受众还会伴随着将观看体验分享到社交网站等行为。

电视媒体和新媒体的融合使用以及多维度的互动增加了电视节目的影响力，而这种互动场景的营造以及强调了社交性、互动性的话题制造，可以使一档电视节目溢出更多的产业价值。表6-4是三档季播电视节目《极速前进》《中国好声音》《奔跑吧兄弟》在2017年和2018年的收视率与相关的微博阅读次数。

表6-4　　三档季播电视节目的收视表现及微博阅读次数

节目名称	电视平均收视率/%		收视率增幅/%	微博均阅读次数/百万次		阅读次数增幅/%
	2017年	2018年		2017年	2018年	
极速前进	1.31	0.58	−55.97	75.41	75.71	0.40
中国好声音	3.98	4.38	9.97	125.13	194.23	4.67
奔跑吧兄弟	2.64	4.91	85.97	200.28	320.58	60.07

2017年深圳卫视的《极速前进》在周五播放，以环游世界为主题加之紧张激烈的比赛环节，在第一季开播伊始就取得超过1%的收视率。第二季开播后仍在周五播放，2018年这一时期的周五档竞争激烈，在多面夹击下收视率下降超过55%，每一期平均收视率仅0.58%。但在微博阅读次数统计中，第二季《极速前进》的数据并没有随着电视收视大幅度下降而是略有上升。对《极速前进》的微博官网话题进行总结，得出了该节目网台互动的新方法，从2015年开始，晒运动在社交网站悄然成风，这个主题也非常切合《极速前进》的运动、奔跑的节目元素。深圳卫视将广大网友的运动步数与节目支持联系起来，一季10期，有10个国家将微博网友的每日运动步数贡献给支持的选手，其中在澳大利亚站获得的捐献里程总数达到了185402km，而支持冠、亚、季军的网友已经捐献超过10亿步。节目多次在微博平台制造话题并把握住了最新的网络用户关注热点，增加了互动性和用户黏性。在微博上的话题阅读不仅弥补了收视上的不足，还拉动了0.4%增幅。

2018年10月，为期3个月的《中国好声音》落下帷幕，这次节目最大的亮点是导师阵容的变化，周杰伦加盟《中国好声音》，掀起了广泛的关注，这一季收视率较前几季有所上升，平均收视率超过4%。数据显示，周杰伦的微博搜索指数远远高于其他3位导师。在制作和推广宣传时，为周杰伦链接上了“小公举”的标签，而微博的相关讨论完全被该词汇占据，整体的话题阅读较上一季增幅更是超过60%。

对《中国好声音》的微博进行数据分析时发现，周杰伦的“地表最强音战队”被提及的次数最多，超过450万次，比汪峰、那英和庾澄庆3位导师的搜索量总和还要高。对周杰伦评价出现较为高频的词汇有“小公举”“害羞”“青春”等，周杰伦在微博社群中更具有强大的粉丝基础和效应。

《奔跑吧兄弟》在第一季播出后3个月即迎来了第二季的超高收视，这种收视热度不仅体现在电视收视率上更表现在微博的搜索热议上。第二季《奔跑吧兄弟》较第一季在收视率上增加了85.97%，微博阅读量提高了60.07%。但在如此高的专注度背后，却是正评价和负评价的一次次较量。在第一季开播时，微博评论互动中不乏和韩国原版《Running Man》的比较，对中国版《奔跑吧兄弟》制作和参演人选都展开了激烈的讨论。随着第二季的开播，话题争议就集中在节目嘉宾陈赫上，对陈赫离婚等话题的热议使第二季第二期的正评价最低，微博电视指数的数据显示，陈赫、离婚、张子萱等均为热搜词汇，很多观众会把对演员的评价感受移情到节目中，从而影响对节目的观看和体验。当然，这种体验式的评价也是相互的，很多观众看到节目中嘉宾的表现，打破了以往对明星的固有印象，例如在《奔跑吧兄弟》第二季的第二期中，因为一道小学生的数学题“鸡兔同笼”，使得以前看起来“十分完美”的明星纷纷“出糗”，喜剧效果十足，虽然暴露了节目嘉宾的“丑态”，但是符合观众观看电视节目的动因，更符合网络用户碎片化的观看时间，收到了良好的正面传播效果。另外，节目组还在微博中特意编辑了相关的段落和图片，用以加强节目效果的传播。

2014年《奔跑吧兄弟》在第一季播出时多半还处于水土不服的调整期，然而在第二季开播时就达到4.91%的收视率，这与节目在网络社交平台的大力营销是密不可分的。这档电视节目的主要收视群体是女性，虽然在电视和网络平台男女收视比重不同，但是交集涵盖范围广泛，也凸显了网台在社交性和互动性中的特点（图6-2）。

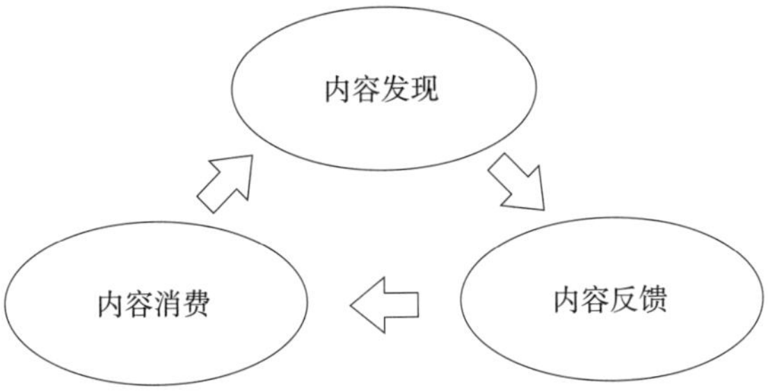

图6-2　电视节目的内容产品与用户关系

无论是内容消费、内容发现或是内容反馈都覆盖了整个和用户的互动过程，因为有这种交互性才可以满足观众在观看时的动因，使其获得良好的用户体验。《中国好声音》对微博、微信等社交平台的使用效率很好，每一位导师和学员都开设了个人账号，在吸引粉丝的时候也常常参与粉丝的互动。同时，在官方微博、微信公众号、个人微博等渠道记录和分享整个参赛过程，将文字、图片、视频进行分享和推广，因而在社交媒体上积累了相当的人气。这种重视交互性的内容产品化推广不同于早期电视节目的电话、短信投票参与的方式，这是将个体和平台优势嫁接，再利用用户的使用习惯建立起复杂、网络状的互动联系。

6.2.2 时移收视习惯下的电视节目推广

（1）时移收视概述　传统的电视节目以线性的方式播放，观众以线性的方式收看，这种运营和播出方式一般称作直播的收视。线性播出之后的节目，如果相关机构还能提供基于双向互动技术的面向观众的点播与回放，这种在电视机上产生的新型收视行为就称作“时移收视”，英文为“Time-shifted Viewing”。在2017年发布的《全球传媒发展报告》中显示，在很多新媒体发展迅速的国家，时移收视已经占到直播收视的6.7%，像美、英、荷兰等国家其电视节目的时移收视占比超过16%。目前，我国电视节目的时移收视占3%左右，这与欧美国家有一些差距，但是直播与时移观看并行，已经成为衡量电视节目收视率的重要参考。

电视节目同样也在新媒体终端放量收视，尽管这种放量可能会在一定程度上分流观看电视节目直播的观众数量和观看时长，但是从点播、回看等收视行为来分析，时移收视在增加，因此观看电视节目的收视总量和时长仍是增量的。随着电视节目的多渠道分发和更多跨平台的播出，电视节目内容被最大化地使用，这种时移收视行为也具有分析和挖掘的价值。它将是在媒体融合环境下促使电视视频发展和电视产业布局升级的新方向。

随着IPTV、数字电视、智能电视的推广和使用，拓展了电视除直播以外的价值上升空间。从模拟信号到数字信号再到可以提供双向互动的互联网技术具有点播、回放等功能的机顶盒以及智能电视的出现，观众由被动选择再到主动选择，其收视习惯在不断转变。据CSM调查数据显示，2018年1月至8月收视市场份额为12.5%，其中观众点播、回看7天内节目的收视份额为2.8%，4岁及以上所有电视人口中，平均每天约有63%的观众发生了收视行为，发生时移收视的观众占到了6%；在拥有回看设备的家庭户中，每天发生时移收视的观众占到13%，每人每天收看电视直播168分钟，主动点播、回看电视节目5分钟，时移收视与直播收视率比例平均为2.8%，上海和北京较高，分别达到6%和4%；在所有观众中，平均每周发生时移收视的观众占16%，拥有回看设备的观众时移观众达到35%；2018年1月至8月与去年同期相比，各地时移人均收视时长都有了显著增长，但各地水平差异较大，随着回看设备的普及，互动服务的进一步提供，时移收视具有相当大的增长空间。但通常观众在进行时移收视时，收视的高峰会滞后于直播时间，例如在晚间20:00—21:30，观众还是会按照以往的收视习惯观看电视直播，当黄金时间过后，电视观众才会选择通过点播和回播进行时移收看。

（2）时移收视的特征 CSM的调查数据显示，在时移收看的受众中，15～34岁的观众以及大学以上受教育程度的观众较多，这部分观众与电视节目观众的重合度极高。

既然时移观看是观众主动选择的收视行为，通过观众的选择可以较为明显地看到观众对电视节目的喜好，而综艺、电视剧是观众选择观看最多的节目类型，其中包含电视节目在内的综艺类节目的时移收看比重由2017年的16%上升到2018年的21%。时移收视对首播的贡献增量在季播的电视节目中尤为明显，如《极限挑战》《奔跑吧兄弟》《欢乐喜剧人》等电视节目的时移收视增量高达40%，这已经成为电视节目收视中必须要考虑的因素。

（3）电视节目的时移收视 时移观看不仅带来了整体节目观看的增量而且移动终端互动和话题讨论也增加了节目的热度，湖南卫视、浙江卫视、东方卫视在2018年3月中季播电视节目的时移收视以及互动话题数据见表6-5。

表6-5　季播电视节目数据

节目名称	播出时间	首播收视率/%	时移收视率（7天内）/%	微博话题阅读量/万次	微博话题阅读量/万人
我是歌手（湖南卫视）	2018年3月4日	2.13	0.58	29226.0	2471.0
	2018年3月11日	2.10	0.52	24453.0	1946.0
	2018年3月18日	1.81	0.47	25905.0	2742.0
	2018年3月25日	1.97	0.45	22475.0	2219.0

续表

节目名称	播出时间	首播收视率/%	时移收视率（7天内）/%	微博话题阅读量/万次	微博话题阅读量/万人
最强大脑（江苏卫视）	2018年3月4日	2.30	0.43	55000.0	3146.1
	2018年3月11日	2.49	0.43	5850.0	781.0
	2018年3月18日	2.60	0.47	12000.0	933.6
	2018年3月25日	2.57	0.28	9207.0	971.0
欢乐喜剧人（东方卫视）	2018年3月6日	2.04	1.33	3366.9	581.4
	2018年3月13日	2.61	0.76	4621.0	540.0
	2018年3月20日	2.47	1.25	13000.0	2591.0
	2018年3月27日	2.98	0.96	664.5	198.0

湖南卫视的《我是歌手》来源于韩国MBC模板节目，是一档歌唱类的选秀节目。2018年这一季的整体收视率表现较为平稳，从3月的数据可以看出，其首播收视率在2%左右，而时移收视率（7天以内）在0.5%左右。从微博阅读来看，阅读次数和人数与节目的热度成正比，形成话题、被转发和评论的次数也十分客观，从这些数据来看，时移观看对首播收视率的提升较大，观众在微博中互动、点评、转发频繁，关注度较高。

江苏卫视的《最强大脑》来源于德国的模板节目《Super Brain》，进行了中国本土化改造，是一档结合了科学和脑力并加入娱乐元素的电视节目。从开播首月的数据来看，收视率稳定在2.5%左右，时移收视贡献0.43%的收视率。从CSM媒介研究2018年3月公布的受众调查来看，该节目在传统电视端收看节目的受众有62.02%来自“70后”观众，而微博中通过时移观看或互动的观众则有63.36%为“90后”和“00后”，由此可见，微博等新媒体的客户端对传统电视媒体的观众形成了流动和互补。

东方卫视的《欢乐喜剧人》是一档原创的明星竞赛类节目。节目形式非常多样，有小品、相声、杂耍、脱口秀。从多季跟踪的索福瑞数据总结来看，该节目的时移收视对首播收视率的拉动效果明显，平均时移收视率可超过1%。在通过微博讨论等互动渠道的带动下，多次形成热门话题。在时移收视方面，3月6日至3月31日，《欢乐喜剧人》的时移观众中大学及以上教育程度的人群比例接近一半，达到48.28%，远高出同等学历直播观众35.78%的占比，可见高学历人群对时移收视贡献较大。

除了利用IPTV、智能电视等终端进行时移观看以外。越来越多的移动设备，如手机、iPad等都可以满足观众时移、位移的需求。这样就较为便捷地建立起了电视内容与用户的沟通渠道，将用户引入到电视节目的整个生产、流通环节，电视媒体又真正找到了与用户联系和沟通的路径。《中国好声音》在第二季开始就越发重视移动终端和智能终端的推广和使用。在节目预热和播出的时候，频频与淘宝网、美颜相机、天天动听等APP和网站合作，嵌入节目的元素和logo，全面渗透节目的品牌效应。《中国好声音》品牌也看到了其市场增值的空间，在第三季的《巅峰之夜》前夕就与滴滴打车网站合作，推出了“赶紧回家看好声音”的打车红包，用户在付费后便可以收到价值不等的红包。通过滴滴打车软件的高覆盖和海量的用户分享以及“病毒式”的传播，这种营销手段为总决赛的收视提供了新的传播方式，对于较多使用这种打车软件的年轻人产生了很好的宣传效果，符合《中国好声音》年轻化、品牌化的定位。

6.2.3 提高用户体验满足个性化需求

大数据在电视节目内容定制上的使用，使用户的画像被精准具体化的同时也被规模化和平均化。广告商、制作方根据数字技术将目标受众精确地区分后，就把原有的节目生产转变为归类行为，在这个过程中，还会受到利益的增长点和商业力量的支配。当所谓的个性需求被越来越前置、越来越精确地计算出来的时候，个性需要的意义就不复存在。但是电视受众在虚拟态空间中实现对理想世界的拙劣模仿，产生代偿性满足，个性化的需求和选择的权利被数据化的节目内容定制所掩盖。因此，“大规模定制”所体现的个性是虚假的，是依托信息技术对市场更加精细的划分，各个细分领域都是根据广告商和生产商的需要精确计算出来的，文化生产也就变成了归类活动。而用户体验（User Experience）这个来源于互联网的词汇，它主要表达的是用户在使用一个系统、服务或产品时的体验和感受以及反馈。从期望产品层次来看，用户体验的好坏来自于传媒产品与用户达成心理共鸣的程度，久而久之它会在用户身上形成传媒消费行为的定势，即特定的传媒产品使用习惯，以此来增强用户的忠诚度。无论是传统电视台还是移动终端或是智能终端，不应当仅仅带给用户内容上的需求，因为用户总是想获得更多的更有价值的信息、服务或者体验，因而人们对传媒产品的要求越来越高。

那么如何满足这种个性化的需求，建立起用户与产品、用户与服务的联系呢？也许“今日头条”在满足用户个性化需求的方面对我们电视节目的推广营销有所启示。“今日头条”是一个以大数据为依托，根据用户的感兴趣程度来进行个人信息定制的搜索引擎，其中包含了图片、文字与视频。但不同于信息内容集成新闻中介平台，用户无需进行复杂的操作就可以进行个性化的定制服务，“今日头条”会根据用户的浏览轨迹或者相关的横向数据支持而对用户感兴趣的内容进行推送，实现高质量信息的再编辑和再传播。首先，平台会根据用户的微博阅读、地理位置、浏览轨迹、职业、性别等在5秒内描绘出用户画像，如果用户有新的动作行为，最快会在10秒内更新用户的信息。再通过对用户特点的分析推荐相关的热点，这些热点也以正能量指数、热度指数等作为参考数据。面对海量数据，“今日头条”可以在0.1秒内完成数据分析，3秒内完成文字、图片、视频的提取，同时根据横向的数据支持，可以识别出用户的爱好兴趣，从而进行精准的推送。通过给每一个用户建立画像，实现个性化的推荐和连接，这是传统媒体所无法满足的。更多的媒介平台在建立了官网或者APP之后，多数成为内容的分发渠道，而没有建立更多的可以满足个性化需求的功能。

当然这种数据化的分析正在被更多的新媒体平台所使用，也可以满足受众对电视节目观看的个性化需求。腾讯视频和唯众传媒联合制作的网络调查类电视节目《你正常吗?》就是借助了这种数据化的分析方式，在每一期节目播出之前，都在以腾讯为主的网络平台进行调查讨论，例如对“喜欢看伴侣手机正常吗?”等话题进行网络调查，仅一个话题在社区里的最高讨论量超过600万次。结合节目的现场讨论，来测试“正常指数”。而节目的意义还在于通过对“正常指数”的比较，使很多用户产生心理上的共鸣，消除一些不必要的担忧，对自己和社会有更多认识。

湖南卫视在《爸爸去哪儿》播出期间，新华社新媒体中心联合数托邦创意分析工作室抓取了新浪微博上提及“爸爸去哪儿”的45.5万条原创微博，并对36.7万个独立原发作者用户（去除疑似水军账户）、1300余万条用户微博及近1亿次浏览量的关系进行数据分析。将微博的提及数量、讨论次数、用户的男女比例及地区、与五组家庭相关的内容和节目的泪点、笑点都做了数据化的比较和呈现，这种精确的内容分析和用户分析以及反馈为后面的节目制作和调整提供了有力支持，尤其在脚本内容设置上，很具有参考性。

电视节目的内容营销和推广应该更多地利用社交平台的交互性和智能数据化的终端来定位受众群，建立用户画像，为电视节目的内容生产和推广营销定制差异化方案，这样才可以制定互动的条件，满足受众的个性化需求。

总之，对于电视节目到底是把它看作一个视听内容来营销传播，还是看作一个“产品”来推广，这取决于我们怎么看待电视媒体在社交性、交互性、数据化、个性化等层面的供求关系，其中电视节目的产品附加值和潜在价值的表现更值得我们探讨。

6.3 电视节目全产业链的开发

随着媒体融合加快，电视节目可以通过多渠道分发来快速积累品牌效应，无论是收视率的增长还是新媒体点击率的放量抑或是社交网络的话题引爆，无论是一线卫视的爆款电视节目，如湖南卫视的《爸爸去哪儿》、浙江卫视的《奔跑吧兄弟》《中国好声音》、央视的《挑战不可能》、江苏卫视的《前往世界的尽头》，还是网台的联合制作，如北京卫视与优酷网的《歌手是谁》、东方卫视与爱奇艺的《我去上学啦》、浙江卫视与腾讯的《燃烧吧少年！》等，谁能增加受众的黏性，积极利用各种渠道建立起与受众的联系，谁就能在节目的品牌延伸开发和衍生品的产业链开发中增加受众的纵向深度并建立消费联系。每一个播出平台、渠道的定位不同，决定着节目衍生品的开发模式不同，综艺大电影、同名APP、热门手游、明星同款服饰、节目拍摄场地旅游等，五花八门的节目衍生品构成节目品牌产业链的延伸开发。

6.3.1 电视节目的网络状产业链搭建

随着媒体融合的加速和互联网技术的快速发展，以及智能终端的普及，极大改变了受众接收信息和观看视频节目的习惯以及消费行为的建立，同时，这种连接方式的改变也伴随着整个产业链的裂变。传统电视节目的产业是线性结构，而随着产业链的裂变，媒体融合环境下的电视节目产业链呈现出网状结构和价值增量的特点。但就现状而言，仍存在产业机制不健全、缺乏品牌维护、产业发展不均衡等问题。

6.3.1.1 网络状的电视节目产业链模式

网络状产业链基于模块化和网络组织理论。随着产业链纵横向不断地分解和深化，原本具备不同特点的企业按一定的方式和标准相互交叉、融合，形成产业价值网络，成为一种呈网络状的新型产业链，称之为“网络状产业链”。电视节目的产业链主要表现在对内容的多渠道分销、播出前产品植入与播出时的广告合作以及后续的衍生品开发。而初期的电视节目产业链是一种内部的、售卖形式简单的环节构成：电视节目的前期调查→节目策划与创意→节目内容生产→节目交易→节目播出→节目的衍生品开发。随着媒体融合的加深和互联网技术的发展，电视节目的产业链中不断出现新的环节和模块，如网络视频的分销、旅游主题路线的版权以及游戏、手机APP的开发等，而所有网状产业链是建立在电视节目的核心——内容之上的。电视节目的内容是节目产业链开发的核心，对内容挖掘也贯穿了研发、生产、营销、流通和终端服务等环节，这些环节又通过内容的特点相互连接形成了各种模块的相互联系、相互作用。无论是从上游的内容生产还是下游的衍生品开发，其影响力都是相互作用的，因此会不断促进新的模块和资源的产生，构建出一个网络状的产业链（图6-3），随着网络状的发展从而支撑产业链的扩张。在产业链的运营中，内容的增值和整合是产业生态发展的关键，因此如何利用内容达到创新和共享是我们研究电视产业链的目的。

电视节目的网络状产业链是多点、多元、多模块的，它们以电视节目内容作为连接，实现了资源的整合和开发，延伸出了以电视节目内容为中心，以动漫、图书、电子商务、APP、手游、网络视频、版权授权、电视节、电影、广告等一系列模块为链条的产业模式。面对复杂的网络状产业链的开发，电视台的业务流程和组织流程的再造更为重要，科学化的管理对复杂的网络状产业链的开发和维护起着至关重要的作用。早期的制播分离所形成的节目开发、品牌维护、影视剧等部门不断变化，形成新的组织架构，如上海东方传媒有限公司就建立了管控平台和事业部的横纵架构模式。管控平台有相应的规章制度，它们会依法管理所有的事业部，事业部都是平行的，但体制有所不同，有的是公司，有的是成本中心，有的是利润中心，所以管理模式也有所区别，形成了一种矩阵化管理的方式。

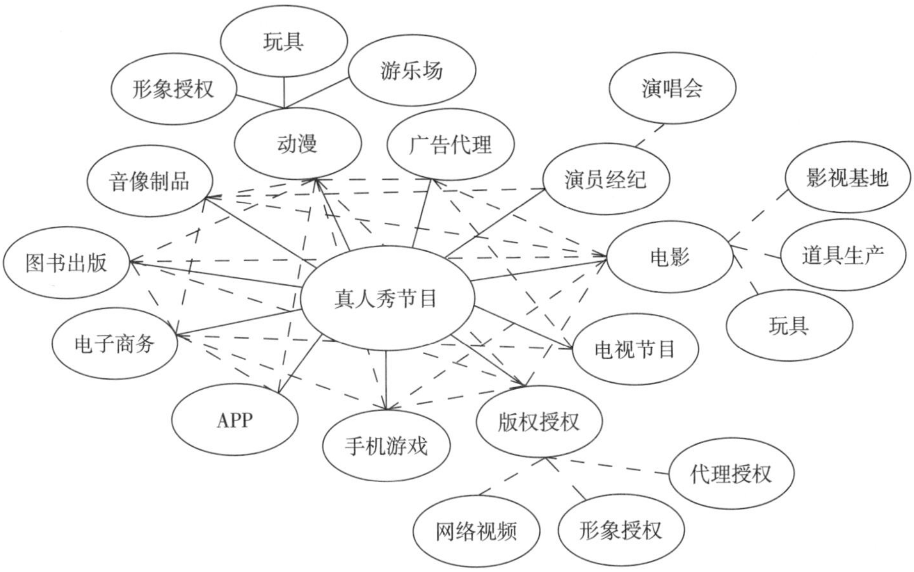

图6-3 网络状电视产业链

6.3.1.2 全产业链模式的初步搭建

电视综艺节目是产业附加值最高的一种节目形式，主要体现在其内容的可拓展性上。随着媒体融合的加深，传统媒体平台和新媒体渠道共同发力，使营销方式和衍生品开发逐渐覆盖了全产业链。通过内外部资源的整合，实现了品牌附加值的最大化。而附加值的提升又增加了电视节目的传播价值、商业价值、新闻价值、社会价值等。这几种关系相互促进，相辅相成。

（1）电视媒体的平台核心优势 一档电视节目是否能得到观众的认同、喜欢是由内容价值所决定的，而这档节目的电视收视率、网络视频的点击率和微博的相关话题则是最直接反映的晴雨表。以现象级电视节目《奔跑吧兄弟》为例，2014年第一季的平均收视率超过2%，而市场份额最高时超过10%，仅第一季的广告收入就超过4亿元，其中包含独家冠名费1.3亿元，8000多万元的植入广告收入。当然，作为一档成功的现象级电视节目，仅仅获得高收视率和广告收入是远远不够的。对于受众来说，媒体融合之后可以通过多个场景、渠道、方式来接触到电视节目的核心内容，从而增加了对节目品牌的认知，也在无形之中受到影响，而广告商也在这些环节中抓取了用户的注意力，完成了商品的传播功效。

电视媒体目前作为仍有巨大影响力的平台，也在充分发挥着自身的优势，通过合理的节目编排和平台纵深度，加大核心内容的传播。湖南卫视的亲子电视节目《爸爸去哪儿》获得巨大成功，其中仅湖南卫视就重复播出140余次，非首次观看人数已经超过首播观看人数，这种叠加的效应呈现了几何式的爆发增长，见表6-6。

表6-6　　《爸爸去哪儿》播出频次

频道	播出情况	频次	收视人数/千人
湖南卫视	爸爸去哪儿	12	587022
湖南卫视	爸爸去哪儿（重播）	140	860168
湖南金鹰卡通	爸爸去哪儿（重播）	55	308805
湖南金鹰卡通	动漫明星之爸爸去哪儿	5	20274

湖南卫视在对核心节目内容进行宣传时凭借的就是自身的平台优势，通过较大的受众基础，在节目未播放前，利用每天至少40次的预告片来为节目预热，即便在节目开播后，也会每天在频道中超过20次滚动播放节目花絮。

（2）打造消费场景，延伸品牌矩阵　随着观众接触媒体的习惯变化和智能终端的普及，网络视频的传播成为填充碎片化时间和连接社交媒体的一个载体。无论是像芒果TV这样网台合一的官方渠道还是优酷、爱奇艺、乐视等视频网站，都建立了连接受众的场景和渠道，利用这种非线性的点播方式和强交互性的特点，这些网台成为很多观众尤其是年轻观众观看电视节目的选择。互联网+电视的模式，是传统电视的突破口，但我们要清楚地认识到互联网并不是一种媒介这么简单，它是一种操作系统，因此我们的思维、习惯、工作方式都应该在这个系统中。传统电视媒体如果把互联网只看作是一种内容分发的渠道，就不能够完全嵌入到这个系统中。比如互联网的新媒体正在改变用户的使用习惯和消费习惯，而如何将新媒体连接到具有互联网性质的消费场景中，是电视+互联网正在探索的消费模式。

近几年，电视节目电商化的说法被不断提起。T2O（TV to Online）的形式成为媒体融合环境下电视连接电商消费场景的路径。无论是二维码、APP还是通过“摇一摇”都是消费连接建立的方式，而这种借助移动端进行实时交互的方式，直接把观众引入消费场景中，完成观众与用户的身份转换，很多电视节目就是利用这种连接，实现了边看边买的商业模式。

东方卫视与蓝色火焰制作公司共同打造的电视节目《女神的新衣》，以明星24小时制作衣服，然后T台展现，最后通过专业买手和电商平台进行销售的模式，完成了电视节目到网络销售的过程。节目中的买手通过天猫的电商平台将服装作品放到网络展示销售，观众在观看电视节目的同时即可上天猫网店购买“明星同款”，据相关媒体报道，该节目播出当晚21:00—24:00四大卖家的店铺流量达到平时的8～10倍。

在电视产业链模块中，将隐形的消费群体显性化，实现商业利润的落地。通过电视节目内容来搭建消费场景，通过新媒体端口来实现消费渠道的建立，通过电商平台来完成消费过程，同时电商的流量也将导入到电视节目中，完成一个T2O的闭合，实现了消费者在观众和用户之间的流动。

（3）电视节目的衍生品开发　一个现象级电视节目和它的衍生品开发所形成的是共赢的局面。电视节目《爸爸去哪儿》和《中国好声音》就是在节目衍生品的助力下，不断尝试产业开发的模式。综艺节目的衍生品开发是一种新趋势，也是不可或缺的环节，它们与节目的母体相连，共同打造节目的品牌价值。

衍生品是一个金融领域的概念，它与电视节目结合后，产生了商品的属性和附加值。例如，手游在电视节目产业链的开发里成为一个多次尝试开发的模块，凭借《爸爸去哪儿》主体节目的成功，2014年初湖南卫视与游戏公司合作开发《爸爸去哪儿》跑酷游戏，之后芒果传媒开始涉足游戏领域，成立了上海芒果互娱科技有限公司和湖南快乐芒果互娱科技有限公司，在游戏、APP应用开发方面展开工作，期间推出了多款小游戏，如《爸爸去哪儿》《花儿与少年》《新济公活佛》等。目前，《爸爸去哪儿》手游的第一季达到1.5亿次的下载量，第二季已超过8000万次，其中伊利品牌也在首页、装扮和道具方面进行了深度植入，获得了满意的营销效果。紧接着在2015年的春节，同名电影也火速上映，《爸爸去哪儿》的大电影制作是中低成本，但却在短时间内获得了6.7亿元的票房收入。虽然其电影化的表达手法遭到了同行的诟病，可是我们还是看到了节目衍生品的巨大市场。在《爸爸去哪儿》第二季播出之后，湖南卫视就上马了一档节目《我和爸爸在一起》，讲述了节目以外的故事。湖南卫视借势又在平台里利用知名节目《天天向上》《快乐大本营》等邀请当红的星爸、萌娃多次出镜，为节目造势。湖南卫视将传统电视节目进行产业化、移动化、数字化的开发，不仅仅将观众锁定在每周五的电视机前，还将品牌植入到生活场景中，让观众多维度地接触品牌内容，增加受众的黏性。而作为《爸爸去哪儿》的同名手游，粉丝量和收入并不是考察其传播价值的首要因素，而是通过还原节目的场景来拉近使用者对节目的认同感，使游戏玩家向电视观众转化，当然观众的双重身份也更有利于电视节目口碑的传播，这也顺应了媒体融合环境下的文化产业发展。

无独有偶，电视节目《奔跑吧兄弟》也是利用了节目的优势，将电影《奔跑吧兄弟》和手游《奔跑吧兄弟：我是车神》共同推向市场，前者获得了超过4亿元的票房收入，后者直接带来了活跃用户超百万的成绩，而两者给《奔跑吧兄弟》的品牌建设增加了价值，同时也产生了直接的经济效益。2017年，《奔跑吧兄弟》还拓展了歌唱类和演绎类的产业模块。2018年的跨年夜在深圳体育中心举办了演唱会，体育馆可以容纳近1.3万人，而票价为几百元到几千元不等，通过《奔跑吧兄弟》的节目影响力和个人粉丝效应，演唱会座席爆满。浙江卫视和视频转播或直播了整场演唱会，再一次提升了品牌的知名度和粉丝效应。利用粉丝经济，《奔跑吧兄弟》还开发了以跑男为形象的图书、服装等，得到了粉丝的追捧。同时，利用粉丝会，在线上和线下开展直播、互动和交流，在增加粉丝好感度和黏性的基础上得到了经济收益。

同样，电视节目《爸爸去哪儿》除了电影和手游取得了傲人的成绩以外，也开发了人偶、漫画、旅游景点等模块，节目中出现的儿童服饰、玩具的售卖量呈现井喷式爆发。林志颖儿子Kimi在节目中提及的奥特蛋在淘宝售卖中成为热门产品，各大商家都在明显广告语中含有“Kimi最爱”作为产品宣传。节目录制所到之处也成为亲子游的热门之地，几家旅游网站甚至还推出了以《爸爸去哪儿》为主题的亲子游路线，对于整个产业链的相关挖掘呈现了非常火热的态势。

（4）电视节目产业链开发的不足　电视节目的产业链开发能力是衡量媒体集团产业生态构建能力的重要标准，但是传媒集团机构庞大，组织管理传统，分工不合理，制播分离不完善等，都是节目产业链构建中存在的不足。

电视节目产业链的开发依托的是内容核心和品牌建设，而很多电视节目品牌建设周期短，观众还未形成收视习惯或者品牌依赖性，电视节目就匆匆停播了。东方卫视在2006—2010年推出了多档电视节目，如《我型我秀》《加油！好男儿》《加油！东方天使》等，因为同质化的竞争和低收视率很快遭到停播。这些电视节目一般只有1～2季的生命周期，短期内环节设置和播出时间都在不断调整，观众还无法形成约会意识和收视习惯。同时，对电视节目的内容类型、排播时间、参演种类等会有宏观的政策调控，也会影响品牌的建立和维护。例如电视节目《超级女生》在政策调控之后，改变了播出时段、竞赛环境，甚至还改名为《快乐女生》，而随之带来的是品牌logo的更换、赞助商的易主、品牌企业推广的重新授权，之前经营的品牌模块都受到了影响。

电视节目产业链的持续开发依托的是电视节目内容的不断创新，电视节目不是真正意义上的工业化产品，不可能通过新节目的研发就会形成垄断，也无法直接带来利润。为了保证节目的成功和商业价值，在引进和研发的过程中，购买版权和联合制作成为现在市场上主要的节目创制模式。因此，在一定程度上，创新成为节目发展的壁垒，因为模板节目和联合制作的节目的版权方较为强势，要求遵循节目制作原版，围绕节目核心环节、内容设置、节目设置等方面的突破都是举步维艰的。同时，国内的同质化跟风情况也较为严重，一档收视率较高的电视节目一经推出，类似的节目模式就会充斥屏幕，其商业价值和社会价值也会被瓜分，而面对直接抄袭或者粗制滥造的模仿，却很难实现版权的维护。很多电视台也设立了节目研发部门，但很多时候只是针对国外节目进行分析，看看是否能拼凑出一档“低投入，高产出”的电视节目，这种情况为电视节目品牌的产业化推广带来了层层阻碍。

据不完全统计，国外产业化开发的电视节目的广告收入只占到总收入的40%，而其余的60%均来自产业链衍生品的开发和其他商业价值的转换。首先，在产业链开发中，节目版权的出售占比较高，通过全球发行和播映获得节目销售和版权销售的利润。2018年，美国的版权产业增加值为10156亿美元，已成为美国经济贡献度最高的支柱性产业。然而中国原创电视节目版权反向输出国外的案例目前仍是寥寥无几，可圈可点地是央视与灿星联合制作的电视节目《中国好歌曲》落地英国，由著名英国国际传媒集团负责发行制作，浙江卫视和国际的节目模式公司Armoza（以色列）也将《全能星战》推行到了海外。中国具有发行版权的电视节目在国际版权交易的市场上极少成为甲方，这也凸显了电视节目在产业链拓展上的不足。

其次，一些“现象级”的和大品牌的电视节目通常都掌握在具有较强资本运作能力的传媒集团中，大多数电视台或是节目制作公司并不具备独立的产业链开发能力，尽管如此，传媒集团在进行资源整合的时候依然要借助外部资源的产业模块。例如电视节目《超级女声》在做产品开发时就把其卡通形象、艺人肖像等产业链的开发权授予了中国最大的文具厂商贝发集团，但是消费市场盗版猖獗，收益并不可观，后因为《超级女生》改版改名的原因，衍生品的产业模块受到巨大打击。因此，当媒体集团进行跨资源的整合时，产业模块都会受到一些不可控的因素影响。当然这其中的主要原因也是因为电视节目的产业链运作不够成熟，对市场预判不准确或者对可能出现的情况估计不足。

目前具有产业链开发价值和能力的电视节目大都由电视台掌握，电视台在产业链模块开发中扮演着至关重要的角色。在节目生产制作环节，因为有了民营资本的参与和制播分离制度的存在，这个环节较好开发。而购买和播出时，却是一个闭合的链条，电视台掌握了绝对的话语权，在这个环节中会有很多利益分配不均、价值不对等的情况出现。按照日本和欧洲国家电视节目市场的经济合作和利润分配形式，节目生产、购买和发行三个环节的分配比例大致是5：2.5：2.5，而中国电视节目收益的分配比例是播出占80%～90%、制作占10%～20%。中国缺少全国性的节目销售市场，由于分销这个电视节目产业链环节的断裂，导致电视台的收入过度依赖广告，节目销售和流通环节的收入比例极低。因此，电视台在产业链某些环节的垄断角色也使得电视节目产业链开发中存在利益分配不公的问题，一定程度上影响了整个产业链模块的构建。

6.3.2 电视节目产业链的 IP 化效应

有学者指出，文化工业所依赖的技术基础产生了根本性的变化，即由“模拟信号技术”转向“数字化信息技术”。模拟信号技术对文化内容的生产在一定程度上以牺牲文化创作的个性化原则为条件，而数字化信息技术则可以实现个性化基础上的生产。前一种叫作“大规模复制”，后一种可以叫作“大规模定制”。依托于数字化信息技术，新媒体具备了进行个性化生产的条件，提供了反抗标准化与抗霸权的可能，但在技术支配网络空间与文化生产的背后，其实是资本的力量，真正决定技术进步的是掌握权力与资本的组织和个人。网络社会中的“长尾效应”固然代表了“小众”对被标准化与平庸化的反对，小众文化空间的出现也值得兴奋，但其极其边缘的地位无法对抗整个网络主导性文化的标准化，换言之，尽管技术提供了可能与局部的实现，互联网上的文化仍然主要是工业化的空间。资本是趋利的，只有满足尽可能多的用户口味与需求才能以最小的成本产出最大的利益，这种需求只能是被平均化、大众化的需求。因此，在互联网的内容生产上，我们看到同质化的内容被不断生产出来，牺牲个性的“大规模复制”生产并未改变，主导性内容无疑都是最符合大众口味的“自带流量”的IP。

IP即知识产权，是一种无形的财产权，也称智力成果，它指的是通过智力创造性劳动所获得的成果，并且是由智力劳动者对成果依法享有的专有权利。这种权利包括人身权利和财产权利，也称之为精神权利和经济权利。在产业格局中所说的IP更多所指的是改编权，以及由此带来的产业开发价值。而IP在媒体融合加深和互联网高速发展的大环境下，其特点就是在于“连接”的属性。通过市场化的运作将一个IP产品进行跨文化市场的运作和资源的整合。IP在整个电视产业链上的开发与应用其实就是提供了新的生产关系。在整个深度挖掘其产业价值的过程就是将传统媒体和新媒体资源相互融合的过程，同时也是将新的产业模块切入的过程。

IP模式进入电视领域也只是近些年出现的电视产业化的趋势。优质的IP内容是电视媒体和新媒体的必争之地。电视平台凭借着多年的受众基础和运营资源，往往拥有具有IP潜力的优质节目内容，但是如何利用巨大的市场形成“长尾效应”和怎样构建一个产业为IP提供新的生产关系，成为新阶段的课题。

但是，即便拥有IP优质资源的电视媒体有时也未真正意识到其潜在的挖掘价值。2014年热播的《舌尖上的中国2》是一档可以利用节目内容深挖产业价值的纪实类电视节目，但是从第一集开播伊始电视台并未重视其商业价值，也没有进行系统的线下开发，错失了更多的经济效益。阿里巴巴旗下的淘宝却发现了这个电视节目品牌在电商层面的价值，利用电商平台的天猫超市，借助节目的热度，每期同步发布和销售与电视节目中一样的食材、菜谱、商品，取得了巨大的搜索量和成交量。像天猫超市嫁接电视节目这样的例子只是电视产业链开发的一个模块。拥有一个跨越不同文化、跨越不同领域的超级IP，一定要经历长期的市场考验和一个受众培养的过程。

6.3.2.1 传统电视媒体的 IP 开发

传统电视台只重视具有IP影响力的电视节目的收视率、收听率、到达率，在产业开发上主要以广告收益为主，在体制和经营模式的束缚下没有进行行之有效地线上和线下的开发，阻碍了以IP带动产业格局改变的能力。

虽然利用IP开发产业模式的理念由来已久，但是在偌大的、复杂的电视台机构中，每一个产业模块的开发都要经历重重的机构审核和利益划分，其IP效应也显现得较为缓慢。在传统的广电系统中，电视节目的决策权往往在台里的相关部门，电视节目的营销则由电视台下属的公司负责，在两者之间存在权责划分不清、资源共享不足等历史的桎梏。

当然，国内很多地区的广电系统已经意识到了IP的重要性和延展性，也做了诸多的产业化尝试。早在2011年，湖南卫视就曾经推出过《我们约会吧》的同名电影。虽然口碑和票房收入（523万元，数据来源：猫眼电影）不佳，但也是在产业开发中迈出了第一步。浙江卫视也推出过《中国好声音之为你转身》，这是电视节目《中国好声音》(票房收入301万元，数据来源：猫眼电影）的综艺大电影，这部电影完全虚构出一个和比赛无关的故事。《快乐男声》也推出过一部记录参赛选手的记录片《我就是我》(票房收入652万元，数据来源：猫眼电影)，这与《我们约会吧》的解构方式相同，三部电影都经历了票房的惨败。

但是无论是市场的“试错”还是IP的受众培育，一些传统电视台还是努力地尝试转型。2014年伊始，几家卫视就建立了IP化的产业模式，湖南卫视和旗下的芒果TV制定了网台合一、全网独播的战略方针；安徽卫视发表声明，将《我为歌狂》等电视节目的网络视频版权归属到安徽电视台；湖北电视台也制定了频道+公司的产业发展模式。当然在IP产业化的道路上，成功的经营案例如《爸爸去哪儿》的IP开发还是值得业界探讨和学习的，更多的尝试或失败或成功也让我们看到了传统媒体转型的决心。

6.3.2.2 新媒体的 IP 开发

电视节目的IP核心是内容，具有一种专有的属性，既具有知识产权性又受到法律的保护。对于大部分新媒体平台来说，影响力和受众培育的时间不够长，市场还不够成熟，目前还未形成或者出现有较大影响力的“现象级”电视节目和IP项目。对于IP项目的运营大多是通过传统媒体利用新媒体的多渠道分发的优势而获得，抑或是通过购买方式取得，这也是新媒体在IP产业化经营中遇到的难题之一。在互联网快速发展的今天，利用资本换取对产业链整合的机会是新媒体介入IP运营的切入口。

利用资金购买具有IP潜力的电视节目的视频播放权只是一种金融手段。一直以来，我们固有的思维是传统媒体拥有优质的内容，新媒体拥有多渠道的分发，而优质的内容是新媒体抢夺的核心。然而中国社科院新闻所发布的《新媒体蓝皮书：中国新媒体发展报告No.7〔2018〕》中指出，2017年中国互联网广告市场规模达2096.7亿元，同比增长36.1%，未来互联网的资金运营占比会更高，在充足的制作经费和灵活的管理模式下，优秀的电视内容制作人员会随着市场的流动重新分配，近年来电视台著名的节目制作人纷纷离职就是这种趋势的前兆。随着人才的流动和雄厚资金的注入，优秀的节目内容也会流动转移。新媒体平台或者视频网站同样可以组建PGC（Professional Generated Content）团队来进行采、编、播为一体的节目研发和营销，但目前新媒体对电视节目的网络播放权仍然是以购买居多，而且价格不菲。虽然花了重金购买了热门节目的播放权，在节目的视频点击和下载方面有了巨大的放量，但是对这种电视节目仍然没有改编权和IP开发的权利，仅靠点击率和广告收入是不能在日益更迭的产业格局中站稳脚跟的。因此，拥有独立的IP开发权和版权化的运作才是新媒体平台产业化运营的核心。

6.3.2.3 媒体融合环境下的 IP 开发

媒体融合是涉及多个层面、多个维度的融合，这里涵盖了互联网思维、用户体验、电视节目视频化、多媒体的产品集群等多个概念。媒体的融合以及IP产业化，两者是一种相互促进、相辅相成的作用。IP产业化模式是建立新型媒体集团的核心，也是建构其产业链和机构机制的参照标准。如果一个新型的媒体集团只是在其内部结构中增加了新媒体的板块，而在管理机制等方面还无从改变的话，就无法生成新的产业模块和产生产业链的延伸。作为融合的顶层设计，无论是物理切割还是化学反应，所带来的必然是传统格局的打破和新秩序的建立。政策上的促进和融合意识的觉醒，为传统媒体与新媒体共同打造IP产业化带来了可能性。无论是“内容为王”还是“渠道为王”，都应该融合在以IP产业化为中心的架构模式之中。

中央电视台、湖南广电集团、上海东方传媒集团等几家大型广电媒体集团通过多年累计的节目资源和品牌建设，拥有了多个层次的知识产权。每个集团也在利用不同的侧重点介入IP产业化的生态格局。中央电视台利用互联网集成业务牌照的发放，整合了数字硬件的生产厂商，推出了CCTV自主品牌的机顶盒，嵌入了品牌下多个节目和资源，扩大了IP运营的渠道。湖南广电集团利用台网合一和多家模块公司一并建构起了IP网络状的产业链模式。上海东方传媒集团也改变了网台关系，多次利用联合制作节目进行IP资源整合。这些变化的重要意义在于多维度地建立起与受众的连接，更加贴近用户。而在互联网时代，越能接近用户并对其产生影响，所带来的商业价值和市场价值越大。因此以IP为产业布局开发的新型媒体集团，才能架构起多个维度的品牌。

电视节目的形式是最具有IP挖掘潜力的，尤其是具有互联网思维的电视节目。2017年天津卫视和新浪联合制作的电视节目《百万粉丝》以及东方卫视与腾讯视频联合制作的电视节目《我们15个》都是利用了互联网或APP终端进行24小时全网直播，受众可以通过网络进行观看、投票和互动。这种利用受众跨屏的收视习惯和多渠道合作来进行分发的电视节目，可以为以后的IP产业化布局打下基础。

IP化的产业布局的影响小到关系着一个节目的产业开发，大到关系着一个媒体生态的走向。在媒体融合的大背景下，广电媒体集团更要以创新作为驱动力，以IP的品牌打造促进一种新的生产关系的确立，同时推进产业生态格局的建立。

6.4 中国电视节目的版权保护与国际化境遇

电视节目的版权保护和兴起是世界知识产权贸易发展成熟的结果，其中主要包括播放权和版权的国际贸易。播放权贸易指的是买方根据购买合同内容，在某个地区进行播映，常见的侵权形式是通过电视网、互联网等媒介进行盗版或盗播的行为。版权贸易是指由卖方提供节目制作手册或样片，买方根据双方协议在特定的平台进行节目制作播出，剽窃和抄袭是最常见的侵权形式。在电视节目的版权贸易中，一种侵权形式是在节目未播出前，只要是买方接触节目内容就会与卖方签订保密协议，之后如产生剽窃行为，就会被认定为侵权，侵权方会被指控其违反了保密协议、商业欺诈或不正当竞争等条款；另一种侵权形式是侵权方在节目公开播映后对其的剽窃行为。而目前，随着媒体的融合和网络技术水平的发展，任何节目只要一经播出都可以进行超地域、超时空的无时差转播。一个全新版权的节目，刚刚播出就有可能在其他国家的网络上出现，甚至已经贴片上了当地的语言字幕，即便是小众的节目，在这样的传播环境下都会更容易出现被侵权的行为。这个问题是世界性难题，也是知识产权领域的热点。

6.4.1 电视节目的侵权界定

6.4.1.1 电视节目的版权客体界定

版权侵权是指原告指控被告的作品存在剽窃或者抄袭，侵犯了作品的复制权、改编权等著作权。根据《中华人民共和国著作权法实施条例》第二条规定："著作权法所称的作品是指文学、艺术和科学领域内具有独创性并能以某种模式复制的智力成果。"对此，《著作权法》第四条十一款还有进一步的解释："电影作品和以类似摄制电影的方法创作的作品，是指摄制在一定介质上，由一系列有伴音或者无伴音的画面组成，并且借助装置放映或者以其他方式传播的作品"。

首先，电视节目借助类似于电影的制作方法进行文艺创作，其目的是给观众提供娱乐化和审美化的享受，由此可见，电视节目是属于艺术范畴的作品形式。其次，独创性是对版权客体保护的基础和前提条件，但这里的独创性指的并不是唯一性和排他性，同一时间出现的相似作品只要是各自创作的结果，就可以分别受到《著作权法》的保护。就电视节目而言，在公开播出的节目中，只要没有受到抄袭或者侵权的指控，一般来说就认定为具有独创性。第三，对于这种无形的知识产权财产，被社会广泛使用和认可才使著作权保护具有实际意义。电视节目就是借助一个载体通过客观形势表达出来的作品，它是一个可以被复制的和被感受、感知的客观存在。

由上所述，电视节目属于艺术领域，具有独创性，是可以被复制、感受、感知的作品，满足了《中华人民共和国著作权法实施条例》中所规定的版权客体，可以受到保护。

6.4.1.2 电视节目的实质性相似是检验的难点

在司法界，认定侵权指控的方法是判断侵权方是否接触过原告的作品，然后通过实质性相似来进一步分辨被告方是否构成侵权行为。当然在互联网发达的传播环境里，被告要举证对一档已经播出的节目从未接触过是十分有难度的。所以两部电视作品到底有没有构成实质性相似就成为判断侵权行为的关键。

在判定实质性相似时有一些判定的方法，但都是基于表达上的比较而不是思想内涵上比较，只有表达存在相似性，才能被判定为侵权。例如《超级女声》《中国好声音》都是歌唱类电视节目，但是表达不同，不会认定为侵权。在司法层面上，认定实质性相似的方法有总体感知法、模块法和抽象法等。通过一些具体变量的相似性判断电视节目中的情节、主题、音乐、角色以及序列的相关度。

在世界上第一个将电视节目作为版权客体审理的案件中，法官对主持人、参赛人、团队、奖励、竞争方式、竞争难度等可保护性元素进行了对比剖析（表6-7），得出了两档节目不存在实质性相似的结论。

表6-7　　电视节目《幸存者》和《我是名人，让我离开》版权保护元素对比

表达元素	《幸存者》（Survivor）	《我是名人，让我离开》（I Am A Celebrity, Get Me Out Of Here）
背景	拍摄于澳大利亚干旱地区	拍摄于澳大利亚雨林地区
主持人	主持人一名，主持风格严肃。主持比重较少，主要负责采访责任	主持人两名，风格幽默。主持人多次出现，主要负责调解气氛
参赛者	普通人	名人
团队	分组	未分组
奖励	最终会获得100万美元的奖励	奖金捐助给获胜者指定的慈善机构
竞争参与方式	每个参与者都必须参与所有环节	参与者可以选择是否参加竞争
竞争难度	对体力有考验，有难度	无难度
食物供应	基本不向参赛者提供食物，食物的获取是比赛内容之一	给参赛者提供充足食物，只在食物的质量上有所区别
投票程序	由参与者投票，在节目最后将一人淘汰，投票过程较为紧张	由观众投票决定某位参与者是否被淘汰，投票过程轻松
音乐	深沉，原生态部落风格	欢乐
动物镜头	致命的危险动物	有趣、好看的野生动物
空镜	经常运用高速镜头，画面品质较好	运用风景镜头，画面品质不高

最终，法官根据更多细节的判定认为，《我是名人，让我离开》不构成剽窃，从而驳回了CBS（哥伦比亚广播公司）的侵权指控。当然，法官选取这12个参考元素依据的是以往判决小说等题材所采用的参考标准，对于电视节目的情节、事件等元素并没有列举在内，所以在判决生效后依然引起了较大争议。

如此相似的节目却被认定为不存在实质性相似，这主要是由电视节目的不可预期性所决定的，这种不可预期性表现在参与者的语言、性格特征、外界反映等各个方面。但是在这个案例中，相似的表达部分被法庭认为是非保护性的元素。在国内外的电视节目侵权案

件中，都会出现实质性相似检验无法完全适用电视节目的情况。目前，英国、荷兰等电视节目主要出口国正在积极推动在电视节目表达方式上将模式作为一种受保护因素来满足电视节目的版权保护的需求。模式是对电视节目类型中某种特定的具体电视节目样式的统称，拥有可以遵循和复制以及运作的规范。这套模式包含了节目的脚本、流程、人员要求、技术配备等所有细节。

电视节目能否通过模式来获得版权保护，是电视节目出口国的经济实力和发展中国家创新能力相互博弈的结果。中国作为电视节目的主要进口国，在电视版权贸易的大战中，既要保护国内电视节目的健康发展又要在贸易谈判中获得有利条件，自身的节目创新能力和发展能力起着至关重要的作用。

6.4.2 电视业界对电视节目的侵权认识

6.4.2.1 对合理克隆现象的认可

合理克隆指的是电视业界对电视节目之间的某种相似程度的认可，承认在该程度之内的相似不属于抄袭。从节目开发的角度来看，完全非类型化和模板化的节目已经不可能出现。在竞争中，对于高收视率的节目，大家纷纷效仿和追逐，在降低节目研发成本的同时，也确保了一定收视群体。所以我们常常会看到电视节目除了名字不同以外，整体架构、环节、风格等方面都有相似之处。面对效仿甚至是抄袭、剽窃等侵权行为，电视业界却对这种情况有较大的宽容度，除了极个别的侵权诉讼以外，大多这种情况都被认为是合理的克隆行为。很多国内的电视节目，对国内、国外的原版节目并没有全部的“拿来主义”，而是进行部分的模仿、部分的创新，这种行为没有引起版权方和观众的反感，形成了一种合理克隆的行业形态。当然这与电视节目创作的特点与法律环境有着密不可分的关系。

随着媒体的融合、互联网的发展，文化渗透和相互影响程度越来越深，范围越来越广，电视节目作为一种文化属性的商品，其制作成本、市场占有率、收视率都是决定媒体平台发展和经济效益的重要因素。同质化的节目在一定程度上会有“集中效应”的模式出现，观众对于同类型的电视节目有更多的关注。高品质的“拿来主义”也会增加行业领先所带来的影响力。因此，当节目本身虽然相似度较高，但没有影响原来节目的市场份额，或是克隆的部分仅属于传播渠道，又或者是克隆的节目非但没有压缩原创节目的份额而是增加了该类型节目的影响力，电视节目的原创制作生产方都是可以接受的。

例如在2008年，电视屏幕上同时出现了《智勇大冲关》《男生女生向前冲》《冲关我最棒》等相似度极高的竞技类电视节目。但从节目风格、受众分析等角度来看，这三档节目都有各自的特点（表6-8），地域色彩鲜明，对于同类型的节目市场并未造成相互挤压和恶性竞争。所以这种同台竞技的局面也被节目制作方和观众所接受。

表6-8　　三档电视节目相似度比较

节目名称	智勇大冲关	男生女生向前冲	冲关我最棒
制作单位	湖南电视台	安徽电视台	浙江电视台
题材	全民体验竞技类电视节目	全民体验竞技类电视节目	户外闯关类竞技电视节目
理念	考验“智”“勇”	全民参与，全民健身	好玩，表现勇敢
规则	规定时间内完成闯关获得奖品，落水即为失败	规定时间内完成闯关获得奖品，落水即为失败，但有安慰奖	规定时间内完成闯关获得奖品，落水即为失败
环节	6个道具关卡	男女各8个道具关卡	6个道具关卡
特色	主题式设计，并运用3D等手段让参赛者体验虚拟世界	季播，分男女赛道和儿童赛道	竞技性

欧洲国家是比较重视版权保护的，但2001年才迟迟在法国戛纳成立了第一个欧洲电视节目模式版权协会，它只是一个民间机构，并不具有法律的执行权力，在版权纠纷的案件中起着调解的作用。在中国，尚未有这样的机构，但是在法律领域，可以保护电视节目的模式的相关法律有《著作权法》《商标法》等，不过我们也会尴尬地发现，已经购买《英国达人秀》正规版权的《中国达人秀》在制作播出时，也会出现同质化节目《中国梦想秀》同期播出的局面。从法律的执行上来看，电视节目的版权诉讼实际发生的比较少，司法判例的积累仍然不够。面对法律保护范围的局限和冗长的诉讼过程，电视业界当面对模式相似的节目时，大多持有较为包容的态度，因为所有电视节目的制作者都要面对市场和受众这个巨大的难题。尽管为了迎合受众的喜好并占领电视节目市场，各大电视台、电视媒体制作公司都纷纷成立了节目研发部门，但是毕竟原创节目的成熟周期长，每个制作环节都要有特色和优势，这是很难保证的。面对市场的激烈竞争和受众喜好的快速变化，一般的制作公司没有精力和资金去原创一档电视节目，也是完全没有必要的。欧美的电视娱乐产业十分发达，品牌节目已经经历过市场的孵化，无论是购买模式节目还是部分克隆，在收视率上都会有保证，这些甚至对于投资方也是一种吸引。

在互联网发展以及全球化的大背景下，电视节目形态趋同也是一个较为明显的态势，许多电视节目类型已经很难再挖掘出一个完全全新的样式。中国的电视节目生产已经进入了一个工业化、标准化的时代，模式化和标准化的电视节目可以使观众形成标签化的记忆。中国的电视节目还没有世界级的原创性模式节目，目前还处于对欧美节目的建构和解构过程中，因此对于节目的合理克隆行为都持有较为包容的态度。

6.4.2.2　电视节目侵权纠纷案例

随着全球媒体的高速发展，国外媒体也注意到了中国电视节目的这种克隆现象。早在2002年有BBC国际模式交易公司与ECM制片公司诉上海东方卫视有关The weakest Link节目模式著作权纠纷，2002年有某电视公司诉深圳电视台有关Go Bingo节目模式合同侵权纠纷，2004年有ECM制片公司诉山东电视台有关Go Bingo节目模式合同侵权纠纷。对于电视节目的界定到底在侵权还是克隆，学界、业界和司法界近年来都有诸多的案例供我们讨论和反思，下面介绍3个较为典型的案例。

（1）预热市场的样片遭到剽窃　从电视节目发展不难看出，内容生产方和播出方对于电视节目模式的保护意识越来越强，为了防止版权方的节目形式被剽窃，通常采用的保护措施是行政和法律的双重手段。2004年，北京世熙传媒文化有限公司（简称世熙传媒）制作的涉及性教育的电视节目《面罩》还未播出，就已经在搜狐网络频道出现了同名的直播节目。经过对照可以看出，其核心的节目设置环节几乎相同，见表6-9。

表6-9　世熙传媒制作的《面罩》与搜狐制作的《面罩》相似度比较

节目制作单位	世熙传媒	搜狐女人频道
节目话题	涉性话题	两性话题
节目环节	主持人、阐述者	主持人、阐述者
节目特征	主持人和阐述者带着面罩出场，保护隐私	阐述者带着面罩出场，保护隐私

之后，世熙传媒起诉搜狐，要求停止侵权，并赔偿5万元经济损失。而搜狐认为该节目并没有正式播出，甚至也没有申请商标，更未注册，很难界定被侵权，但涉及到版权纠纷，搜狐也在随后采取措施关闭了该视频。网络播出平台不同于传统的播出渠道，它资金灵活，节目上马较快，所以现在也经常会发生传统节目生产方的样片被网络媒体直接克隆甚至剽窃，从而导致侵权的案件。

（2）克隆节目抢占市场份额　未制作播出节目遭到侵权，对于内容生产方的损失还是有限度可以计算的。但是对于已经高额购买了版权模式的节目如果遭遇了侵权，其版权购买方的广告收入、市场份额、受众范围都会受到侵犯。2006年，世熙传媒买入了英国电视节目《与星共舞》的版权，计划联手浙江卫视制作播出。但东方卫视在早些时候就制作播出了节目形态极为相似的《舞林大会》，该节目一经播出就占领了较大的市场份额，取得了很高的广告收益。随后，世熙传媒投诉到国家版权局，并以《反不正当竞争法》来起诉侵权单位。

然而，在业界认为尽管在舞美、嘉宾、环节等部分两个节目有很高的相似度（表6-10），但是申诉和诉讼的结果都不一定会被认定为侵权。电视节目可以在法律上被认定为客体，但在电视模式上如何界定没有统一的定论，国际上也是按照个案来判罚。而中国的电视娱乐产业存在一些特殊性，很多侵权纠纷随后也不了了之。当然，对于电视品牌的塑造，越来越多的人开始重视品牌的效应，因为在电视产业快速发展的时候，具有品牌影响力的节目会有更强的竞争力和吸引力，并在市场竞争中占据有利的位置。

表6-10　世熙传媒制作的《与星共舞》与东方卫视制作的《舞林大会》相似度比较

制作单位	世熙传媒	东方卫视
节目名称	与星共舞	舞林大会
节目规则	淘汰赛	循环赛
节目题材	明星国际舞	明星表演舞
参赛人数	8	60

（3）商标权纠纷

2018年1月，荷兰Talpa公司与上海灿星文化传播有限公司签约引进的《中国好声音》版权到期，之后经过多次协商，并未谈妥续约事宜。荷兰Talpa公司将《The Voice of…》的中国版权以5年6000万美元制作4季节目的价格卖给浙江唐德影视有限公司。但上海灿星文化传播有限公司在2018年以《中国好声音》第五季的名称进行海选和推广并多次出现单手持话筒做V形手势的标志。因此浙江唐德影视向香港国际仲裁厅提出了诉讼。经过双方多次的交锋，最终对该案涉及的7个知识产权做出了裁决，其中包括当地节目标识，当地名称，中国好声音微信、微博、网站、APP和原节目标识几个部分。之后，浙江唐德影视有限公司又申请北京知识产权法院做出保全裁定，责令上海灿星文化传播有限公司停止侵权，而浙江唐德影视有限公司为此付出了1.3亿元的担保金。2016年7月6日，浙江卫视发表声明称《2018中国好声音》更名为《中国新歌声》，浙江唐德影视有限公司与上海灿星文化传播有限公司经过了半年的诉讼，终于尘埃落定。双方之所以花费如此大的精力和财力，就是要维护自身的品牌价值，凭借电视节目品牌的号召力来固化行业意见领袖的地位，以带来更多的经济效益和品牌提升。

6.4.3　电视节目侵权频发的原因

电视节目发展的核心就是创新，创新包含理念的创新、人才的储备、受众市场的科学研究和创新的生产机制等各个方面。但目前，中国电视节目发展近20年，创新的能力与国际传媒集团还有比较大的差距，原中央电视台台长赵化勇指出："部分电视机构重引进、轻研发，重克隆、轻创新，重形式、轻内涵。国产电视节目在专业化、精细化方向上，还需下大功夫"。

6.4.3.1　理念创新与制作流程的缺乏

近年来，电视台对电视节目的研发十分重视，全国多家电视台都成立了电视节目的研发部门，有的还设立了专门的节目研发创新基金。例如，2010年中央电视台建立了发展研究中心智库；江苏广电总台还设立了三个维度的研发机制，涵盖总台、各中心和各频道；湖南卫视也设有专门的节目研发中心。但是大多数的研发中心较为擅长的是现状总结和理论探讨，既没有节目的制作资源也没有管理调配的职能，局限于策划和研究属性，所以无法形成有效的创作力量。因而在现实操作中，研发的结果往往和策划时出入较大，有的甚至夭折。很多节目的研发从开始更倾向于形式创新，将主题、环节或者营销方式作为创新点，这种创新是无法可持续性发展的。对国外传媒集团的节目理念创新进行研究不难发现，他们更具有国际化的视野，一个成功的模式可以被反复售卖并多次发行，而这些模式往往切合当下主流的意识形态，可以更好地关照到多数人的心理需求，形成积极的影响。

国际化的电视机构经过了多年原创节目的研发积累，已经完成了操作层面的细化。从一个创意点到最终节目的诞生已经形成了非常清晰的分工标准并具备了成熟的产业链。在节目创意理念初始阶段（Devising）就已经形成了功能性的模块，如BBC在研发一个新节目时，先聘请专家和行业人士进行讨论，激发创意点，然后通过脚本流程、环节设计等进行专业的细化。在模式中包含内容要求（节目台本、版块、流程、节目人员参与要求等）、技术配备（如视频、灯光、摄影棚、舞美和音乐设计、后期特技等）、节目制作进度、财务预算以及法律甚至保险内容，其他元素也配备整齐。形成初步的模式之后，再由拥有丰富经验的制作团队来进行实际操作，经过较长时间的修改周期之后，只有不到5%的节目模式能走向市场，这个过程至少要花费10个月以上的时间。

在国内，电视节目的前期创新研发投入也是比较大的，需要根据对市场的调研来进行创意策划。很多电视节目研发团队会立足本土的文化和民族特色挖掘创新点，但在实际操作中缺乏有效的节目制作经验，结果在文化体现上大打折扣。同时，更是理念的先天不足和制作技术的差距，导致节目缺乏竞争力，呈现出了一个不温不火的状态，无法对外进行品牌输出。

6.4.3.2 人才的缺乏

国内节目创新研发人员整体储备是远远不足的。但是在源头我们可以看到，传统的电视制作人员缺乏完整的知识产权和相关法律方面的教育，更缺乏全球性视野的培养。当然随着国内媒体竞争的日益激烈和外国媒体的强势来袭，传统的电视媒体的“试错空间”越来越小，在市场份额和经济效益的双重压力下，节目研发团队更加“小心翼翼”。在电视行业内，有一种认同——外来的和尚会念经，对于国外团队的研发人员自然地盲从，多借助“外脑”，但却忽视了对内部人才的培养。诸多电视机构设立了研发中心，但研究中心更重视理论方面的人才，缺乏实操型业务人才。电视工作是一个高强度、高压力的工作，但是如何利用薪酬激励人才队伍，吸引优秀的人才加入，都依然存在较大的争论。正是因为种种的人才缺失，当优秀的模板节目被引入时，往往无法快速进行剖析重组和再改造，更多的还是依靠国外的团队进行技术支持和节目运作。

目前，我国的电视节目进入了国外模板引进的高峰期，但是国内却非常缺乏专业的、可以进行国际谈判的人才。节目版权引进是一个比较复杂的过程，其中包含外事协调、国际的知识产权和法律咨询等，而专业的谈判人才能够对可能所产生的节目版权问题、交易纠纷、利益分配、衍生品利润等提出指导意见，从而有效地避免国外节目模式引进带来的高额风险，这种高端人才更是一种复合型人才，对人才的重视才是把握住了创新的脉搏。

6.4.3.3 受众与市场研究的不足

电视节目的研发离不开对于市场的研究和对受众的了解。了解目标受众的行为特点、需求、体验和意见，才能构成有针对性地定量或者定性的调查研究。因为缺乏科学的市场和受众调研，很多电视节目在引进时的受众定位具有非常大的偶然性和随意性。随着媒体融合的发展，受众可以选择的媒介渠道有多种，不同媒介接触习惯和媒体使用方式会直接影响受众的观看体验和节目的传播效果。美国电视制作人在制作《幸存者》时，无时无刻不在用电视语言强化着“美国精神”——自由、竞争、冒险、梦想，这是符合美国电视观众的欣赏心理和欣赏需要的。但是如果在中国引进时没有把握住中国观众的心理需求，《幸存者》就不一定会获得成功。早年湖南经视模仿了同样在欧美大火的电视节目《Big Brother》，后来很快遭遇停播，因为如同《幸存者》一样，这种比较露骨地展现人与人之间竞争、勾心斗角的情节，我国观众无法接受。2010年，江苏卫视开播过一档心理治疗类的节目《密室疗伤》，这是一档对西班牙同类型的节目《盒子》的完全“模仿”。两档节目的初衷都是关注在越来越大的社会压力下，人的幸福感和安全感丧失，产生了很多心理疾病，造成了不幸的后果。《密室疗伤》的节目立意是“为他们排解情感伤痛、减轻心理压力、降低心理恐惧”，虽然初衷是善意的，但是制作者却一再地用电视语言制作播出残忍、血腥、窥私的画面，在刺激眼球的同时，也在刺激观众的道德底线，在开播不久即停播，该节目在网络上产生了巨大的负面评价，有网友直呼这是一档血腥的电视节目。

国内在受众研究方面也在做进一步的探索，2011年，首家电视节目测试实验室项目——北京电视台“电视受众样本测试系统”也正式投入使用，进一步提高了电视节目创新的评价效度的作用。同时，节目研发结构还非常注重观众视觉的体验。在新节目推出前，通过预演来测试观众的感受，简化或增强视觉观感，用观众可以接受的方式进行视觉表达，再结合调查数据不断调整节目模式，满足观众的心理需求和期望值。

6.4.3.4 营销机制的不完善

具有国际品牌效应的电视节目在研发阶段是要花费较多资金的，而成本回收方式包括广告收益、收视率效益、衍生品收益和国际版权售卖收益等部分。国外的电视节目制播分离已十分成熟，先由专业的电视节目制作公司策划制作，再经过电视台播出，后有专业的公司来进行产业链的延伸开发。在保护版权方面，国外有较为明确的认定标准，对于检测和处罚也有相应的管理机制。

国内的电视节目在营销中基本依靠二次贩卖（广告和受众）的形式，收入来源比较单一。对于新媒体的多渠道分发和营销仍处于探索阶段，目前还没形成网台互动的高效的电视营销模式。对于全产业链的开发只有个别资金和实力较强的节目，如《中国好声音》《爸爸去哪儿》等有过相关的延伸，但还无法成为电视行业可以复制或者模仿的模式。

6.4.4 中国电视节目的国际化生存境遇

我国的电视行业与欧美成熟的娱乐节目相比，最大的差距其实是发展中国家与发达国家在电视节目创新能力上的差距。目前，中国电视节目基本处于节目版权引进的状态，与国际成熟的节目模式研发体系和充足的资源资金有较大的差距。长期以来，原创节目的缺乏使得在世界上我们尚未有世界级的有影响力的电视节目作品，因此中国电视业走向世界的道路还是比较曲折的。不过，我们也可以看到，越来越多的电视台意识到电视模式研发的重要性，它是电视节目发展的核心，例如在2010年，湖南卫视制作播出的《挑战麦克风》就以原创电视节目模式销往泰国，并同时受到了墨西哥等国家的青睐，这让我们也看到中国原创节目输出世界的可能性。

在电视节目领域，我们的自主创新也才刚刚开始。因为有国家政策的倾斜保护，国外电视节目的热播对我们国内市场并没有造成巨大的冲击。但是随着中国市场的下一步开放，政策逐步放宽，境外媒体已经可以在某些区域落地，“星空”“华语”“翡翠台”等8个境外电视台的中文频道已经进入珠江三角洲的电视网络。当然，这种频道的开放还会更加扩大。同时，互联网的发展，可以使中国观众零时差地看到国外实时播出的电视节目，这既开阔了中国观众的视野也对电视节目制作者提出了更多挑战。2004年，国家广电总局发布了《关于促进广播影视业发展的意见》，其中允许外资参与国内电视节目的制作。同年末《外商投资产业指导目录》也将影视电视节目的制作列入了对外开放的部分。境外频道和外资的出现，使中国电视节目市场的竞争更加激烈，而国外拥有强大的资金和资源的媒介“寡头”窥探中国这个巨大的市场已久。中国的电视节目如果再缺乏核心竞争力和创新能力，将更难以在国际市场上抢得一席之地。

6.4.5 电视节目的贸易型谈判

欧洲作为电视节目的主要出口国家，在电视节目的版权交易中占有主导地位，而他们的传媒跨国集团面对国际市场的巨大利益，在国际贸易中会利用自身优势设置诸多知识产权壁垒，以较为严格的标准设置节目侵权的界限，并以“剽窃”等理由对版权引进国进行不断的起诉，为发展中国家电视行业的发展制造屏障。电视行业模式节目贸易在世界范围内已经有了较高的发展水平，在英国、荷兰、美国等传统媒体高度发达的国家，模式节目已经占据在播节目的半壁江山，形成了节目从模式创意、生产、制作到推广销售的完整产业链。从1999年世界上第一个版权交易市场在蒙特卡洛电视节设立启动伊始，全球电视节目交易额已经达到了数百亿欧元。

当然，作为买方，中国应该做好与国际媒体集团进行贸易谈判的准备，才能更好地适应中国电视行业国际化发展的新环境。与欧美频繁的电视节目的版权交易相比较，我国处在一个晚发展、晚起步的阶段，对于国际版权交易经验十分缺乏。由于核心的节目创意不足和制作水平不高等原因，中国电视节目从一开始出现就伴随着“抄袭”的质疑。随着购买国外电视节目版权的数量越来越多，中国的电视行业如果想和国外接轨，懂得如何利用谈判获得优势显得尤为重要。

首先，根据现行的国际法律，目前还无法明确界定“借用了多少才算是侵权”这样的细节。作为买方，应在版权引入时利用贸易谈判明确侵权的界定，为购买版权方提供有力的保护，防止高度类似的节目出现从而形成侵权，为保护双方的合法利益提供法律依据，关于这方面的谈判一定是举步维艰的。因为版权贸易的实质是经济贸易，对于输出国或者卖方来说，明确的侵权界定等于允许他方进行改造或者合理克隆，同时，很多版权交易并不是一次性付费，而是要进行持续性的利益分成。例如英国的《…偶像》在版权输出时，要持续每年的利益分成，而这个节目每年的收入达到10亿多美元。明确详细的侵权界定就会使卖方失去合理模仿或是合理克隆可能产生的经济利益，因此买卖双方在侵权界定这方面的谈判是针尖对麦芒的。

其次，可以通过贸易谈判，取得适度的本土化改造，使生产要素的流动性和配置性更高。例如，2010年东方卫视购买了英国版权电视节目，制作播出了中国版的《中国达人秀》。作为模式节目，在英国版里每位选手的晋级都是通过短信或者电话投票产生的，但在我国由于广电总局早已禁止短信等投票方式，因此也进行了适度的节目改造。东方卫视曾提出将英国达人“苏珊大妈”等选手集中于上海一同竞技，但遭到版权方的反对，为此双方进行了近2个月的谈判，最终协商统一。由此可见，在版权交易的谈判中，摩擦、博弈都是最常见的，而通过谈判获得优势或者权益就是对中国电视制作者能力和智慧的考验。

6.4.6 电视节目的国际合作研发

共赢的电视理念在国际上一直很被认可。作为版权引进方，我国在不断积累版权贸易经验的同时，也派遣了大量的从业人员到国外学习或者与研发能力较强的国外制作公司进行联合。例如，2017年江苏卫视播出的电视节目《老公看你的》就是江苏卫视和德国71公司联合研发制作的，是全球首档夫妻游戏博弈类电视节目。在德国开播仅仅一个月就创造了收视率16.2%的好成绩，收视份额占据同时段50%。而中国明星版的《老公看你的》（中国版节目名为《为她而战》）在首期播出时，收视率也达到1.24%。这种方式开创了一种合作研发的模式，从项目立意开始就进行紧密的合作，双方团队相互学习借鉴，无论是电视节目元素的组合还是电视节目模块的设置，都更加缜密地考虑到本国化的需求。比起花费数千万甚至上亿元的资金购买国外版权的方式，合作研发是在一个较高水平的起点出发，既有国外较为成熟模式运作的理念，又融合了中国受众可以接受的电视节目元素，这种联合研发的尝试具有积极的意义。

第7章

电视节目案例分析

7.1 综艺节目《极限挑战》的创新

7.1.1 季播编排方式下的节目生产

影响电视节目受众收视行为的因素有很多，其中包括年龄、性别、职业等主观因素，也包括地域、季节等客观因素。因此，基于受众的收视行为变化，就产生了电视真人秀节目的编排策略——季播。

季播的概念是源于美国电视网多年以来对电视节目编排所产生的。Season一词不是季节的意思，而是指节目播出的编排，而业界会常常简称为季播。所谓季播就是电视播出机构根据收视市场观众习惯呈现出的变化，对频道节目的配置、播出安排进行应对性调整。近年来，中国的商业电视通过对收视规律、观众的收视行为、消费轨迹及受众心理等方面的研究，将季播运用到多档电视节目中，形成了熟练的编播手法。

季播的概念可以说在真人秀节目中运用得最为广泛和成熟，这不仅表现在对节目的编排组合上，同时也表现在节目的制作与生产环节。在一季一季的积累下，不但增加了观众对节目的黏性，而且通过新媒体端口的互动在播出季时形成关注度的爆炸效果。季播的模式主要是为了培养观众的约会意识，在固定时间的播出使观众可以根据自己的兴趣定位到电视节目。一到播映“季”，观众就会产生自觉、自动地转移注意力。随着多渠道、多平台的实时互动，节目效果和观众意见可以及时反馈到节目制作方，制作方对节目调整、受众需要、广告植入等都可以迅速地做出反应。例如，剧情类真人秀节目《极限挑战》中，很多网友看到了孙红雷、张艺兴和王迅在节目中的表现，在官网中留言调侃他们是“极限三傻”，这种来自网络的留言通过孙红雷本人在随后一期节目中的自嘲，最后形成了“极限三傻”和“极限三精”这一组配对，并在节目中反复使用。甚至该话题还登上了微博的热搜，形成了很好的宣传效果。同时，观众在观看时还会自发地产生属于自我意识的文本，用于再编辑、再传播。

同时季播也会在某个固定时段聚拢更多的观众流量，产生品牌效应，从而带动频道、时段的广告价位。广告商的不断追资也可以延长节目的收视季，使节目品牌的知名度和广告收入形成良性循环。

季播的节目在有良好口碑和收视反馈的基础上，往往会获得下一季拍摄的资金支持和播出机会。如《中国好声音》《超级女生》《我型我秀》等选秀类真人秀节目都在开播伊始就有不俗的表现，后逐渐形成了一个选秀节目的长线收视季。当然在节目首播效果不及预期时也会及时止损，遭遇停播。季播的节目会对电视播出环节的每个细节予以固化，建立起观众对节目的收视习惯，使之后的电视节目品牌营销和广告植入能够相对精准的调整和投放。

7.1.2 《极限挑战》节目的创新模式

7.1.2.1 剧情化的走向模式

从2015年东方卫视推出《极限挑战》开始，剧情类的户外真人秀节目便发扬光大。此后的多档电视节目在剧情化和IP化方面都有很多继承和坚守。

比起传统的真人秀节目，《中国好声音》《快乐男声》都是歌唱选秀类的模式，很少有剧情化的设置，演唱会或者出专辑是这类真人秀参与者的出口，但这个渠道无法在短期内把节目的IP效应放大。而《极限挑战》是具有丰富剧情化设置的真人秀节目，每一期都有一个情景的设置，根据主题来完成嘉宾之间的竞技，而非单纯的演技比赛。增加这种戏剧化的内容可以为以后IP延伸和衍生品的开发提供内容上的保障，同时在剧情化的架构上，将社会热点或是完整的剧情模板嫁接进来，每一个参与嘉宾都要“烧脑”完成挑战的过程。例如，在2018年8月的一期节目中将剧情时空分为3个——现在、过去和将来，将未来时空作为节目制作方的一个化身，代替主持人的功能，对节目的剧情和模块进行把控；过去时空是真人秀故事的发生地方，有完整的环节设置；在现在时空，参与者要通过这个时空回到过去完成竞技。3个时空同时存在又相互交叉，每一个环节都有精心的设计，是一种全剧情化的模式。

7.1.2.2 台网互动

以前，台网互动与联动多出现在咨询类节目中，其目的是为了信息的共享，建立多元化的咨询平台。随着2015年3月微信平台正式将“摇电视”的功能常规化嵌入后，传统电视平台就打开了与新媒体嫁接的路径，随后，摇一摇、扫描二维码等成了很多电视节目中和观众建立互通的渠道入口。

一档真人秀节目不仅仅是为了让观众看到，更应该是让观众参与其中。因而经版权引进到国内的《极限挑战》也设计了社交互动环节，在2019年6月的一期节目中，极限团就利用新浪微博与网民进行实时互动，如演员迪丽热巴在节目录制时仅一条微博互动转发就超过7000次，评论超过4万条，点赞超过36万次之多。节目通过社交平台，凭借明星自身影响力扩大了知名度，也引导观众参与其中，达到了台网互动、双赢的目的。

在台网互动中，社交平台中的语言也与网友们无缝对接。《极限挑战》的官微称自己是极限君，还为明星嘉宾制作卡通形象并配上网络化的语言，同时加之视觉化的图片、视频的传播，用一种“拟人化”的语态，打造一种亲民的视角，迎合了网络受众的多元化思维和语言风格。

7.1.2.3 时移收视特点显著

所有热点电视节目都有不同的特点，但也有其共同的特征，那就是产生多个渠道的收视，既包括传统的电视平台也包括新媒体渠道和移动终端。从传统电视端和新媒体渠道（优酷、土豆视频网站）的《极限挑战》观众构成来看，尽管各个平台的播放量不同，但是观众的年龄构成大致相同，根据索福瑞的数据调查显示14～25岁的观众占据24.38%的收看比例。电视端和视频网站的男女比例还是略有不同的，53.8%的女性观众倾向通过电视渠道收看，而54.75%的男性观众倾向通过视频网站观看。针对这些“80后”“90后”甚至是“00后”的真人秀节目收视主体，还应进一步研究他们的收视特征或者内容偏好。

从对新事物的接触来看，一般青年的接受程度最高，使用习惯培养速度加快。既然时移观看是观众的主动选择的收视行为，通过观众的选择可以较为明显地看到观众对电视节目的喜好，而综艺、电视剧是观众选择观看最多的节目类型。综艺类节目的时移收看比重从2017年的16%上升到2018年的21%。时移收视对首播的贡献增量在季播的真人秀节目中尤为明显，如《极限挑战》等真人秀节目的时移收视增量高达40%，时移收视已经成为电视节目制作中必须要考虑的因素。

7.1.2.4 新文化范式的传播

电视节目内容是受到知识文化和商业文化双重影响的，但知识文化可以在商品交易中起到潜移默化的作用。互联网的发展使知识文化的传递越来越碎片化、移动化，受众也随之呈现了麦克卢汉曾预言的“再部落化”的特点。“再部落化”促进了新型社群的出现，这些社群是通过受众自发的、临时的联盟来划分的，他们利用知识分享、集体讨论紧紧相连。在收看电视节目时，观众渴望知道电视情节的发展，但电视真人秀节目的不可预料性让观众体验到了乐趣。当观众开始聚集和挖掘节目相关的信息和动态时，知识社群就自然形成了，而基于互联网技术的知识社群类型正是我们常常体验的。在此过程中，文化知识的产生和使用越发草根化和平民化，参与者在这样的社区空间里产生了一种新型的权力。

电视媒介具有强大的娱乐消遣作用，同时也具有很强的文化导向作用，但经济、思想的冲击在文化方面也形成了一种文化参照，民族化、本土化在文化参照方面已经显示出一种交融的优势。在制作《极限挑战》时，电视制作人无时无刻地不在用电视语言强化着“一种精神”——自由、友谊、梦想，这是符合中国电视观众的欣赏心理和欣赏需要的，其实这就是一种本土化的改造，也是一种在互联网时代新的文化范本传播的方式。

7.1.3 国外同类型电视节目的创新

纵观2018年的国际综艺节目制作市场，其节目核心一直围绕着“社会关系”来展开。尤其是面对社会复杂的阶层分层、收入、心理以及秩序，很多国外的真人秀节目均将实验性的元素嫁接进去，以体现对社会的影射。其中几档热播的真人秀节目对于政治主体、情感裂痕、社会歧视都有涉猎，利用其话题性和敏感度成为2018年真人秀节目的焦点。

7.1.3.1 利用“社会关系”带动敏感话题

这是一类具有实验元素的真人秀节目，把不同人物的生活方式嫁接起来，建构在不同的场景中，将年龄、立场、种族不同的人聚集在节目里，通过不同元素的碰撞，产生丰富的节目效果。例如丹麦推出的真人秀节目《老妈要恋爱》（En Kareste Til Mor）就是从“关系”这个话题切入，一开始就将妈妈们的约会对象和孩子组合在一起，由孩子从5个候选中选出1个，与他们的家庭共同生活3天。这个节目立足于家庭关系，将单亲妈妈、孩子和未来夫妻等元素呈现出来，在第一季播出时市场份额达到33%，远远超过同时段节目。德国也推出了改善关系和分歧的真人秀节目《看着我的眼睛》（Look me in the Eye），节目将分歧双方请到节目中，在特定时间里不能用语言阐述分歧而是通过眼神来交流，希望有分歧的人可以解决问题，该模式推出之后即被法国TF1等频道购买。这种从社会关系切入的节目，很多时候会引起众多观众的共鸣，而纯熟的制作方式也是真人秀节目大行其道的原因。

7.1.3.2 女性形象下的群体权利

在国外的电视屏幕形象中，女性角色一直都是举足轻重的。挑战自我、非凡自信、追求成功的女性形象都在吸引着观众的注意力，而女性的群体权利更是一个热门的社会话题。德国推出了一档引进于以色列的模板节目《大码超模》（Curvy Supermodel），引起社会对审美标准的讨论。无独有偶，日本也推出一档聚焦女性的真人秀节目《裸体之夜》（Naked Eve），其节目的宗旨是希望女性群体以更加舒适的方式找寻自我，获得更多的自尊感。除了对女性自身归属问题的探讨，对于文化在女性群体的映射，丹麦的纪实类真人秀节目《ASGER OG DE NYE DANSKERE》将创作视角聚焦在移民问题上，节目中大篇幅包含女性、宗教、移民等群像符号的交织，在德国DR2频道播出时，其市场份额接近14%。无论在国外还是国内，女性观众收视行为的持久性都远超过男性，对于女性群体形象的关注是引起真人秀节目共鸣的条件之一。

7.1.3.3 名人效应的引爆

近些年，名人本身或者其涉及事件都是吸引观众的收看元素，无论是政治敏感事件还是社会事件，都必然会引发热议，而观众的猎奇心理和窥探欲恰恰是电视创作所需要的，电视节目所呈现出来的名人生活写照或引起共鸣或引发兴趣。西班牙真人秀节目《LA COMIDA RECONFORTANTE DE JAMIE（JAMIE'S COMFORT FOOD）》，就是以明星厨师JAMIE的名字命名，将他的家作为拍摄地点，同时利用其在本土的影响力，将名人、政客、演员等作为邀约嘉宾。在节目中，以美食作为切入点，展现JAMIE本人和嘉宾的生活状态，将观众生活常用的食材制作成可口的美食，满足观众的饕餮享受。该节目从推出就占领了市场同时段的首位。

名人参与的纪实类真人秀节目《SVEN HET LAATSTE JAAR》也是如此，该片记录了自行车运动员Sven Nys退役前的最后一年以及他之后的变化。利用观众对名人的观看欲望，向受众展现了名人的私密生活，得到了青年观众的高度认可，收视份额比同时段其他节目高2倍。

7.1.3.4 穿越时空的呈现

在国外，非常火爆的一种真人秀节目形式是对未来时空和过去时空的呈现。丹麦的真人秀节目《Skru Tiden Tilbage – Til 1950'erne》给观众呈现了20世纪50年代的生活状态，6组家庭作为参与者，模拟没有互联网和手机的年代如何生存，带领观众回归过去的生活轨迹，引发观众对往昔的回忆。英国真人秀节目《史前一万年》更是将节目的视角放在了原始的石器条件下的社会，利用巨大的反差，揭示当下社会关系的脆弱。荷兰Talpa公司还推出了《The Story of My Life》的真人秀节目，将明星化妆成老年人的模样，对自己的人生故事娓娓道来，该节目试播时收视份额就远远高于同时段的其他电视节目，其版权也先后被巴西、俄罗斯等国购买。中国推出的《时空摆渡人》也融入了时间的概念，通过节目嘉宾对过去和未来的选择，呈现出时空之旅。

7.1.3.5 利用非常规电视元素增加话题性

由荷兰Fremantle Media International公司发行的真人秀节目《滚出我家》将选手安排在只能容纳4个人的小房间里，利用比赛规则和高额的奖金刺激，在食物和用品都十分紧缺的条件下，制造出强烈的对抗性。同样，韩国也推出了一档社会实验类的真人秀节目《社会游戏》(Society Game)，这个节目模拟出两种不同环境，但都包含卧室、烹饪等常规生活区域。而最大的不同是在于一个队设立了“反抗室”，而另一个队设立了“投票室”，意在模拟社会的两种政治形式——专制和民主，最终在全天24小时记录播出，最终获胜的队伍可获得100万元的奖励。

2018年以后，国外的综艺节目的创新形式也越来越多，体现了现实主义的多个层次，无论是对社会关系还是群体权利都有关切和写照。更有制作人大开“脑洞”，用全新的甚至是荒诞的手法为观众呈现出远离生活的场景，给人们以观察的机会。当然，国内的制作人也可多多借鉴国外在综艺节目方面的尝试和创新，为观众提供更多的具有社会态度的电视节目。

7.2 网络综艺节目《这！就是街舞》的创新

7.2.1 节目选题背景

7.2.1.1 网络自制综艺节目的创新

2016年以来，我国的综艺节目市场呈现出白热化的竞争态势，电视媒体凭借多年的制作经验和受众基础，频频推出具有影响力的真人秀节目。而与互联网共荣的视频网站也制作出更加精良的综艺节目，借助行业态势的大发展，网络综艺节目的品牌影响力和热度大幅提升，各大视频网站在制作上呈现出“诸侯争霸”的态势。

中国网络视听节目服务协会节目部副主任龚禹霖在年度的视听报告里曾经谈到，网络综艺节目具有节目类型从单一到丰富、经费从少到多的发展趋势。网络综艺节目在发展之初，与制作精良的电视台节目有着较大的差距，在经历过斥巨资向电视台购买内容版权的阵痛期以后，视频网站开始向自制的纯网络综艺节目发展，目前，出现了很多大资金、大明星、大体量的综艺节目。如腾讯视频网站每年仅自制节目的研发就投入10亿元，而开发成熟的仅《奇葩说》一个节目的招商就超过3亿元。这种级别的网综节目也越来越多，高投入、高产出、精良化的模式让网络综艺的水平越来越向电视播出级综艺节目靠拢。这些改变背后的核心问题就是高级节目制作人才的流动，曾经制作出现象级真人秀节目《爸爸去哪儿》的谢涤葵、《奔跑吧兄弟》的俞杭英等都纷纷离开传统电视体制，流向新媒体。而一些知名主持人、明星也纷纷加入网络综艺节目。在模式上，视频网站也和制作公司有更深度的合作，分发渠道也更加多元化。

在用户体验方面，网络媒体更是凸显了自己的优势。2018年与2017年相比，对于电视媒体来说收视时长下降最为明显的是4～14岁和25～44岁群体，人均收视时长较去年降幅均超过15%。反观视频网站，根据艺恩智库数据显示，仅7月视频网站TOP20总播放量较2017年同时期增长42.64%。腾讯视频为了满足年轻用户“一切皆可玩”的观剧需求，从产品功能、个性化体验、用户福利等方面均做足了功课。很多视频网站利用技术优势将年轻人经常使用的直播、弹幕、跨屏等功能嫁接到节目互动中，把用户的互动和体验放在首位，努力迎合年轻人群体。这种改变不仅仅在互动环节上，在节目内容上也更加注重年轻人的心理需求和收视习惯。

7.2.1.2 街舞类综艺节目的早期传播

传统街舞于20世纪90年代末传入我国，起初传统街舞是以健身街舞的面貌与大家见面的，不过很快就回归到街舞的本体发展道路上，直至今天仍在不断发展更新。传统街舞里的嘻哈舞在整个街舞的发展过程中起到了承上启下的作用，在传统嘻哈舞蹈风格（Old School Hip-Hop）向新嘻哈舞蹈风格（NewStyle）不断演化的过程中，产生了都市街舞（Urban Dance）。受到互联网、新媒体的影响，都市街舞有更强的包容性。在街舞体系内部，都市街舞几乎融合了传统街舞里所有的舞蹈类型；另外，都市街舞还吸收了街舞体系以外的舞蹈元素，呈现出杂糅、拼贴等后现代主义特征，在传播中更容易被大众接受。

回顾国内街舞发展的早期，曾有过地下街舞比赛和电视街舞大赛并行发展的阶段。在2003年以及之后的几年时间里，街舞在电视屏幕上留下了一些青涩的作品。由于电视媒介独有的美学特征，让原本还处于原生形态的街舞直接走向了舞蹈表演形态。这也意味着街舞要以作品的方式进行呈现。在2004年“双星杯”全国电视街舞大赛中，编导兼演员的陈鸣涛演绎了自己的作品。在音乐方面选取了当时的流行歌曲《江南》；在造型方面编导突出了民族元素，利用演员的长发、胡须以及中国传统服饰、扇子，塑造出一位在江南烟雨中诗人的形象；舞蹈风格上注重街舞文化与民族元素相融合，以街舞独有的造型与动作表现音乐的韵律，追求诗一般的中国舞蹈意境。

2008年以后，电视街舞大赛逐渐从屏幕上退出，传统街舞离开了大众的视野。在这个过程中，国内街舞完成了与国际的接轨，让很多舞者提高了技艺、释放了自我，接触到了纯正的街头文化。与此同时，传统街舞人完全抛弃了舞蹈作品的创作，集体编排舞蹈不再受到重视，个人的舞蹈能力被推崇到了极致。这一段时期的街舞发展，极少留下舞蹈作品，全是碎片化的舞蹈语汇，没有一个完整的表达，仍属典型的小众文化传播。

7.2.2 节目创新模式

《这！就是街舞》是优酷视频出品的一档真人秀节目，以街舞这一流行元素为主题，采取“明星导师+专业舞者真人秀”的运作模式，4支战队分别由4名队长带领，通过比赛产生总冠军。这档节目第一季于2018年2月24日首秀优酷，每周六晚8点播出，一直到2018年5月13日结束。第一季中4个战队的明星队长分别由易烊千玺、罗志祥、韩庚、黄子韬担任。第二季2019年5月在优酷首播，4个战队的明星队长分别由易烊千玺、罗志祥、韩庚、吴建豪担任。《这！就是街舞》节目形式较为新颖，利用“大海选”吸引街舞爱好者参与，同时也有世界级的街舞大师亲自出任导师，帮助学员挑战晋级。这档节目的观众定位以“80后”“90后”“00后”的街舞爱好者、时尚文化爱好者、追星族为主，通过明星队长和各路街舞参赛选手一起竞技，着力打造集街舞文化、流行文化、明星文化于一体的小众文化综艺节目。

7.2.2.1 节目形式内容的创新

《这！就是街舞》正片一共有12期，每一期的形式都不尽相同，前4期的海选和100进49强以个人表演为主，能凸显舞者的个人能力和个性；第5期至第8期则是以团队表演的形式开战，凸显战队及队长的意义；到了第9期，全国12强出炉，又转变为个人独立竞赛的形式。每一期不同的赛制让观众一直保持着新鲜感，同时大量的幕后花絮也经过精心包装和剪辑后进行碎片化的传播，让观众看到这些参赛选手台前幕后的种种趣事。优酷甚至为部分极具个人魅力的舞者同期拍摄了一档真人秀观察式节目——《这！就是舞者》。节目以独特的镜头语言，捕捉节目台前幕后的高光亮点，生动刻画出全国云集而来的舞者真实残酷的人生历程。为了更好地传播街舞文化，优酷还请人气舞者在比赛的间隙录制了很多街舞科普、推广的小视频，对街舞的舞种、手势、动作、专业术语等进行讲解，让更多的人能更好、更直观地了解街舞文化。

2018年第一季节目采用“明星导师+素人舞者真人秀”的模式，由分别代表着“70后”“80后”“90后”“00后”的“亚洲舞王”罗志祥、韩国男团出身的韩庚与黄子韬、舞龄10年的易烊千玺组成的明星导师兼队长，通过竞争选拔的方式挑选出自己的队员，接着队长们带领队员进行比赛，经过每一期的关卡，选出最终的街舞王。

《这！就是街舞》的参赛选手都为素人，这种素人真人秀自从出现以来就凭借原生态的人物形象受到广大观众的喜爱。曾经的《超级女生》《快乐男声》都是素人真人秀节目的代表，这些素人以草根的身份登上舞台，经过数月的蜕变，破茧成蝶成为平民偶像。之后随着各大卫视版权节目的引进，明星真人秀空前繁荣，而素人真人秀开始没落。2012年，随着《中国好声音》的开播，素人真人秀又进入了一个新的发展期，但这一时期的素人真人秀已经退去了草根的标签。我们会发现出现在舞台上的参与者一开唱就是惊艳的，几乎用一种“准明星”的身份在舞台上展示，观众似乎只看到参与的主体是素人，但是完全找不到自我的映射。到了《最强大脑》的播出，观众更是看到了“超级人类”的存在，观众多半是观看和见证这个过程。通常，素人真人秀节目的收视率基本会表现平稳，不同内容的素人真人秀又锁定不同需求的受众。素人真人秀最重要的看点是代表普通大众话语权的展示，无论是选秀还是投票，大众在参与互动和分享的同时，成为这些素人走向“明星”的制造者，这不同于粉丝对明星的仰视。然而随着“限真令”的颁布和模式的发展，明星真人秀和素人真人秀相互开始融合，在利用明星身上的话题和热度的同时也在挖掘素人身上的闪光点，这也成为素人真人秀拓展类型的方向之一。

7.2.2.2 高质量的网络综艺技术呈现

《这！就是街舞》根据每一期不同内容搭建实景，制作精良又符合街舞文化的高规格舞美为舞者们的表演加分不少，也让观众在屏幕前感受到浓浓的街头文化。比如海选时，节目组实景搭建了四条风格迥异又极具中国特色的街区：广州骑楼街道、老北京中国风街道、上海石库门街道、极限未来街道，由4位明星队长直接在各自代表的街区街道上进行队员的选拔。这种舞台形式新颖，也很符合街舞的文化。只要有音乐，舞者们直接就可以在大街的任意一块空地上自由地跳舞。到了4组队员团队斗舞的那一期，舞台被搭建成一个拳击台，挑战的氛围一下子就凸显出来，队长和舞者们互放挑战宣言，他们拿出自己最好的状态为自己的战队而战，观众也能迅速融入节目中，看得非常投入。

音乐可以说是舞蹈的灵魂，在街舞表演中舞者与音乐的结合尤其重要。专业的街舞舞者们只要有音乐，就可以自由表演。除了每一个舞蹈作品的背景音乐外，在街舞的Battle环节，由现场的音乐DJ负责随机播放音乐。这时，DJ就显得尤为重要，因为音乐会在很大程度上影响选手的发挥。节目中现场DJ李玉龙也曾是一名舞者，对什么情况下要放什么类型的音乐了如指掌。可以说是他成就了节目中的第一个爆点——选手石头和王子奇在100进49的比赛，那一场精彩的对决比赛结束后，节目组给这名优秀的DJ颁发了一个“神来之笔奖”，这是对文化的尊重，也是对成就这档节目的幕后工作者的一个肯定。

在有街舞参与的电视和综艺节目中，给街舞动作加字幕注释的，这个节目应该是第一个。技术字幕注释从第二期开始大量加入，对屏幕前的观众来说这些中英文字幕注释是快速了解街舞核心知识点的有效途径，也能使观众更好地欣赏和理解舞蹈。做这些字幕的后期工程量是巨大的，从这点来说，节目组的敬业和用心也是很值得肯定的。

7.2.3 电视综艺节目的应对发展

除了技术上的差异，网络综艺节目和电视综艺节目在监管力度上还有很多不同，这使得网络综艺节目内容和形式更为多样，像两性话题、悬疑话题等敏感话题在电视节目中很少涉及。对于节目的传播，网络综艺节目更利于通过社交平台、网站等渠道传播，分享性和互动性都很流畅。对于广告商的植入和冠名，网络综艺节目的处理方式也很灵活，甚至很“好玩”，受众接受度高。

面对网络综艺节目如此激烈的竞争环境，电视综艺节目应该如何应对呢？网络综艺蓬勃发展的同时要面对缺少高质量内容、缺少高端电视人才的困境，如果电视传行业再不重视其转型和融合，就将面临更大的冲击。

7.2.3.1 加强跨屏互动性

强交互性是网络综艺节目的亮点之一，而这个技术手段的使用吸引了更多的年轻群体。怎么样才可以把年轻观众拉回到电视屏幕前呢？电视媒体也做过一些尝试。例如湖南卫视的真人秀节目《我想和你唱》，就利用APP，通过芒果TV、唱吧等终端，由素人和明星一起合唱，投票后获得点赞人数最高的素人将参与节目录制。这种方式就是结合了跨屏的优势，将明星和粉丝的互动放在了一个互相欣赏、配合的层面。随后通过粉丝的再传播扩大节目的影响。

7.2.3.2 加强台网的共生关系

电视综艺节目和网络综艺节目在目前来看没有呈现非常明显的此消彼长的情况，而更多的是共生的深度交融的关系。2018年9月腾讯视频最高搜索播放量仍然是电视媒体的节目，如《中国新歌声》《喜剧总动员》《笑傲江湖》等，电视综艺节目依然是各大视频网站的资源内容，但是网络真人秀节目也会逐渐反哺到电视平台。

《偶滴歌神啊》是一档纯网络综艺节目，主要针对的是"90后"和"00后"的受众群体，在节目内容的设置上也是网络感、年轻感十足。该节目由谢娜主持，植入"90后"喜闻乐见的话题和热点，在网络播出时收视的群体就锁定年轻人，后来节目反哺输出到深圳卫视，在节目播出的时段，带动了整个深圳卫视平台的结构变化。

真人秀节目《放开我北鼻》是由东方卫视在制播分离后与腾讯视频合作推出的节目，其特点也是更加注重节目的互动性和娱乐性。在一定时期内，电视综艺和网络自制综艺会长期共存和深度交融合作，达到一个新的平衡。因此电视平台需要不断修炼内功，探索传统播出平台的新路。

7.2.3.3 利用主流价值观引领节目增值

很长时间以来，电视媒体购买模板节目更多的是依赖其成功的模式和市场反馈，认为这是保证节目成功的要素。对于电视台来说，时间成本和资本控制都不允许有太大的试错空间，而真正的现象级电视节目和品牌化电视节目是需要一个节目的导入期和成长期的。但网络上真人秀节目的传播，因政策的监管边际模糊和资金及人员相对灵活的流动，产生了一定的试错空间，在价值观的传播上，也多以更大尺度的窥私欲来满足受众的需要。传统的制作精良的真人秀节目的优势不言而喻，但如何利用网络节目，取其精华、为我所用，是电视人正在努力的方向。传统电视媒体完全可以利用更加深入的台网联动，用主流价值观来引领节目的增值，例如湖南卫视推出的《旋风孝子》就是利用了真人秀节目的纪实手法，将黄晓明等6位明星和父母在一起的6天5夜进行24小时记录，力求真实，满足观众的好奇感。同时由于主题和价值观的升华，引起了观众在亲情、孝道等方面的思考，在微博平台的话题多以爱、父母等为关键词，引领了网络中的正能量传播，也获得了不错的收视效果。

7.3 探索《中国好声音》成功的秘诀——音乐类电视选秀节目的模式创新

7.3.1 产生背景

中国音乐类电视选秀节目的发展履历上曾有过这样一些重要时间点:1984年,《CCTV青年歌手电视大奖赛》播出；2005年,《超级女声》引发全民追星热潮；2012年,《中国好声音》开播。随着该类节目的热播，评论音乐、欣赏选秀演出成为大众休闲娱乐的重要选择。作为一档现象级音乐类电视节目,《中国好声音》的制作团队用不断突破自我的尝试，让这一节目保持着持久的活力。

《中国好声音》于2012年在浙江卫视首度开播，全新的选秀方式和比赛模式再一次让音乐类选秀节目重回大众视野。据相关资料显示,《中国好声音》第一季节目在开播仅仅4期以后，收视率就完全稳定在3%以上。该节目在采用新的评估方法后，导师刘欢再一次吸引了更为狂热的观众，并将收视率提升至4.1%。除去在电视收视率上不断创造新纪录外，各大网络视频媒体也渐渐购买《中国好声音》的播放版权，而从网络视频的点击率来看，在搜狐、优酷等主流视频网站中，该节目点击率也在不断刷新，甚至突破千万。

《中国好声音》算不上原生态选秀节目，是浙江卫视在引进荷兰《The Voice》节目版权的基础上，按照原版节目模式在中国本土进行录制的，所以节目分类又可以称为是国外模式国内制造。

《中国好声音》完全按照荷兰节目模式进行录制，这样的录制模式对节目的质量水平提供了基本的保证。从节目的具体录制过程看，该节目在选秀过程中采取的是导师制，其中最具特色、给观众留下深刻印象的最鲜明特色之一莫过于舞台上每个导师的旋转椅。选手在登台展示自己音乐才能的时候，导师看不到选手的外貌形象，只有当导师满意选手的音乐才华且希望招收为自己的学员时才会转过身来，所以导师选学员的唯一标准就是“好声音”。

传统选秀节目的选手都是直接面对评委展现自己才能，这样就导致一些出身普通、其貌不扬的选手会因为外貌、穿着打扮等问题而被淘汰，对于音乐类选秀节目来说这是十分不公的，而《中国好声音》这一平台很好地解决了这一问题。好声音的舞台面向的是所有热爱音乐的人，无论是过气歌手还是平民选手，都可以完全展示自己的音乐才能。正是这种公平公正的选秀方式，让这一选秀节目回归到音乐本身，发掘出许多真正有实力的歌手。从观众分布来看，传统的音乐类选秀节目主要是吸引青少年观众群体，塑造出青年偶像。侧重于音乐本身的选秀方式，使该节目迅速在全国火爆起来，帮助很多有梦想、有实力的选手实现自己的音乐梦想。

2005年，在《中国好声音》引领的社会热潮之前，《超级女生》成为一种流行现象，并引起社会各界的热议。《超级女声》开启了中国电视音乐选秀的新篇章，中国少男少女们投身于各式各样的选秀节目中，为遍地开花的音乐选秀节目不断输送新鲜人才。选秀节目的话题关注度也达到了前所未有的高度，变成了网络舆论的主要讨论内容。也是从《超级女声》开始，电视歌唱类选秀节目遍布各地，从辽宁卫视的《激情唱响》到上海卫视的《加油好男儿》，各类音乐选秀节目层出不穷。但在接下来的几年，中国音乐选秀节目同质化现象十分严重，各大卫视互相模仿，一夜之间产生“选秀热”，节目形式的雷同使观众产生了抵触情绪，受众审美疲劳，导致收视率下降，市场也走向低迷。直到2012年《中国好声音》的出现，才让市场得以重振。根据2016新浪微博话题实时关注度显示，《中国好声音》的关注度为800.01万次，《超级女声》的关注度为573.5万次。

7.3.1.1 《超级女声》和《中国好声音》相同点分析

（1）运用选手事件营销　无论是《超级女声》还是《中国好声音》，都擅长用爆炸性事件来提升节目的关注度。例如，在2016年《超级女声》柯以敏评委辱骂选手事件导致了网络上的“倒柯”行为，最后柯以敏不得不出面道歉，且被罢免了当年节目评委的职务，这一事件却加强了节目的宣传。

（2）与赞助商合作　不管是《超级女声》和蒙牛酸酸乳合作，还是《中国好声音》和加多宝合作，都不是一个简单的冠名，而是将广告植入节目内容中。具体表现为《超级女声》的所有布景、宣传牌、线下演唱会等都有大面积地广告植入。《中国好声音》除了上述以外，还加入了主持人华少的超快语速口播，使加多宝的宣传力进一步提升。

7.3.1.2 节目类型特质

《中国好声音》最初以“双盲眼”的创新录制方式，参赛选手展示才华，由导师“转身”竞选学员，坚持双方互选的竞赛规则，不再关注选手的外在形象，而关注于选手的声音特性，以突出一档音乐真人秀节目的公平性而得名。《中国好声音》为中国音乐乐坛带出一批又一批来自社会普通阶层的音乐人，他们热衷于展现自我特长，观众们不再热衷于追求外在形象，更多的是对“好声音”的追捧。《中国好声音》节目的出现打开了我国音乐真人秀节目的新纪元，掀起了一股音乐选秀的新高潮，各卫视、各平台竞相加入音乐真人秀节目市场，2018年，我国音乐真人秀节目占据了我国综艺节目的1/3。《中国好声音》至今已播出六季，仍然深受受众的追捧，最新一季《中国好声音》豆瓣评分在同类型节目中位居首位。《中国好声音》凭借其与时俱进的创新特色，通过对受众已知需求的认知和受众未来需求的预期，在中国音乐真人秀节目市场中保持“常青”。《中国好声音》可以说在中国音乐真人秀节目中有着特殊的地位，具有相当的典型性。

7.3.1.3 节目元素特点

（1）滚动的抢位赛制，增强节目竞争性 《中国好声音》的全新赛制分为六个阶段，第一阶段的盲选阶段增加抢位赛制，“滚动”取代“定性”，对决定人员去留的权利去中心化，导师转身争夺学员只是第一步，学员要在无限的对决中站住脚跟才能最终留下。在与几百人对决中取胜的6位学员要经历导师的考核，再次比赛竞争3个名额，团队内部的白热化名额竞争之后才是导师团队之间的对战。名额滚动赛制使导师团队里经过一轮又一轮的竞争留下的学员“精兵”的实力毋庸置疑，对受众而言更有说服力，增强了节目的竞争性和可看性。抢位赛制增强了节目的公平性，更好地体现了优质学员和音乐品质的节目内容。《中国好声音》以往的盲选都是由学员演唱一首歌曲来决定去留，而滚动抢位赛制给学员更多展现自己的机会，当然也是对学员的综合实力进行审查。

（2）运用民族音乐元素，增强节目文化性 《中国好声音》的海选注重设在甘肃、云南、西藏等地区，侧重对少数民族音乐选手的选拔，尽可能为节目带来更多的民族音乐元素。自2012年节目开播以来，《中国好声音》吸引了不少民族音乐歌手，如彝族选手吉克隽逸、中国台湾的阿美族选手阿密丝女孩、哈尼族“王子”李维真、第二季夺冠藏族选手扎西平措、《中国好声音2018》冠军藏族选手旦增尼玛等。另外，《中国好声音》的导师们对歌曲的选择也力图在现代流行中加入民族元素，借此来弘扬民族音乐。例如旦增尼玛用藏腔唱法来演唱大众歌曲，扎西平措对民族音乐和RAP的结合等。

（3）导师阵容各具特色，增强节目趣味性 随着国内受众对综艺节目的要求越来越高，作为有7年历史的音乐真人秀节目，要想消除受众的审美疲劳，保持受众的热情，就要不断创新。《中国好声音》几乎每一季都会在导师人选上有所调整，《中国好声音2018》的导师是从未有过的全男性阵容，且导师风格各具特点，主打嘻哈风格的哈林幽默风趣，主打中国风风格的周杰伦有着强大的人气，以及主打文艺抒情风格的李健，还有曾被誉为终结四大天王时代的摇滚歌手谢霆锋，从近年的“厨子”形象回归最初的歌手身份，4位导师在音乐风格和性格特点上截然不同，让节目更有看点。另外，节目组别出心裁地采用4位导师身高175cm、年龄相加175岁来制造“175 Club”概念，并在节目播出第四期以后在网络推出了《175s’talk show团综》，将4位导师在节目中有趣的片段剪辑成一期期的短片，其中有未在电视上播放过的画面，融合正片亮点和花絮内容，并配以综艺感的字体包装和视效呈现，为导师阵容创造话题、塑造热点，提高了节目的热度，延长了节目的生态产业链，这一导师阵容的选取兼具音乐功能和娱乐功能。

（4）选手自带话题，增加节目关注度 盲人歌手张玉霞、第四期台湾乐坛教父陈彼得、曾在社会上广为受众喜爱的歌曲《我们不一样》原唱大壮，本身就具有一定的粉丝基础和流量，却来参加一个音乐真人秀节目，打包安琪团队里的两个人属于两种极端的音乐类型，黑嗓和密嗓结合在一起将二次元歌曲改编成一首嘶裂沙哑又温柔甜美的歌曲，形成了一种强烈的反差萌等，引发大众讨论的话题。另外，《中国好声音》在表现选手时借用他人语言来告知受众选手的特点，如清华博士的出场，剪辑先是通过其他选手评价他“不是在用歌声比赛而是再用脑子比赛”来引出他利用概率计算选手胜负、比赛进展方向的解说画面，塑造了他“最强大脑”的人设话题。

7.3.2 节目创新模式

7.3.2.1 设计和添加战队战旗

战旗由4位导师亲自设计，其代表着与学员一起征战音乐沙场。这些个人特色鲜明的战旗、战徽——“地表最强”“那二班”“欢乐豹”及“亦战队”，代表了导师对音乐的执著与认真。导师战车也重新包装，添加了战旗要素，更加彰显个性。

7.3.2.2 丰富了选手选择导师的环节，增加了节目仪式感

当选手准备选择导师时，舞台下方会升起一个选择台，台上有4个按钮分别代表4位导师。在学员选择导师后，代表选择导师的战旗即从天而降，导师还会为选手佩戴战徽，不仅增加了仪式感，也增强了学员的使命感，即加入战队代表导师出战。

7.3.2.3 增加了循环对决模式

即导师魔鬼六次方循环大淘杀。导师组队成功之后，战火迅速被点燃，导师间对决次数剧增，大大增强了比赛的对抗性及可看度。以往都是在选出组内4位得力唱将或冠军之后才展开导师间对决。在《中国好声音》第二季中，导师各自战队组队成功后便立即点燃战队之间的战火，增加了对抗的紧张程度，并且在这一环节完全采取现场专业大众评委制度，由51位华语流行乐坛顶尖制作人、权威乐评人、资深电台主持人和媒体人组成评委，决定导师间的对战结果和选手的命运。他们的加入代表了比赛评议公正、客观和专业度，更增加了节目的悬念感。导师的评审权力被制衡，导师无法决定选手的去留，选手的去留全凭现场专业评审的评分。每一位选手的得分更加牵动导师的心，无疑增加了导师深层次的参与度，以及对战中的紧张感和悬念。

7.3.2.4 第五战队的设置，给更多怀揣音乐梦想的追梦人们提供了展示自己的舞台

第五战队的选手主要来自网络平台，也给部分未能晋级的选手一次复活的机会。《中国好声音》是一个以电视为主要播放平台的节目，在不断创新中也努力尝试网络和电视平台的互动，特别是如今越来越多的年轻人倾向于通过网络平台收看节目和收集新息，通过网络互动这种新型尝试，增加了节目与年轻观众的互动机会，能够拉近节目与观众的距离。

7.3.2.5 以传播为核心成为电视节目的主要方向

融媒体时代彻底改变了以往以内容为核心的制作思路，以传播为核心成为当下电视节目的主要方向。经过之前6年的探索与沉淀，《中国好声音》第五季不只在节目录制阶段下功夫，更在节目播出期间全力以赴。节目播出前，先行在平面媒体和数字化媒体造势，以专题报道配合宣传短片的形式密集投放，这种滚动播放和频繁曝光的形式牢牢抓住了人们的视线，使受众印象深刻；同时以推介会的形式辅助前期宣传；在社交平台、音视频平

台等渠道进行预热，通过微博、朋友圈实现裂变传播，引发关注。节目开播后，借助大数据手段以及人工智能技术实时观测用户行为，整合数据，分析用户审美偏好趋势，从而调整运营手段，进行更有针对性的宣发工作。节目播完后，合理安排巡演等商业演出项目，开发演唱会、音乐剧，打造全产业链，持续释放品牌影响力，实现品牌良性循环发展。融媒体思维构建了一个以《中国好声音》为中心的互联网大平台。

7.3.3 同类题材创作的启发展望

好声音系列节目中的经典《美国好声音》在赛制上共有12集，海选2集，擂台赛4集，直播秀6集，由观众和导师共同决定选手的去留。但由于中国广电总局对直播时长有严格的限制把控，再加上为确保选手状态发挥稳定，所以《中国好声音》减少了直播集数，只保留巅峰之夜总决赛1集直播，其余均为录播。总的来看，《中国好声音》本土化遵循了中国自身的传播体制，避免在节目内容、形式上触碰禁区，成功去除了《美国好声音》的糟粕，因地制宜，使《中国好声音》成功的中国化、本土化。

综合以上几点，一部好的电视节目策划应由以下几点来组成：

（1）顺应潮流，与时俱进 优秀的电视音乐选秀节目必须时刻掌握国内外的新资讯、新动向，不断改革深化自身节目，提高节目水平。就像《中国好声音》接地气的网络化，它敏锐地察觉到未来电视综艺向网络综艺转型的趋势，便利用自身的品牌优势，毅然进驻融媒体，积极顺应网络时代的潮流，与时俱进，提升了自身的实力，在中国电视音乐选秀节目里面独树一帜。

（2）构建本土优质品牌 优秀的电视音乐选秀节目需要不断提升专业水平，这样才能赢得观众口碑，树立良好的品牌效应。《中国好声音》根据国家传播体制对《美国好声音》进行扬弃而成功实现本土化，使其在国内变成了良好品质的音乐节目代表，树立了本土优质品牌。

（3）遵循社会主义核心价值观 不论是《超级女声》还是《中国好声音》，都需要以宣扬社会主义核心价值观为自身任务。《超级女声》里的感人情谊、《中国好声音》里有情有义的故事，都是真善美的体现和传达，体现人性本善的一面，宣扬中国传统文化的精髓。从《中国好声音》的火爆到一些类似选秀节目的出现，我国音乐类选秀节目正在与世界范围内的音乐选秀节目接轨。节目的发展关键在于回归音乐本身，向观众展示真正意义上的音乐。但从长远发展来看，照搬国外模式终究会被历史抛弃，我们仍然需要走出“中国特色”，向世界展现出真正的“中国”好声音。

参考文献

[1] 郭庆光. 传播学教程 [M]. 北京：中国人民大学出版社，2000：123–124.

[2] 宫承波，张君昌，王甫. 真人秀在中国 [M]. 北京：中国广播影视出版社，2015：11–12.

[3] 崔宝国. 2013年中国传媒发展报告 [M]. 北京：社会科学文献出版社，2013：161–162.

[4] 喻国明. 传媒经济学教程 [M]. 北京：中国人民大学出版社，2009：73–75.

[5] 胡正荣，李继东. 全球传媒蓝皮书 [M]. 北京：社会科学文献出版社，2015：3–4.

[6] 朱天，梁英. 新媒体与传媒产业生态 [M]. 上海：复旦大学出版社，2015：11–12.

[7] 徐立军. 中国电视收视年鉴2017 [M]. 北京：中国传媒大学出版社，2017：77–78.

[8] 李灵. 中外电视节目创意与比较 [M]. 武汉：武汉大学出版社，2015：34–35.

[9] 彭昆. 中国电视节目观念的变迁 [J]. 新闻窗，2012：5–7.

[10] 王虎，陈小萍. 社交网络时代电视真人秀节目的产品结构 [J]. 现代视听，2017：11–12.

[11] 李丽. 传统媒体积极转型 不甘做新媒体“供货商” [N]. 中国青年报，2009-6-25

[12] 胡之冠. 基于网络状产业链的真人秀节目运行机制研究 [D]. 江西财经大学，2015：120–122.

[13] 肖叶飞，栾颖. 中西电视制播制度的比较分析 [J]. 传媒，2010：7–8.

[14] 卢钊凯. 用IP打通全媒体产业链条 [J]. 媒介研究，2015：18–21.

[15] 胡聘. 电视节目模式侵权之认定—对国外判例研究与借鉴 [J]. 中国律师，2011：27–28.

[16] [美] 威尔伯·施拉姆，威廉·波特. 传播学概论 [M]. 第二版. 何道宽，译. 北京：中国人民大学出版社，2010：219–222.

[17] [美] 阿兰·B. 阿尔瓦兰. 传媒经济与管理学导论：媒介融合问题 [M]. 崔保国，杭敏，徐佳等译. 北京：北京清华大学出版社，2010：34–35.

[18] Laurie Ouellette, Susan Murray. Reality TV: Remaking Television Culture[M]. New York: New York University Press, 2008: 1–2.

[19] Stuart Elliott. The Media Busines[J]. New York Times，2004: 1–2.